El regalo
del fracaso

El regalo

del fracaso

APRENDER A CEDER EL CONTROL

SOBRE TUS HIJOS PARA PERMITIR

QUE ALCANCEN EL ÉXITO

Jessica Lahey

HarperCollins *Español*

Editora en Jefe: *Graciela Lelli*
Traducción: *Ana Belén Fletes Valera*
Diseño interior: *Grupo Nivel Uno, Inc.*

ISBN: 978-0-71809-580-2

Impreso en Estados Unidos de América
18 19 20 21 DCI 6 5 4 3

PARA BENJAMIN Y FINNEGAN

Os conozco a todos, y por ahora he de seguiros
La vena desatada de vuestra ociosidad.
De este modo imitaré al sol,
Que permite a las viles y malsanas nubes
Ahogar ante el mundo su belleza
Para que, añorado, cuando le plazca
Ser de nuevo él mismo, se le admire
Al brillar entre las nieblas inmundas
Que parecían asfixiarlo.
Si todo el año fuese un día de fiesta,
El juego aburriría como el trabajo,
Pero, cuando escasea, la fiesta es deseada,
Pues la rara ocasión es lo que gusta.
Así que, cuando deje esta vida disipada
Y pague la deuda que nunca prometí,
Desmentiré las expectativas de la gente
Mostrándome mejor que mi palabra
Y, como un metal radiante en fondo oscuro,
Mi transformación brillará sobre mis culpas
Con más luz y más admiración
Que lo que nunca puede resaltarse.
Ofendiendo, haré un arte de la ofensa,
Redimiendo el tiempo cuando menos crean.

Príncipe Hal, Primera parte, I. ii, Enrique IV

CONTENIDO

TERCERA PARTE   EL ÉXITO ACADÉMICO: APRENDER DEL FRACASO ES UN TRABAJO DE EQUIPO

INTRODUCCIÓN
CÓMO APRENDÍ A CEDER EL CONTROL

TUVE A MI PRIMER HIJO y comencé a trabajar como profesora de secundaria el mismo año, y estas dos ocupaciones, en cierto modo gemelas, son las que han marcado mi manera de criar a mis hijos y de enseñar a mis alumnos. En algún momento de los primeros diez años como madre de dos hijos y profesora de cientos de alumnos, comencé a tener una desagradable sensación de inquietud, la sospecha de que algo no marchaba bien en mi manera de educar a mis hijos. Pero hasta que mi hijo mayor no llegó a la secundaria, hecho que hizo colisionar mis dos mundos, no vi realmente el problema: la educación parental de hoy en día, ese afán de sobreprotección por parte de los padres y de evitar el fracaso, no ha hecho más que minar la competencia, la independencia y el potencial académico de toda una generación. Desde la perspectiva ventajosa que me proporcionaba mi posición al frente de una clase, siempre me había considerado parte de la solución, la impulsora de la valentía intelectual y emocional de mis estudiantes. Sin embargo, cuando esa misma cautela y ese mismo miedo que veía en mis alumnos se hicieron patentes en la vida de mis propios hijos, tuve que admitir que yo también era parte del problema.

Hemos enseñado a nuestros hijos a temer el fracaso, cegándoles con esa actitud nuestra el camino más seguro y evidente hacia el éxito. Está claro que no era esa nuestra intención, que solo lo hacíamos por su bien y con la mejor intención, pero sea como fuere eso es lo que hemos hecho. Nuestro amor y nuestro deseo de proteger la autoestima de nuestros hijos nos han llevado a allanarles el camino que confiábamos los conduciría al éxito y la felicidad, eliminando todos los baches incómodos y todos los obstáculos con el fin de dejárselo perfectamente liso. Lamentablemente, al hacerlo les hemos hurtado el aprendizaje de las lecciones más importantes de la infancia. Los contratiempos, las equivocaciones, los errores de juicio y los fracasos que hemos apartado del camino de nuestros hijos son precisamente las experiencias que les van a permitir convertirse en unos ciudadanos ingeniosos, constantes, innovadores y resilientes.

De pie en mi aula de secundaria el día que experimenté mi epifanía personal, mirando a los alumnos que tenía delante y viendo con claridad por primera vez lo que había estado haciendo con la educación de mis propios hijos, decidí hacer lo que fuera necesario para poner tanto a mis hijos como a mis alumnos nuevamente en el camino hacia la competencia y la independencia. El camino no es llano, te aseguro que no resulta fácil avanzar, pero esa es justamente la cuestión. Los padres tenemos que hacernos a un lado, dejar los obstáculos allí donde se presenten, y permitir que nuestros hijos se enfrenten a ellos. Con nuestro apoyo, amor y *mucha* contención, nuestros pequeños pueden aprender a concebir soluciones y a asfaltar su camino hacia el éxito, un camino diseñado por ellos mismos.

LA INCOMODIDAD QUE SENTÍA RESPECTO a mi manera de educar a mis hijos iba en aumento desde hacía un tiempo, pero no sabría decir con certeza en qué me había equivocado. Leía todos los blogs sobre educación parental, desde los más moderados a los más entusiastas, y también leía libros llenos de consejos expertos sobre cómo criar niños felices y sanos. Sin embargo, me daba cuenta de que algo no iba bien a medida que mis hijos se acercaban a la adolescencia. Eran buenos chicos, equilibrados, pero yo no conseguía quitarme de encima la sensación de que no iban a estar preparados cuando les llegara el momento de salir a ver mundo. Eran unos chicos seguros de sí mismos y triunfadores, siempre y cuando se mantuvieran dentro del refugio que yo había creado para ellos, pero ¿sabrían manejarse ellos solos llegado el momento? Había investigado, planificado y construido con éxito una cómoda infancia para ellos y no había sido capaz de enseñarles cómo adaptarse al mundo de acuerdo a *sus* términos.

Jamás pretendí que fueran unos inútiles, temerosos del fracaso, y por supuesto nunca quise que tuvieran que preocuparse por nada. Al contrario, creí que mis hijos se convertirían en personas valientes, algo similar a la aventura en libertad que había vivido de niña. Yo quería que salieran al campo con una navaja y un par de galletas en los bolsillos, que construyeran fuertes en los árboles, que disparasen a unos enemigos imaginarios con flechas fabricadas a mano y que se bañaran en las piscinas naturales del pueblo. Yo quería que tuvieran la oportunidad y el valor de probar cosas nuevas, de explorar sus límites e ir un paso, y de trepar una rama más alta de lo que les pareciera seguro.

Pero por alguna razón, en alguna parte, aquella versión idílica de la infancia se transformó en algo muy diferente, una carrera despiadada y competitiva por llegar a lo más alto. Hoy en día, pasar una tranquila tarde en el campo se les antoja una pintoresca vuelta atrás en el tiempo porque la presión de triunfar desde pequeños se ha redoblado tanto para los padres como para sus hijos. Nunca remite, y nuestros niños ya no tienen tiempo para salir a dar un paseo por el campo, ya no tienen oportunidad de tratar de salir ellos solos del barro. En la nueva realidad actual, cada momento cuenta, y cuánto mayores son los éxitos de nuestros hijos en el área académica, deportiva o musical, mejores padres nos consideramos. La carrera hacia lo más alto comienza con sus primeros pasos y no termina hasta conseguir un sueldo de seis cifras y una movilidad socioeconómica ascendente. Y, además, una madre que deja que sus hijos jueguen en el campo cuando deberían estar haciendo los deberes, con los bolsillos repletos de gluten y azúcar, y armados hasta los dientes con navajas y flechas es una madre negligente.

De pie en mi clase de secundaria, paralizada al darme cuenta de que yo también me había contagiado de la epidemia de la sobreprotección parental, comprendí por fin lo mucho que nos habíamos salido del camino trazado.

Traemos al mundo a una preciosa criatura y tras los primeros momentos de felicidad, nos damos cuenta de que nuestra nueva razón de ser es proteger a ese frágil ser humano de todo daño. Si somos de los que nos creemos lo que dicen algunos medios de comunicación alarmistas, ese daño está por todas partes: secuestradoras de bebés disfrazadas de enfermeras, gérmenes resistentes a los antibióticos, químicos tóxicos, garrapatas portadoras de enfermedades, abusones en el colegio, profesores injustos, asesinos que entran los colegios disparando a diestro y siniestro... no es de extrañar que nos hayamos vuelto locos en lo referente a nuestros hijos.

Sin embargo, este miedo no solo nos empuja a la sobreprotección, sino que también nos convierte en unos padres siempre agobiados, miopes y que otorgan demasiada credibilidad a aquellos que solo buscan avivar nuestros miedos. Nos resulta más fácil blindar a nuestros hijos frente a todos los riesgos porque nos tranquiliza que pararnos a pensar y averiguar qué riesgos son necesarios para su desarrollo y salud emocionales. Protegemos a nuestros niños de todas las amenazas, ya sean reales o imaginarias, y meterlos en la cama por las noches sanos y salvos, y sin daños emocionales, constituye para nosotros una prueba más de lo bien que lo estamos haciendo con ellos.

Nos alegra saber que están seguros y nos tranquiliza saber que tenemos mucho tiempo para poder enseñarles a gestionar los riesgos y los fracasos. Tal vez mañana deje que vayan caminando al colegio, pero hoy ya están allí, sanos y salvos. Tal vez mañana hagan solos los deberes, pero hoy sé que han sacado buena nota en matemáticas. Tal vez ese mañana se alargue hasta que llegue el momento de que se vayan de casa y para entonces ya habrán aprendido que siempre estaremos ahí para solucionarles todos los problemas.

Soy tan culpable como cualquier otro padre. Sin querer, he hecho que aumente la dependencia de mis hijos de manera que sus éxitos vengan a confirmar que los estoy educando bien. Cada vez que les preparo la comida para el colegio o les llevo los deberes que se han olvidado en casa, recibo como recompensa una prueba tangible de que soy una madre meticulosa. Quiero a mis hijos, por eso les proporciono lo que necesitan. Les proporciono lo que necesitan, por eso los quiero. Aunque en el fondo sé que esas cosas deberían hacerlas ellos solos, para mí son pequeñas muestras de mi amor inmenso e incondicional que me hacen sentir bien. Me reconforta esa fase aparentemente interminable de la infancia, un momento de la vida que dura años, con el inevitable final planeando, invisible, allá en el horizonte. Mis hijos tienen toda una vida por delante para prepararse la comida del colegio y acordarse de meterlo todo en la mochila, pero yo solo tengo una pequeña ventana de tiempo en la que poder hacer todas esas cosas por ellos.

Existe un término médico en los círculos psiquiátricos que designa este comportamiento. Se habla de relaciones aglutinadas, y no es sano ni para los niños ni para los padres. Se trata de una forma de simbiosis inadecuada que da lugar a padres infelices y amargados, y a chicos incapaces de abandonar el nido familiar que vuelven a casa tras terminar la universidad. En 2012, el treinta y seis por ciento de los adultos entre dieciocho y treinta y un años seguía viviendo con sus padres, y aunque la cifra se debe en parte a que las estadísticas muestran un descenso del trabajo y los matrimonios, lo cierto es que forma parte de una tendencia que va en aumento desde hace décadas. Si queremos criar niños sanos y felices, capaces de empezar a construir su propia personalidad adulta independientemente de nosotros, tendremos que eliminar nuestros egos de sus vidas de manera que puedan sentirse orgullosos de sus propios logros, pero que puedan sentir también el dolor de sus propios fracasos.

TAMBIÉN TENDREMOS QUE EVITAR EDUCAR a nuestros hijos con ese afán competitivo porque lo único que hemos conseguido es estar cada vez más nerviosos y paranoicos. El muro de Facebook y los chats privados sobre el torneo de fútbol están plagados de historias pasivo-agresivas sobre honores académicos y gestas deportivas. A medida que nuestros hijos se van haciendo mayores, empezamos a contar historias sobre viajes de fin de curso de una costa a otra, preparación de diversos exámenes como las pruebas de admisión que realizan las universidades o los exámenes de preparación para ir a la universidad, porque ¿sabes? Según las noticias, el título universitario en la actualidad cuenta tanto como nuestros diplomas de la secundaria y para poder conseguir ese título, nuestros niños tendrán que superar un montón de obstáculos que nosotros no tuvimos que afrontar porque las instituciones universitarias son cada vez más caras y selectivas... eso de la universidad de último recurso ya no existe... y como la economía está viviendo horas bajas, cuando nuestros hijos salgan de la universidad que se haya dignado a aceptarlos, es posible que tengan que trabajar como camareros por el salario mínimo para poder pagar el alquiler de un piso compartido con dieciséis personas más.

Tenemos que pararnos y tomar aire. Los trabajos de investigación muestran que este comportamiento, este «fenómeno de los padres bajo presión», es extremadamente contagioso. Aunque me haya vacunado con tiempo, he caído enferma, y como consecuencia, no soy la madre que confiaba que sería. Estoy encima de mis hijos cuando hacen los deberes y me obsesiona la nota media que vayan a obtener pensando en el espectro de la admisión en la universidad que se alza amenazador en el horizonte. Es como si los ángeles buenos de mi naturaleza hubieran enmudecido y me hubiera dejado llevar por toda esta locura parental: si no presiono a mis hijos para que se esfuercen más, para que *sean* más, fracasarán y, por extensión, yo fracasaré como madre.

En los momentos de mayor zozobra emocional, traté de hacer responsables a otros del apuro en el que me encontraba y hallé un montón de chivos expiatorios: reacción contra la manera pasiva de educar a los hijos que se acostumbraba en los años cincuenta y sesenta, extensión de la crianza con apego que le dimos a nuestros hijos de pequeños, culpabilidad por nuestros intentos fallidos de conciliar trabajo y familia. Ya no existe un punto medio, un puerto seguro entre tenerlo todo y no tener nada.

El péndulo de la educación parental se balancea hacia delante y hacia atrás a lo largo del tiempo, de manera que el hecho de que en la actualidad penda del lado extremo de la sobreprotección parental no es culpa de nadie realmente. Forma parte del proceso de acción-reacción que conforma la historia de nuestra especie. A principios del siglo xx, los padres recibían instrucciones de no tocar a sus hijos para nada so pena de malcriarlos, pero con la llegada de los noventa, los expertos se aferraban con fuerza a la corriente de la crianza con apego, que nos dictaba que lo adecuado era dormir, comer, bañarnos, orinar y hasta respirar sin separarnos de nuestros niños, llevarlos a cuestas como si fuéramos marsupiales. El balanceo natural situó al péndulo en un saludable término medio entre 1970 y 1980, es cierto, y siempre estaré agradecida por haber podido jugar bajo su dulce sombra al pasar sobre mi cabeza. Sin embargo, aquel momento dorado de equilibrio llegó a su fin demasiado pronto y comenzó el ascenso hacia donde nos encontramos ahora mismo.

Si te criaste en los años setenta, es muy probable que fueras de esos niños que pasaban tiempo a solas porque sus padres trabajaban fuera de casa. Si bien algunos de nosotros asociamos el concepto a una determinada literatura infantil envuelta en un romántico halo rosado, otros recuerdan aquella falta de supervisión como algo cercano al abandono, y se han propuesto reparar los daños con sus hijos. En nuestro esfuerzo por compensar lo que sentíamos como despreocupación de nuestros padres, ahora nosotros estamos ahí en todo momento, para ayudar, para recordar olvidos, para acudir al rescate. En este intento de compensar a nuestros hijos por lo que nosotros no tuvimos, algunos progenitores, sobre todo mujeres, decidieron abandonar puestos ejecutivos para quedarse en casa, decididos a dar una educación consciente a sus hijos y cuidar de ellos las veinticuatro horas del día. Con frecuencia, las madres se lanzaron a ejercer de educadoras a tiempo completo armadas únicamente con las habilidades adquiridas durante la educación superior y en el mundo laboral, y no hicieron prisioneros. ¿Tan difícil podía ser educar a los hijos? Guiarlos en su camino a alguna universidad de la Ivy League, como convertirse en socio de algún despacho de abogados de Wall Street, era, sencillamente, cuestión de organización, determinación y la gestión meticulosa de los recursos académicos y extracurriculares.

Mientras tanto, aquellos padres que no abandonaron sus puestos de trabajo, sintiéndose peores padres por haber dado prioridad al trabajo en vez de a sus hijos, se vieron obligados a demostrar a todos que podían hacerlo todo. Una vez más, el éxito pasaba por ser una cuestión de planificación y cierta habilidad prestidigitadora. Ahora unos *cupcakes*, ahora entrar en una sala de juntas; ahora una reunión con los profesores, ahora una llamada vía Skype con clientes en el coche de camino a casa. Además, para pagar la hipoteca y la guardería eran necesarios dos sueldos, y con el desplome de la economía, la mera idea de que uno de los progenitores dijera adiós a la estabilidad de una nómina mensual y los beneficios asociados a ella para dedicarse al cuidado de los hijos a tiempo completo se antojaba una ridiculez.

Lo hicimos lo mejor posible con las habilidades que tanto esfuerzo nos había costado adquirir. Las agendas de reuniones y las estrategias para la gestión de proyectos pasaron a ser calendarios programados hasta el último minuto y ordenados por colores con las actividades escolares y la organización del sistema de recogida de varios niños en común con otros padres. Las técnicas de gestión que se utilizaban antiguamente con el objetivo de que los empleados consiguieran determinados resultados de ventas trimestrales resultaban apropiadas para planificar campañas semestrales para que nuestros hijos sacaran mejores notas. Lo sé porque he puesto en práctica todos los trucos aprendidos en la facultad de derecho. Cuando retomé el trabajo después de tener a mi primer hijo, Ben, recurrí a las hojas de cálculo y el *software* de bases de datos para llevar un registro de sus primeras palabras, los datos que mostraban cómo funcionaba su sistema digestivo y sus progresos con la lectura. Esas eran las herramientas que tenía a mi disposición, y dado que me había costado mucho trabajo dominarlas, me parecía absurdo no aprovecharlas. Hacer todo aquello me tranquilizaba frente al silencioso y hondo vacío que me encontraba cada vez que buscaba pruebas que vinieran a validar la educación que le estaba dando a mi hijo. El único aliado que encontré en mi empeño fue el pediatra de mi hijo, quien me proporcionó, *al menos*, aquellos gráficos sobre crecimiento que marcaban el progreso de mi pequeño frente a tanto bebé rival. Si su peso y altura estaban por encima del percentil cincuenta según el gráfico, genial. Significaba que había sido una buena madre. Si su IMC estaba un poco por debajo de la media, otra muesca para mí: significaba que había conseguido mantener a raya la obesidad infantil, una verdadera epidemia. Pero lo que yo necesitaba antes de marcharme de la consulta del pediatra era que juzgara y respondiera a mi súplica silenciosa: ¿soy una madre de matrícula o he suspendido? ¿Y qué me dice de los padres que están en la sala de espera, he sacado mejor nota que ellos? Venga, hombre, una ayudita, doctor. ¿Qué nota he sacado?

Por supuesto, las estrategias que conducen al éxito en el mundo laboral no se pueden trasladar al tema de la educación de los hijos. Incontables trabajos de investigación sobre el desarrollo del niño y psicología conductual revelan que si bien es posible que estos métodos sirvan para motivar a trabajadores de cadenas de montaje, no sirven para nada si lo que se busca es motivar a los niños a pensar en formas creativas para resolver problemas, y, de hecho, pueden acabar con la motivación a largo plazo y la inversión en el aprendizaje. Pero aún más dañino es el uso de recompensas e incentivos que dan prioridad a las calificaciones por encima de la exploración y la experimentación, que socava las oportunidades del profesor de fomentar el aprendizaje autónomo y que cuenta con una motivación intrínseca.

Pese a la abundancia de pruebas que respaldan lo disparatado de estos métodos, nos empeñamos en seguir utilizándolos cuando educamos a nuestros hijos, y al carecer de críticas regulares sobre nuestro trabajo por parte de alguien con autoridad para ello, muchos esperamos que nuestros propios hijos nos proporcionen la retroalimentación que necesitamos para sentir que lo estamos haciendo bien. Si nuestros hijos están en el cuadro de honor y practican el fútbol universitario como un estudiante de primer año, debemos ser grandes padres. En cambio, que un niño suspenda una prueba o que lo castiguen por no haber entregado el trabajo de ciencias, significa que algo *hemos* tenido que hacer mal. Al fin y al cabo, se juzga a los padres por los logros de sus hijos, en vez de por su felicidad, de manera que cuando nuestros hijos suspenden, nos apropiamos de esos fracasos como si fueran nuestros.

Esto no solo resulta nefasto para la autoestima de los padres, sino que es una reacción miope y poco imaginativa. El fracaso —desde pequeños errores a sonoros fallos de juicio— es un aspecto necesario y fundamental del desarrollo de nuestros hijos. Con frecuencia se le da un carácter negativo al fracaso: menos de un 4 en matemáticas o incluso la expulsión temporal del colegio. Sin embargo, cada decepción, cada

rechazo, cada corrección y cada crítica son pequeños fracasos, oportunidades disfrazadas, valiosos regalos identificados erróneamente como una
tragedia. Lamentablemente, cuando evitamos o desestimamos el valor
de estas oportunidades con el fin de preservar la sensación de despreocupación y felicidad a corto plazo de nuestros hijos les estamos privando
de experiencias que es necesario que vivan para poder llegar a ser adultos
capaces y competentes.

Bastante aterrador resulta ya el fracaso cuando eres tú el que se
enfrenta a él en primera instancia, por lo que no es de extrañar que
nos dejemos arrastrar por esa primitiva y abrumadora necesidad de proteger a nuestros hijos cuando vemos que se acercan demasiado a sus
fauces. Esta reacción tiene todo el sentido desde una perspectiva evoluti-
va. Nuestro corazón y nuestro ADN están programados para proteger a
nuestros hijos de cualquier peligro, de manera que cuando se nos confía
la tarea de guiar a nuestros retoños para que alcancen la edad adulta
sanos y salvos, estamos preparados para enfrentarnos a cualquier amenaza ferozmente con uñas y dientes, y todos los trucos habidos y por
haber. Desafortunadamente, cuando estamos hasta arriba de adrenalina y cortisol, nuestros cerebros no son capaces de distinguir entre una
amenaza real para la vida y la integridad física y la amenaza manejable
que supone un oponente en el campo de fútbol que intenta robarle la
pelota a tu hijo. Echar a correr ante el ataque de un depredador en plena
sabana y gritarle al árbitro por una decisión arbitral desacertada no son
más que «dos manifestaciones diferentes del mismo desencadenante biológico». Así que cuando quieres darle un empujón a esa niñita que le ha
echado arena a los ojos a tu pequeño o darle un pescozón a esa profesora
que amenazó a tu niño con ponerle mala nota en el trabajo de ciencias,
recuerda que aunque estos actos no son reacciones saludables, socialmen-
te apropiadas ante causas de estrés sin importancia, tienen su origen en
nuestra naturaleza biológica. Todos queremos que nuestros hijos lleguen
sanos y salvos a la edad adulta, y con frecuencia pensamos que depende
exclusivamente de nosotros que así sea.

A falta de tigres de dientes de sable y peligrosos acantilados, el fracaso se nos presenta como la mayor amenaza, el peligro con mayúsculas

con el que nuestros hijos no pueden cruzarse en estos tiempos de presión académica y admisiones elitistas. Sin embargo, la historia está plagada de historias de personas, inventores e innovadores extraordinarios que supieron sacar provecho del fracaso en su propio beneficio, que no salieron huyendo, sino que vivieron con él lo suficiente como para aprender a sentirse cómodos entre las ruinas de sus esperanzas pisoteadas y sus planes defectuosos. Aprendieron a salvaguardar lo que sí funcionaba dejando atrás esos planes con el fin de reagruparse y recuperarse. No hace mucho, la receptora de una beca MacArthur y antigua profesora de secundaria, Angela Duckworth, afirmaba que la capacidad para prestar atención a una tarea y ceñirse a objetivos a largo plazo es el mejor indicador de éxito, más fiable que los logros académicos, la implicación extracurricular, las calificaciones en los exámenes y el coeficiente intelectual. Ella lo llama determinación y coraje, y descubrió su gran potencial cuando daba clase de matemáticas a séptimo curso. Dejó la enseñanza para dedicarse a la investigación siguiendo una corazonada y sus hallazgos han cambiado la percepción del potencial de los estudiantes que tienen los educadores. Los estudiantes que demuestran determinación y coraje triunfan, y el fracaso fortalece esta determinación y este coraje como ninguna otra cosa.

CADA VEZ QUE RESCATAMOS, PULULAMOS o evitamos de alguna manera que nuestros hijos tengan que hacer frente a un desafío, les estamos enviando un mensaje claro: que los consideramos incompetentes, incapaces y que no merecen nuestra confianza. Además, les enseñamos a depender de nosotros y de esta forma les estamos negando una educación para ser personas competentes, que es precisamente para lo que estamos aquí.

Pero la verdad es que los trabajos de investigación nos muestran una y otra vez que los niños cuyos padres no les permiten experimentar el fracaso en carne propia se involucran *menos*, se muestran *menos* entusiasmados con su educación, están *menos* motivados y, básicamente, tienen *menos* éxito que los niños que tienen unos padres que apoyan su autonomía.

Décadas de estudios y cientos de trabajos aparecidos en publicaciones científicas apuntan hacia una conclusión que tal vez suene a locura, pero que es totalmente cierta: cuando los padres dejan de presionar a sus hijos con las notas y los logros académicos, y se centran en la situación en su conjunto —amor por aprender y averiguar las cosas de forma independiente— las notas mejoran y suben las puntuaciones en los exámenes. Los chicos que tienen unos padres controladores y exigentes muestran una menor capacidad a la hora de enfrentarse a retos intelectuales y físicos que otros compañeros cuyos padres se hacen a un lado y les dejan intentarlo, fracasar y volver a intentarlo. Además, el fracaso que experimentan nuestros hijos cuando nos hacemos a un lado y permitimos que cometan sus propios errores no es solo una parte necesaria en todo aprendizaje; es la propia experiencia la que les enseña a ser personas resilientes, capaces y creativas a la hora de enfrentarse a un problema.

Se ha criticado mucho a Estados Unidos por haber creado una generación de pensadores inflexibles, estudiantes capaces de memorizar y regurgitar, pero incapaces de manipular la información para dar respuestas a preguntas de formas novedosas e innovadoras. Y esto se debe en parte al hecho de que nuestro sistema educativo mide su eficacia apoyándose en un sistema de pruebas y exámenes estandarizados de gran repercusión para todos, y en parte porque los padres de hoy en día sencillamente no permiten a sus hijos bandearse en la desagradable y desorganizada experiencia del fracaso lo suficiente como para terminar aceptando las deficiencias del plan A y formular los planes B, C, D y E. Muchos niños son capaces de sacar un diez en un examen siguiendo el plan A, pero será el niño que haya probado y fallado, y se haya reagrupado para volver a intentarlo siguiendo otros veinticinco planes diferentes el que favorecerá la verdadera innovación y cambiará el mundo. Ese niño no solo tiene una forma de pensar creativa e innovadora; es un niño que no tiene miedo a probar nuevas estrategias. Tendrá el coraje y la determinación de errar mil veces hasta dar con la solución. Será capaz de reagruparse ante los fracasos y al igual que Thomas Edison aprenderá las lecciones inherentes al descubrimiento de las miles de bombillas que *no* funcionaron hasta dar con la que sí lo hizo.

LLEGAR A ESTE DESCUBRIMIENTO ERA algo que se veía venir. Sí, porque hacía tiempo que tenía la sensación de que esa sobreprotección por mi parte no estaba bien, pero tengo que reconocer el mérito a mis alumnos (una vez más) por haberme enseñado lo que mi ceguera me impedía ver. Todos los años, mis alumnos de octavo curso tienen que hacer un trabajo escrito sobre una experiencia que a su juicio haya modelado de alguna forma su educación y, tras mucho esfuerzo, una de las alumnas que está siempre tensa y se agobia con todo, me entregó una redacción donde leí el siguiente párrafo:

> A algunas personas les dan miedo las alturas, a otras, el agua; a mí me da miedo el fracaso; esto, para que conste, se denomina *atiquifobia*. Me da tanto miedo hacerlo mal que no me concentro en lo que realmente importa; aprender. Al estar pendiente solo del resultado, paso por alto el valor que tiene realmente la tarea que me han pedido que haga y me privo a mí misma de aprender.

En la redacción, la chica explicó cómo su miedo había supuesto para ella un lastre tanto en actividades académicas como en el deporte, pero aquellas primeras frases de su trabajo me dejaron helada. Su experiencia como estudiante, mi experiencia profesional con sus padres, la forma de educar a mis propios hijos y los miedos de mi hijo concurrieron en aquel momento con la admisión de mi alumna. Sus padres son unas personas maravillosas, amables y cariñosas, que en ningún momento pretendieron generar ese miedo que sentía su hija. Y, sinceramente, debería corresponderle a ellos enfrentarse a los efectos secundarios que pudieran tener lugar si no fuera por el hecho de que las elecciones personales de los padres que minan el desarrollo social, académico y emocional del niño al final terminan por entrar en conflicto con la capacidad del profesor para educar al niño en clase.

Pese a todo el optimismo y la energía de los miles de nuevos profesores que entran a formar parte del sistema educativo cada año, la Asociación Nacional de Educación afirma en un informe que un tercio de estos profesores abandona la profesión en los tres siguientes años, y que un cuarenta y seis por ciento lo hace en los cinco siguientes años. Según Ron Clark, ganador del Disney American Teacher Award (Premio Disney al mejor profesor), muchos de estos educadores fugados aluden a «problemas con los padres» como una de las principales razones para abandonar la profesión. En una entrevista realizada en 2011 para la CNN, Ron Clark contaba lo que le ocurrió con la directora de un centro académico a la que habían nombrado coordinadora del año en su estado, pero que había decidido abandonar la educación. «"No puedes dejarnos", grité. A lo que ella respondió abiertamente: "Mira, si me ofrecen dirigir un grupo de centros para huérfanos, aceptaré encantada, pero estoy harta de tratar con padres, no puedo más; nos están matando"». Me gusta mucho enseñar, pero por culpa de estos «problemas con los padres» he imaginado elaboradas fantasías en las que abandonaba la profesión para siempre y me iba a criar perros de trineo en Alaska. Los «problemas con los padres» es de lo que están hechas mis pesadillas.

Ahora que entiendo cual es la raíz de los miedos y las preocupaciones de los padres, intento convencerlos por todos los medios posibles de que un breve incidente en el viaje de su hijo no tiene apenas importancia en la perspectiva general de las cosas, y de hecho puede constituir una excelente oportunidad para que su hijo aprenda lo que es la resiliencia. Doy marcha atrás, dejo que los tensos padres respiren profundamente y los ayudo a ver que tienen un hijo fantástico, amable, generoso y curioso. Les aseguro *que todo va a ir bien*. Es más, les digo que su hijo va a hacer cosas fantásticas e interesantes en la vida y que nadie se acordará de la transgresión o fracaso que había propiciado aquella reunión. Algunos padres me creen, pero son muchos más los que no, y salen de mi despacho convencidos de que el notable de su hijo en el último semestre representa el fin de sus sueños de excelencia educativa, seguridad económica y una vida de felicidad.

La profesión de docente siempre ha sido difícil, como también lo es ser madre, y debería haber infinidad de puntos comunes generadores de una comprensión mutua. Después de todo, el objetivo de todos nosotros es el mismo: la educación de nuestros hijos. Desafortunadamente, los padres que dan prioridad a evitar toda frustración a sus hijos y los profesores que dan prioridad a la necesidad de estimular a los estudiantes chocan a menudo entre sí, y, como consecuencia, la relación padres-profesores ha llegado al límite. Enseñar se ha convertido en un tira y afloja entre fuerzas opuestas en el que los padres quieren que los profesores eduquen a sus hijos atendiendo cada más al rigor y a la vez rechazan aquellas lecciones rigurosas por ser «demasiado duras» o «demasiado frustrantes» para sus hijos. Los padres sienten, de forma totalmente legítima, que deben proteger la autoestima de sus hijos, pero con frecuencia son los profesores los que se llevan la peor parte de esta ira parental.

Me ha costado mucho encontrar la mejor manera de mostrar mi apoyo a los padres que se esmeran en querer y educar bien a sus hijos, y enseñarles al mismo tiempo a hacerse a un lado y dejar a sus hijos el espacio que necesitan para poder fracasar, especialmente cuando esos hijos llegan a la secundaria. Este es el momento de la vida idóneo para ello, incluso para aquellos cuya vida académica ha transcurrido sin problemas hasta ese punto. La combinación de diferentes causantes de estrés propios de la pubertad, las expectativas académicas exacerbadas y la creciente carga de trabajo son un caldo de cultivo para el fracaso. La manera en que padres, profesores y estudiantes aúnan esfuerzos para superar todos esos fracasos inevitables es el mejor instrumento para predecir qué tal le va a ir a un chico en la secundaria, la universidad y todo lo que haga después.

¿Y la manera de proceder? Para ayudar a los chicos a sacar el máximo provecho de su educación, los padres deben empezar a ceder el control y centrarse en tres objetivos: aceptar las oportunidades de fracaso que se presenten, buscar la manera de aprender del fracaso y crear relaciones positivas entre la familia y la escuela. Dedicaré los siguientes capítulos a profundizar en estos objetivos y a proporcionar estrategias para alcanzarlos.

EL DÍA QUE POR FIN asumí que era una madre sobreprotectora, decidí empezar a reparar el daño en casa con mis propios hijos. Tenía que hacer algo de manera inmediata, algo simbólico, y sabía exactamente por dónde empezar. Mi hijo pequeño, por entonces en tercer curso, aún no sabía atarse las zapatillas. A mi juicio la culpa de este descuido la tenía la invención del velcro y que mi hijo prefiriera zapatillas sin cordones, pero, honestamente, yo sabía que no estaba haciendo bien mi trabajo. Se asustó cuando le dije: «¿No crees que podría ser algo divertido? Lo haremos los dos juntos», y eso que utilicé mi tono de voz más entusiasta. Que se lo pidiera le resultó frustrante, como a mí ver su impotencia, así que la historia acabó en enfado y lágrimas. Lágrimas. *Por los cordones de las zapatillas.* Al observar con detenimiento el origen de sus problemas con los cordones, me di cuenta de que el asunto se reducía a una frustración y una impotencia por su parte, que eran culpa mía, no suya. Era lo que yo le había enseñado.

Cada vez que le ataba las zapatillas en vez de enseñarle a hacerlo solo, lo único que hacía era reforzar su percepción de que me parecía algo demasiado complicado para él. Al final, los dos empezamos a preguntarnos si alguna vez lo haría él solo. Un día, antes de ir a clase, vio que se había dejado las zapatillas con cierre de velcro en casa de un amigo; tendría que ponerse las de recambio que tenían cordones, pero me dijo que prefería ponerse las botas de agua a intentar atarse los cordones. No le importaba que eso significara quedarse sentado él solo durante la clase de Educación Física.

Esto es lo que había provocado yo solita: mi hijo estaba tan convencido de su incapacidad que estaba dispuesto a renunciar a jugar con sus amigos durante una hora.

Así que aquel mismo día por la tarde, cogí sus zapatillas de recambio, preparada para remediar la situación. Mientras merendaba, le dije que había cometido un error, y que creía saber cómo ser mejor madre. Me solidaricé con su preocupación y le dije que aunque le costara al principio, con un poco de esfuerzo y perseverancia estaba segura de que lo lograría. Tan segura estaba de que lo repetiríamos hasta que aprendiera a atarse los dichosos cordones. En menos de una hora, la vergüenza de ser el único niño de tercero que no sabía atarse los cordones había desaparecido. Aprendió a atárselos. Creo que nunca lo había visto tan orgulloso de algo. Me sentí una supermamá y solo me había hecho falta un poco de tiempo, un poco de confianza mutua y paciencia con tanto nudo y tanta lazada.

No, no siempre será tan fácil. A medida que crecen, nuestros hijos tienen que enfrentarse a retos cada vez mayores y a consecuencias más graves. En un abrir y cerrar de ojos, los nudos y los cordones irregulares dan lugar a trabajos deslucidos en la universidad y chapuzas de entrevista para un trabajo más adelante, cuando en realidad tenemos mucho tiempo por delante para inculcar a nuestros hijos confianza en sí mismos y resiliencia. El trabajo comienza en el momento en que ese juguete se le escapa de las manos a nuestro bebé o se cae cuando empieza a andar, y no termina hasta que es capaz de afrontar la vida él solo. Cuanto antes aprendamos los padres a apreciar los efectos positivos de las adversidades y a dejar que nuestros hijos se beneficien de las ventajas que tienen los fracasos durante la infancia, antes disfrutaremos todos de la oportunidad de compartir momentos de orgullo como el que yo vi en los ojos de mi hijo el día que consiguió atarse los cordones.

Depende de nosotros. Los padres tienen el poder de facilitar esta libertad para fracasar. Los profesores tienen la capacidad de dar a ese fracaso forma de educación. ¿Y juntos? Juntos tenemos el potencial para educar a una generación de adultos competentes y seguros de sí mismos.

Empecemos.

Parte I

Fracasar: la herramienta más valiosa en la educación parental

1

CÓMO LA PALABRA «FRACASO» SE CONVIRTIÓ EN UNA PALABROTA: BREVE HISTORIA DE LA EDUCACIÓN PARENTAL EN EE. UU.

C UANDO ERA NIÑA ESTABA OBSESIONADA con los libros de *La casa de la pradera*. Quería vivir en una casucha a orillas del río Plum o en una pequeña cabaña en el Gran Bosque bajo la estricta pero amorosa educación de mamá y papá Ingalls. Quería ser Laura, la chica valiente que exploraba con valentía el mundo que la rodeaba, lleno de peligros y emociones; pero que también cometía equivocaciones en sus andanzas por la pradera. Y cuando volvía a casa para afrontar las consecuencias, sus padres reaccionaban no con ansiedad y miedos, sino interesándose por sus aventuras y pensando siempre en su educación en el mundo.

Intentaba ser tolerante con mi hermana, igual que Laura con Carrie. Cuando ese regalo exagerado que deseaba no aparecía bajo el árbol de Navidad, recordaba el año que a Laura le regalaron una tacita de hojalata, un caramelo, un bizcocho y un penique, e intentaba mostrarme agradecida. Restos de aquella mentalidad «¿Qué haría Laura?» pervivió hasta que llegué a la edad adulta y me moría de ganas de leer aquellos libros a mis propios hijos, mostrarles el mundo de moralidad de blanco o negro de Laura y los globos hechos con tripas de cerdo.

Leíamos y revivimos juntos sus momentos favoritos: verter unas gotas de jarabe sobre la nieve para hacer caramelos, colorear la mantequilla con el zumo de zanahorias ralladas o hacer dibujos con un dedal sobre la capa de escarcha que cubría las ventanas. Los animaba a recorrer el bosque no tan grande que nos rodeaba, pese a la preocupación que me provocaban los osos, los cazadores y las excavaciones en el terreno que constituyeron el sótano de alguna construcción antigua. Hice todo lo posible por ser una madre tranquilizadora, firme y cariñosa para mis hijos, como mamá Ingalls.

Mamá y papá Ingalls marcaron unos límites y unos objetivos claros para sus hijos. Lo correcto era correcto, lo incorrecto era incorrecto, uno aprendía del fracaso y cuando los padres tenían que castigar, las consecuencias no se hacían esperar y eran justas. Así que cuando me convertí en madre, pasé de preguntarme «¿Qué haría Laura?» a «¿Qué haría mamá Ingalls?» y me esforcé por educar a mis hijos conforme a esto. Intento recordar que los errores y los fracasos son una parte imprescindible e inevitable del crecimiento.

El hecho de recurrir al siglo xix en busca de consejo dice mucho sobre lo compleja y confusa que se ha vuelto la educación parental. Mamá y papá Ingalls entendían que su trabajo como padres consistía en criar futuros adultos autosuficientes, capaces y con sentido de la ética. Envidio su lucidez porque, a veces, no estoy segura de cuál es mi trabajo. Un día consiste en ser amiga de mi hijo para que confíe en mí y al otro se trata de mantenerme firme y ser una figura con autoridad para enseñarle a escribir notas de agradecimiento tanto si quiere como si no.

Si yo estoy confusa en mi papel de madre, él también tiene que estarlo. Cómo no voy a anhelar la simplicidad de la educación parental de *La casa de la pradera*. Me temo, sin embargo, que incluso los muy capaces Ingalls se sentirían abrumados y confusos ante las expectativas cambiantes y la falta de sólidos cimientos que se aprecian en el terreno de la educación parental hoy en día. Para poder orientarnos en este confuso territorio, para entender cómo hemos llegado a este estado de confusión, tenemos que encontrar la señal entre el ruido de nuestra historia colectiva sobre la educación parental.

LA EDUCACIÓN PARENTAL EN UNA ÉPOCA MÁS SENCILLA

La educación parental en la Nueva Inglaterra colonial era más sencilla en cuanto a la jerarquía de necesidades existente por entonces, que se definía en términos de riesgo y pérdida. Cabía dentro de lo posible que una familia con diez hijos perdiera a uno, incluso en las comunidades más ricas y que disfrutaban de un mejor estado de salud. En ciudades como Boston, donde la pobreza en las ciudades y el hecho de vivir en lugares muy próximos entre sí contribuían a la propagación de las enfermedades, el índice de mortalidad infantil era dos o tres veces más alto. Cuando el desastre golpeó a la ciudad, como ocurrió con la epidemia de viruela de 1677, la quinta parte de la población murió, niños en su mayoría. A los padres, a quienes ver a un niño muerto les sorprendía «tan poco como ver una jarra rota», les preocupaban más las necesidades básicas, como la lucha diaria para que no les faltara un techo sobre sus cabezas, comida y agua limpia para beber, que la educación, la vida social y la salud emocional de sus hijos. La razón antes que la emoción dominaba la crianza de los hijos en aquella temprana época. La voz de la filosofía educativa en la América colonial, si se puede decir que existiera tal cosa, era la de John Locke. Mientras que ahora les largamos un discurso larguísimo acompañado de un caramelo suplicatorio de por qué no se debe morder la vecina, Locke prefería una solución más sencilla en la que se daba más peso a la razón equilibrada que a la emoción, porque «los largos discursos y razonamientos filosóficos, en el mejor de los casos, sorprenden y confunden a los niños, pero no enseñan». Se suponía que a los niños había que verlos y no oírlos, y que siempre tenían que comportarse en beneficio de la familia. Obviamente no se les permitía montar escenitas. ¿Cuál era el equivalente de un berrinche en una tienda allá por 1690? Por favor. Locke aconseja que «llorar es, con frecuencia, un empeño de dominio y una abierta declaración de insolencia y obstinación: cuando no consiguen lo que quieren, optan por mantener su estatus y su derecho a ello a fuerza de *clamor* y *llanto*» (el énfasis en estas dos palabras es del propio Locke, casi puedo oír el tono de mofa que destilan esas palabras *horrendas y emotivas*). Cuando los niños se enfrentaban a dificultades y a las consecuencias de sus errores, Locke aconsejaba a los padres «no sentir lástima de ellos bajo ningún concepto, pues les ablanda la mente y fomenta que se rindan ante los pequeños contratiempos que puedan aparecer ante ellos, lo que hace que se hundan aún más en esa parte que solo siente, y se hagan más grandes unas heridas que no habría en el caso contrario». En otras palabras, corregir y consolar, pero no compadecerlos ni darle excesiva importancia a las dificultades y los fracasos porque «los numerosos inconvenientes a los que se expone la vida nos exhortan a no darle demasiada importancia a cada pequeño problema que surge». Locke era de la opinión de que hay que alentar a los niños para que se levanten y lo vuelvan a intentar cuando se equivoquen. «No habría que compadecerlos por las pequeñas heridas sufridas en las caídas, sino empujarlos a intentarlo de nuevo, lo que, además de zanjar los *llantos*, resulta más eficaz a la hora de remediar negligencias y evitar que vuelvan a tropezarse que reñirles o compadecerlos. Mientras que dejar que reciban los golpes que tengan que recibir, pondrá fin a los *llantos*, los tranquilizará y calmará en el momento presente y los endurecerá para el futuro» (de nuevo, el énfasis y el tono de desdén son del propio Locke). Los padres de la época colonial amaban a sus hijos, y estoy segura de que los consolaban cuando «sufrían alguna caída», pero estos obstáculos se consideraban parte de la vida diaria, donde todos contribuían con discreción y obediencia a la supervivencia de la familia en una tierra dura y peligrosa. Los niños se acostumbraban a los altibajos de la vida y los padres tenían demasiadas preocupaciones como para estar pensando en la felicidad de su retoño las veinticuatro horas del día.

Los padres echaban del nido a sus hijos a una edad mucho más temprana que actualmente. Citando al escritor y revolucionario americano, Thomas Paine: «Nada es tan dañino para los afectos, tanto de los padres como de los hijos, como mantener una relación demasiado estrecha y prolongar la situación durante demasiado tiempo». Los hijos se casaban jóvenes, no tardaban en convertirse en padres y tenían que ser capaces de dirigir sus negocios o sus granjas, y ocuparse de la casa antes de abandonar lo que para nosotros forma parte aún de la adolescencia (quince o dieciséis años), de manera que los padres se veían presionados de dar a sus hijos una educación que los preparase para la supervivencia y la independencia.

Con la Revolución de las Trece Colonias, Estados Unidos fue testigos del nacimiento de una nueva nación y una nueva filosofía relativa a la naturaleza de los niños y su lugar dentro de la familia y la sociedad. En un momento en que la nación se rebelaba contra el régimen británico que exigía obediencia y sumisión ciegas, escritores y pensadores promulgaron una visión análoga para los niños estadounidenses. Como señala Steven Mintz en su libro *Huck's Raft: A History of American Childhood* ilustra este camino hacia la individualidad el cambio simultáneo que se produjo en las convenciones existentes en cuanto a los nombres que se les ponían a los niños. Hasta la Revolución, lo habitual era poner a los hijos el nombre de los padres o de algún pariente cercano con el objeto de reforzar la importancia del linaje y honrar a la familia por encima del individuo. Hacia mediados del siglo xviii, sin embargo, los padres comenzaron a poner nombres únicos a sus hijos, acompañado en ocasiones por un segundo nombre formando un nombre compuesto, lo cual le aportaba un valor de individualidad añadido. Otras costumbres utilizadas en las jerarquías políticas, sociales y familiares, como que los hijos hicieran una reverencia a sus padres, cayeron en desuso y el espíritu de la revolución comenzó a filtrarse poco a poco en las mentes y las costumbres de una ciudadanía que se negaba a ser súbditas de nadie, ni en el sentido de la política ni en ningún otro sentido. Los estadounidenses empezaban a ver el futuro de su nuevo país, una nación de ciudadanos educados que confiaban en que los niños no se humillarían ante la tiranía, sino que valorarían sus derechos como individuos al servicio de la libertad.

A pesar de la promesa y el emocionante idealismo presentes en aquella independencia que tanto había costado conseguir, los niños seguían viviendo en condiciones de silenciosa desesperación. La mitad de ellos perdían a algún progenitor antes de alcanzar la edad de casarse, lo que significaba que muchos cargaban no solo con su trabajo, en edad infantil, sino que también asumían el de un progenitor. En las granjas, los niños eran obligados a trabajar con solo cinco años y se esperaba que cumplieran su parte del trabajo para poder asegurar el futuro de la familia. En las ciudades, los niños se ocupaban de las tareas de casa, aprendían un oficio y contribuían también con trabajos adicionales que las familias se llevaban a casa para ganar un dinero extra, como lavar y zurzir ropa para otros.

A finales del siglo XIX, en un momento en que la población y su economía estaban cambiando la granja por la ciudad, uno de cada seis niños entre los diez y los quince años trabajaba. Los talleres y las fábricas empleaban a niños por su tamaño más compacto y práctico, ya que sus cuerpos más pequeños cabían mejor debajo de las máquinas cuando había que arreglar algún problema o fallo de funcionamiento, además de ser mano de obra barata y prescindible.

La primera parte del siglo XX marcó una nueva conciencia del peligro y los horrores que soportaban los niños en los trabajos. Las prácticas poco seguras condujeron a la creación de leyes para regular el trabajo infantil, y prohibían el trabajo fuera de casa por debajo de una determinada edad. Con la prohibición del trabajo infantil, llegó la obligación de asistir al colegio. Los niños pasaron de trabajar para contribuir a la seguridad económica de la familia a estudiar. Estas reformas resultaron de lo más beneficiosas, pero desde la perspectiva de la familia y la sociedad, donde el valor de un niño se medía en función de su utilidad, los niños se convirtieron en algo superfluo, y en el transcurso de una generación, pasaron de ser «útiles a inútiles», de ser rentables a improductivos. Como cada vez eran más los niños que nacían y se criaban en un ambiente de ocio, a los padres no les quedó otro remedio que improvisar nuevos objetivos en su forma de educar que se adaptaran a la crianza de estos niños caros e improductivos.

AUMENTAN LOS EXPERTOS EN EDUCACIÓN PARENTAL

Cuando en 1926 llegó a los quioscos *Parents*, publicación mensual dirigida a padres, el debate sobre la filosofía educativa por parte de los padres había hecho presa ya en la cultura estadounidense y los padres estaban ansiosos por encontrar consejos e información sobre cómo criar a sus hijos en un siglo cada vez más confuso. Así comenzó la era de los Expertos en Educación Parental, lo que llevó consigo una pérdida temporal de la fe en los padres por parte de la sociedad. Mientras que antes el propio tejido de la vida diaria absorbía la educación de los hijos, en este momento de la historia se había convertido en un trabajo a jornada completa, que requería consejo y formación por parte de expertos. La sociedad había dejado de ver a los niños como adultos en miniatura, capaces de trabajar y resolver problemas ingeniosamente, para considerarlos seres vulnerables y dependientes que requerían un cuidado estudiado y preciso. Conforme disminuía con los años el número de hijos por familia, los padres empezaron a preocuparse más por las necesidades emocionales y psicológicas del niño. Todos estos niños ociosos tuvieron la posibilidad de expresar sus problemas psicológicos, y así surgieron nuevas teorías sobre psicología del desarrollo en las que se trataban esos problemas. Los comportamientos que John Locke habría descrito en términos moralistas se consideraban ahora condiciones emocionales que se debían tratar en vez de comportamientos molestos que había que corregir. Lejos quedaban ya los días de aquellos niños fuertes y resilientes; la era de los niños emocionalmente dependientes y los padres preocupados había dado comienzo oficialmente.

Los padres oyeron alto y claro el mensaje de los expertos de finales del siglo XIX y principios del XX: a las madres no les correspondía criar a sus hijos sin el consejo de los médicos. Las mujeres solían darse consejos entre sí sobre la crianza de los hijos, consejos que acumulaban en forma de sabiduría popular que pasaba de generación en generación, pero con la aparición de la pediatría como especialidad médica, esa sabiduría popular de las generaciones anteriores empezó a tratarse con desconfianza, cuando no con manifiesto desdén. Estos expertos aconsejaban a las mujeres que hicieran «oídos sordos» a la «abuela... [cuya] influencia resulta particularmente perniciosa, porque suponemos que por su experiencia lo sabe todo sobre los bebés». Antes del siglo XX, los padres (madres en su mayoría) daban los cuidados médicos que sus hijos precisaban en casa. Las madres tenían en casa un libro de medicina, como el de William Buchan, *Medicina doméstica*, y guiándose por él ejercían como médico, terapeuta, dentista y profesor con sus hijos. A principios del siglo xx, sin embargo, el número de libros sobre la crianza de los hijos y el cuidado infantil se incrementó exponencialmente, y lo que es aún más importante, su tono cambió. La educación parental se había convertido en un campo de estudio y los expertos a cargo de diseñar el currículo de esta especialidad de posgrado tenían poca fe en que las madres fueran a hacerlo bien ellas solas.

Los años veinte del siglo xx trajeron consigo la aparición del cuidado infantil profesional. Empezaron a utilizarse cada vez más las guarderías como una herramienta para educar a todas aquellas madres que no estaban al tanto de los últimos avances científicos en materia de ser padres. Se promovía activamente la dependencia de libros, manuales, folletos y profesionales especializados en la crianza de los niños, a consecuencia de lo cual apareció una ingente cantidad de publicaciones de este tipo. Estas publicaciones estaban llenas de consejos para los padres sobre cómo proteger a sus hijos de la amenaza de los gérmenes (otro tema popular gracias al descubrimiento de la teoría de los gérmenes a finales del siglo xix) y cómo atender las necesidades emocionales ahora acuciantes y en constante cambio de sus hijos, preocupaciones irrisorias para los padres cincuenta años antes. El estado mental y emocional de los niños era un concepto novedoso y «dotar de carácter psicológico la crianza de los hijos» implicaba que la educación parental no era algo instintivo, sino una habilidad que se estudia y aprende. Entre las consecuencias que llevaba aparejada una educación parental inadecuada se incluían daños psicológicos graves y estrés emocional causantes de síndromes psicológicos como la rivalidad entre hermanos, las fobias, los trastornos del sueño y la rebeldía adolescente. Freud popularizó la teoría del desarrollo psicosexual y advertía a los padres sobre los peligros de la neurosis a consecuencia de un aprendizaje inadecuado del uso del inodoro, que lleva a echar la culpa de una enfermedad psicológica en la edad adulta a una mala educación por parte de la madre. El psicólogo John Bowlby alertaba a los padres sobre el grave daño que podía producir un apego incompleto a nuestros hijos; si no los reteníamos lo suficiente, se convertirían en delincuentes juveniles inadaptados. Los hijos se fueron convirtiendo gradualmente en el centro de las vidas de sus padres, y en la década de los cincuenta, el país estaba obsesionado con el cuidado, la alimentación y la diversión de su prole.

La fe en los expertos y su reconocimiento continuó siendo la tónica general hasta que cierto médico cariñoso y alegre dio permiso a los padres para volver a confiar en sí mismos.

SABES MÁS DE LO QUE CREES

El libro del doctor Benjamin Spock titulado *El cuidado de su hijo del doctor Spock*, y publicado en 1946, vendió setecientos cincuenta mil ejemplares durante el primer año de su publicación y marcó un cambio de rumbo en el tono de los expertos en educación parental a la hora de dar consejos. El libro del doctor Spock comenzaba con dos impactantes pero en cierto modo reconfortantes aserciones: «Confíen en ustedes mismos» y «Sabes más de lo que crees». Con estos sentimientos introductorios, el doctor devolvía el poder a los padres. Confiaba en evitar que se siguiera dependiendo tanto de los expertos, y por su actitud bien podía decirse que había llegado para salvar el sentido común. Las mujeres seguían recurriendo a médicos y psicólogos cuando tenían que hacer alguna consulta, pero el doctor Spock, con su tono afable y su exhaustivo manual, alentaba a los padres a poner en práctica el sentido común y su derecho a educar a sus propios hijos. Si bien muchos veían una vuelta a la cordura en el voto de confianza que otorgaba el doctor Spock a los padres, los había también —como era el caso de expertos que iban perdiendo autoridad y padres asustados ante la súbita falta de tutela— que consideraban que esta libertad provocaba ansiedad. Aún quedaban vestigios de teorías anticuadas sobre la fragilidad de los niños y el impacto de la mala educación parental de por vida, de manera que cuando a ellos se unía una nueva libertad de las órdenes inflexibles de los expertos, muchos padres se quedaron paralizados bajo el peso de su propio poder de malcriar a sus hijos de forma terrible e irreversible. Casi a finales de la década de los cincuenta, una generación de niños propensos a la rebeldía y a todo lo que estuviera en contra de lo establecido dio a estos expertos gran cantidad de munición para atacar la educación parental de la felicidad que preconizaba el doctor Spock.

Los sesenta fueron años de activismo social y político, y sus hijos comenzaron a creer en el poder de una generación más joven para cambiar el mundo. John F. Kennedy, el presidente más joven de la historia del país, triunfó sobre otros candidatos de más edad, y el movimiento por los derechos civiles ganó fuerza y energía gracias a una generación de jóvenes activistas. Hacían ruido, iban ganando fuerza y eran más numerosos que nunca. El *baby boom* que se produjo tras la Segunda Guerra Mundial redujo la edad media de la población a menos de veinte años. Hacerse adulto, y la responsabilidad que esto conlleva, perdió su encanto, y que esta generación de jóvenes sintiera el constante apremio de cuestionar activamente la autoridad en vez de obedecer ciegamente provocó que la palabra «poder» perdiera sus connotaciones positivas. La adolescencia pasó a ser una etapa de rebeldía, experimentación y búsqueda de identidad, y a medida que se iba adentrando más y más en lo que tradicionalmente se había considerado la edad adulta debido a los muchos años dedicados a los estudios, el retraso a la hora de casarse y la escasez de trabajo en un momento de desaceleración de la economía, los estadounidenses buscaban alargar el interminable verano de la infancia. Como consecuencia, los adultos que se habían criado en una época más autoritaria, suponiendo la idea reconocida desde antiguo de que uno entra en la edad adulta a los dieciocho años, se sentían impotentes ante esta actitud de rebeldía. Muchos padres alzaban las manos al cielo en señal de impotencia y los medios se les echaron encima por criar a sus hijos de una forma excesivamente permisiva. Recordemos que los psicólogos infantiles seguían aferrándose a la teoría de que los padres eran casi siempre los responsables de las travesuras de sus hijos, especialmente si metían la pata durante la infancia de estos, por lo que era totalmente lógico que los medios culparan a los padres de la actitud de rebeldía sin precedentes de los hijos de Estados Unidos. Se etiquetó de negligentes a aquellos padres tan permisivos, tal como ilustraba el estudio de 1963 realizado por Jules Henry, titulado *La cultura contra el hombre*, en el que su autor culpaba de la insolencia y la falta de sensibilidad de los adolescentes estadounidenses a «la familia de posguerra, excesivamente entusiasta y centrada en el niño, cuyos hijos tenían dificultades para romper el cordón umbilical durante la adolescencia».

Mientras tanto, la familia se desmoronaba, al menos en lo referente al brillo nostálgico de los cincuenta, que menguaba rápidamente. A comienzos de la década de los sesenta, la mitad de las mujeres se casaban antes de los veinte, tenían un par de críos en los primeros años de matrimonio y se quedaban en casa cuidando de ellos. Sin embargo, a medida que pasaban los años, las mujeres jóvenes empezaron a ir a la universidad, a trabajar y a postergar el matrimonio mientras buscaban su lugar en el mundo. La tasa de divorcios se duplicó entre 1960 y 1970, y el número de parejas que vivían juntas sin estar casadas se multiplicó por seis.

Mayores, más independientes y también más seguros de sí mismos, los padres formalizaban su situación finalmente para tener hijos a los que educaban siguiendo la teoría del apego, la extensión natural del sentimiento preconizado por el doctor Spock del «Confíen en ustedes mismos». La crianza con apego pretendía fortalecer el vínculo padre-hijo mediante el contacto y el cariño constantes y cercanos. La idea consistía en que los fuertes vínculos que se establecen durante la infancia se mantienen a lo largo de toda la vida. John Bowlby, Harry Harlow y T. Berry Brazelton contribuyeron a fortalecer el sentimiento público sobre la importancia de la crianza con apego, y para cuando el público estadounidense fue testigo de las negligencias que tenían lugar en los orfanatos rumanos según exponía un programa televisivo de máxima audiencia, la teoría de la crianza con apego se había convertido ya en una advertencia desesperada: o llevabas a tu hijo pegado a ti dentro de un marsupio las veinticuatro horas del día o te arriesgabas a que sufriera trastornos de apego como los de aquellos pobres bebés rumanos. Sin embargo, el mensaje era incompatible con la realidad de muchos padres en los años setenta y ochenta. Las mujeres inundaban el mundo laboral en el despertar del movimiento feminista y comenzaban a consumar su papel —y a recibir reconocimiento por ello— de pensadoras, innovadoras y líderes. Dato significativo es que las mujeres *tuvieron* trabajar cuando la inflación alcanzó su punto álgido y la recesión se instaló en el país tras la expansión económica de los años sesenta. Las mujeres se encontraron ante el dilema de tener que escoger entre las necesidades del hogar y el trabajo, los hijos y la seguridad económica, la crianza con apego y la necesidad psicológica de desligarse de las restrictivas etiquetas de la maternidad y ampliar sus derechos como individuos.

Así que, las madres se convirtieron en terreno fértil para el movimiento por la autoestima de los años setenta. En 1969, el libro de Nathaniel Branden, *La psicología de la autoestima*, marcó el exitoso comienzo del movimiento. Su mensaje, que quererse a uno mismo es vital para la salud emocional y que la autoevaluación de las personas «es la clave de su conducta», llegó a los padres que pretendían mitigar el sentimiento de culpa y llenar el enorme hueco dejado por la búsqueda de sí mismos avivada por su propia autoestima y su desvinculación empujada por la realización profesional. El individuo y su respeto por sí mismo eclipsaron el valor de la comunidad o la familia, y así fue cómo comenzó el movimiento por la autoestima. Lamentablemente, los logros no estuvieron a la altura de lo esperado por Nathaniel Branden. Este veía un mundo en el que los niños se respetaban tanto a sí mismos que las opiniones de los demás les resbalaban y todos viviríamos en un estado de feliz autoexploración, autosatisfacción y amor por nosotros mismos.

UNA GENERACIÓN DE NARCISISTAS

No fue eso precisamente lo que ocurrió. Según Jean Twenge y W. Keith Campbell, está teniendo lugar una epidemia narcisista, como reza el título de su libro *The Narcissism Epidemic*, que se sitúa justo en la cara opuesta del movimiento por la autoestima. Según ambos autores, puede que el movimiento por la autoestima sirviera para reforzar la autoestima de los estadounidenses, pero el resultado no fue una ciudadanía más feliz y sana; es una generación de narcisistas admiradores de sí mismos preocupados por el aspecto superficial y la ganancia personal. Peor aún, el movimiento por la autoestima con su énfasis en la felicidad individual supuso el golpe de gracia para la desconfianza de la sociedad de la acción y el gobierno colectivos.

El movimiento por la autoestima prometía que podríamos sentirnos bien con todo lo que hacemos, que los niños estarían siempre a gusto con sus padres y que estaríamos satisfechos con nuestra forma de educar a nuestros hijos en todo momento. Pero la vida no funciona así y mucho menos la educación parental efectiva. Los niños que están siempre a gusto con sus padres no son niños a los que hay que corregir cuando no se portan bien, hacer que rindan cuentas de sus errores o pedirles que tengan en cuenta las necesidades de otras personas. *No nos sentimos* bien cuando tenemos que castigar a nuestros hijos; a nadie le gusta hacer llorar o herir sentimientos. *Nos sentimos* muy bien cuando les damos unas galletas a nuestros hijos antes de cenar poniéndonos el dedo en los labios con gesto de complicidad, reforzando con este pequeño secreto el vínculo que tenemos con ellos. Llegar y rescatarlos cuando les llevamos al colegio los deberes olvidados en casa, ahorrarles un castigo a la hora del recreo y la mirada de reproche del profesor *proporcionan* una sensación maravillosa. La trampa reside en que aquello que *nos parece* bueno no siempre *es* bueno para nuestros hijos. No estamos acostumbrados a pasar por alto aquello que nos hace sentir bien y es bueno a corto plazo, y hacer lo que es bueno y está bien para nuestros hijos a largo plazo.

La tentación de la felicidad y la educación parental permisiva que hace sentir bien a los padres a corto plazo resultó aún más tentadora al tiempo que la culpa recaía sobre el creciente número de divorcios, más horas en el trabajo y menos tiempo de ocio con nuestros hijos. Llegaron los premios a cambio de ese tiempo que no podíamos pasar con nuestras familias. Cuando teníamos tiempo para ellos, queríamos que nos dejaran disfrutarlo en una relativa paz, no peleando a cuenta de normas y consecuencias. Se tarda más en enseñar a un niño a limpiar el inodoro que hacerlo nosotros, y lo mismo ocurre con todas las demás lecciones que merecen la pena, solo que ya no disponíamos de tiempo para ello. Me viene al pelo el refrán: Dijo la sartén al cazo: «¡Quítate de ahí que me tiznas!». Mis hijos no se manejan muy bien en la cocina porque yo quiero y necesito disfrutar de mi cocina para mí sola. Es mi refugio después de llevar todo el día en clase o haciendo cosas para mis propios hijos. Ya les enseñaré a cocinar algún día, pero no ahora.

A medida que pasan los años de este nuevo milenio, los padres nos encontramos ante la clásica situación del pez que se muerde la cola. Se supone que debemos sentirnos bien con nosotros mismos y con la manera en que educamos a nuestros hijos de forma natural e intuitiva, pero al mismo tiempo tenemos que leer atentamente más que nunca libros y revistas sobre educación parental, sobre cómo criar hijos inteligentes, creativos y empáticos, que practiquen con el piano ellos solos, duerman nueve horas y jueguen al fútbol universitario ya en su primer año de estudiantes. Se supone que debemos recoger el testigo de aquellos expertos autoritarios que abandonamos en los cincuenta y asumir las funciones de profesionales tanto en casa como en el trabajo. Y ahí nos quedamos, examinando concienzudamente la ingente cantidad de publicaciones rebosantes de consejos sobre educación parental, tratando de conciliar trabajo y familia, confiando en nuestro instinto y en los expertos. En la actualidad, la educación parental muestra menos ese halo rosado empapado en oxitocina para acercarse más a un resplandor impulsado por la adrenalina que resulta cegador como los faros de un vehículo por la noche.

Según un artículo aparecido en la versión digital de la revista para padres *Parenting* sobre las cuestiones que más se repiten en relación con la educación parental, parece que los padres nos preocupamos por minucias, como: «¿Estoy malcriando a mi hijo por tomarlo en brazos cada vez que llora?» o «El sistema motor de mi bebé no se está desarrollando al mismo ritmo que el de otros niños. ¿Debería preocuparme?». Si bien hemos pasado de preocuparnos por aspectos vitales de los hijos para centrarnos en pequeños detalles relacionados con el desarrollo mental, físico y emocional de los niños, el último punto de la lista revela cuál es la preocupación original de estas dudas menores de los padres. Cuando suplicamos que alguien nos dé una respuesta a esas pequeñas aprensiones y cuestiones insignificantes, lo que en realidad queremos saber es: «¿Cómo puedo saber si soy buena madre?».

La mayoría de nosotros halla la respuesta en aquellos momentos que nos hacen sentir bien con nuestra forma de educar. Yo me siento bien sabiendo que mis hijos están seguros, cómodos y bien alimentados, por supuesto, pero lo que en realidad hace que me sienta bien, lo que hace que me sienta una madre sobresaliente es mostrarles que los quiero evitándoles posibles decepciones. Acordarme, por ejemplo, de sacar de la biblioteca ese libro que sé que le gustará a mi hijo o aparecer justo cuando el partido de fútbol está a punto de empezar para darle el protector bucal que se había olvidado en casa me tranquiliza: «Sí, hoy *has sido* una buena madre».

He dedicado gran parte de mi vida adulta a criar a mis hijos y hasta hace poco eso significaba protegerlos del fracaso, mantenerlos a salvo bajos mis amorosas alas. Pero eso ya no nos sirve y con seguridad tampoco les sirve a mis alumnos y a sus familias. Me daba miedo abandonar aquello que me hacía sentir bien, dejar a un lado mis propias necesidades y exponer a mis hijos a esos aspectos de la vida que hacen un poco de daño. Me daba miedo no volver a oír en mi interior: «Sí, hoy *has sido* una buena madre».

TENIENDO EN CUENTA QUE EL movimiento por la autoestima es un fracaso, y que hacer lo que a ti como padre te hace *sentir* bien ha dado lugar a una generación de niños narcisistas y materialistas, que no están dispuestos a correr riesgos ni a cargar con las consecuencias de sus actos, ¿qué podemos hacer que sí funcione? ¿Cómo conseguir que nuestros hijos adquieran la capacidad, los valores y las virtudes sobre los que construir una conciencia de identidad?

Educar para la autonomía. Educar para alcanzar una independencia y una conciencia de identidad, nacidas de una verdadera competencia, no de una seguridad en uno mismo errónea. Educar para llegar a ser resilientes ante los errores y los fracasos. Educar para alcanzar aquello que es bueno y está bien para nuestros hijos a fin de cuentas, no lo que nos parece que está bien y es bueno en un momento dado. Educar para el mañana, no solo para el presente.

2

POR QUÉ EDUCAR PARA LA DEPENDENCIA NO FUNCIONA: EL PODER DE LA MOTIVACIÓN INTRÍNSECA

C ONOZCO A LA MADRE QUE está sentada frente a mí desde hace años, y hemos vivido muchas cosas juntas. He dado clase a tres de sus hijos y me gusta pensar que nos hemos hecho amigas en este tiempo. Es una madre meticulosa que quiere a sus hijos con todo su corazón. Siempre he sido sincera con ella respecto a los puntos fuertes y débiles de sus hijos, y creo que confía en que siempre le digo la verdad. Pero cuando me plantea la pregunta que lleva tiempo preocupándola, lo único que puedo hacer es asentir con la cabeza tratando de ganar tiempo.

«Marianna saca buenas notas. No es eso lo que me preocupa. Pero me da la sensación de que ya no le gusta aprender».

Y tiene toda la razón. Yo también me había dado cuenta de lo que me contaba dos o tres años antes, y tengo la respuesta de lo ocurrido en la punta de la lengua. Pero me debato entre cumplir con mi responsabilidad de ayudar a Marianna y saber que lo que tengo que decir es una verdad que no estoy segura de que su madre esté preparada para oír.

La verdad —para aquella madre y para tantos otros padres— es la siguiente: Marianna ha sacrificado su curiosidad natural y amor por el estudio en el altar de los logros y nosotros tenemos la culpa. Sus padres, sus profesores, la sociedad en conjunto, todos estamos implicados en este crimen contra el aprendizaje. Ya desde su primer día de colegio, entre todos fuimos dirigiéndola hacia ese altar y preparándola para que midiera su progreso hacia dicho objetivo por medio de puntos, calificaciones y premios. Le enseñamos que su potencial va unido a su intelecto y que su intelecto es más importante que su naturaleza. Le hicimos ver lo importante que era llegar a casa orgullosa con sus sobresalientes, sus trofeos y su carta de admisión en la universidad, y de forma inconsciente le hicimos llegar el mensaje de que no nos importaba realmente cómo lo obtuviera. Le enseñamos a proteger su excelencia académica y extracurricular a toda cosa y que es mejor abandonar cuando las cosas se ponen difíciles antes que arriesgarse a manchar un expediente perfecto. Pero por encima de todo eso, le enseñamos a tenerle miedo al fracaso y ese miedo es lo que ha destruido su amor por el estudio.

Miro a su madre; tiene la preocupación en el rostro y el lápiz preparado para anotar las soluciones que espera de mí, y no sé cómo decirle suavemente que el hecho de atosigar a Marianna diariamente con el tema de los puntos y las notas perpetúa su dependencia en las intervenciones de su madre y le enseña que las recompensas externas son más importantes que su esfuerzo en estudiar. Marianna está tan obsesionada con agradar a sus padres que su antiguo amor por el estudio ha dejado paso a su deseo de obtener la validación de estos.

Esta madre está constantemente encima de su hija por amor, es evidente. Lo quiere todo para sus hijos, pero es posible que lo que está haciendo con el fin de alentar ese tipo de logros que, en su opinión, los ayudará a conseguir la felicidad y todo tipo de honores solo esté minando sus éxitos futuros.

Marianna es muy inteligente y su madre se lo recuerda a diario. Sin embargo, Marianna no recibe elogios por esmerarse y esforzarse tanto y no abandonar ante ese difícil problema de matemáticas o esa enrevesada pregunta de ciencias. Dar una respuesta incorrecta o llegar a un callejón sin salida significa que ha fracasado, independientemente de lo que haya aprendido por su esfuerzo. Y al contrario de lo que pueda creer, es en estas situaciones difíciles en las que verdaderamente *está* aprendiendo. Aprendiendo a ser creativa a la hora de enfrentarse a un problema. Aprendiendo a esmerarse. Aprendiendo lo que es el autocontrol y la perseverancia. Pero como le aterra fracasar, cada vez corre menos riesgos intelectuales. Sabe que si prueba a hacer algo difícil o nuevo, y no le sale, ese fracaso será la prueba evidente de que no es tan inteligente como todo el mundo le dice que es. Es mejor no arriesgarse. ¿Es eso lo que queremos? ¿Queremos niños que saquen sobresalientes pero que no les guste aprender? ¿Queremos niños con buenos resultados académicos pero demasiado asustados para arriesgarse a enfrentarse a lo desconocido?

La madre de Marianna es una mujer de éxito, académica y profesionalmente, y reconoce el valor del esfuerzo. Su propia madre dejó que se equivocara y que jugara y también que aprendiera por el mero hecho de aprender, pero ahora que es ella la que tiene que educar a su hija parece haber perdido de vista el valor del esfuerzo. Le preocupan demasiado los logros futuros de su hija como para dejar que resuelva ella sola los obstáculos que se encuentre en el camino. Quiere darle a Marianna todo, pero se le olvida que las mejores experiencias que vivió cuando ella era pequeña probablemente tuvieron lugar en respuesta a la emoción de afrontar un desafío, al tiempo que dedicó a intentarlo y a repetirlo cuando no le salía bien, por el mero placer inherente al aprendizaje de algo nuevo.

Sé cómo es esta madre porque es igual que yo y me cuesta decirle la verdad porque me da miedo que se enfade y se ponga a la defensiva conmigo, y también porque significa que tengo que admitir que yo he cometido con mis hijos los mismos errores que ella. Tal vez sea hora ya de compartir algunas verdades con ella mientras averiguo en qué me he equivocado yo, de modo que, juntas, podamos ayudar a nuestros hijos a redescubrir su valentía intelectual, su entusiasmo por aprender y la resiliencia que necesitan para convertirse en adultos independientes y competentes. Con un poco de suerte, nos lo agradecerán cuando echen la vista atrás y recuerden su infancia; no solo por nuestro amor incondicional, sino también por anteponer sus necesidades emocionales y del desarrollo a largo plazo a su felicidad a corto plazo. Por dejar que sus vidas sean un poco más difíciles hoy para saber enfrentarse a las dificultades mañana.

Inspiro profundamente, cruzo los dedos y se lo digo.

LA MOTIVACIÓN INTRÍNSECA: EL SANTO GRIAL DE LA EDUCACIÓN PARENTAL

Esto es lo que le dije: cuanto menos empujemos a nuestros hijos hacia el éxito educativo, más aprenderán. Cuanto menor uso demos a las recompensas externas o extrínsecas, más se involucrarán en su educación por el simple hecho de querer aprender.

La vida comienza acompañada por la motivación del deseo de explorar, crear y construir. Los bebés dan sus primeros pasos empujados por su deseo de descubrir y controlar lo que les rodea. En caso de que existiera un truco para saber educar a los hijos sería evitar que estos pierdan ese motor interior. Lamentablemente, padres y profesores se apoyan en el mismo sistema de recompensas utilizado en el entrenamiento de monos y focas. Puede ser una buena táctica en el circo, pero los plátanos y los arenques —o los iPads y la pizza— no sirven con los seres humanos. Puede que las recompensas ayuden a obtener resultados a corto plazo, pero no sirven para motivar cuando lo que se busca es fomentar las ganas y el entusiasmo por aprender a largo plazo.

Cuando leí los trabajos sobre el uso de las recompensas, primero el de Daniel Pink, *La sorprendente verdad sobre qué nos motiva*, y más adelante el original trabajo de los psicólogos Harry Harlow y Edward Deci, me quedé de una pieza. Casi todo lo que hago en clase y en casa gira alrededor de recompensas externas, pero el trabajo de Harry Harlow sobre cuál es la motivación de los monos hizo que me entraran dudas sobre mi forma de actuar.

En 1949, Harlow sintió curiosidad por averiguar qué era lo que motivaba a los primates (y por extensión a los seres humanos), así que dio a ocho monos, cada uno en su propia jaula, un pestillo unido a un trozo de madera a la espera de ver cómo reaccionaban. No tuvo que esperar mucho. Les encantó el juguete y se pusieron a manosearlo hasta que consiguieron abrirlo. Los monos se dedicaron a abrir los candados solo por diversión o, en palabras de Harlow, «porque la realización de la actividad les proporcionaba una recompensa intrínseca». Los monos no necesitaron ningún otro estímulo.

Cuando el psicólogo se dio cuenta del poder de la motivación intrínseca, sintió curiosidad por saber si una «motivación extrínseca» como darles una uva pasa mejoraría su actuación.

En la segunda fase del experimento, Harlow dio a la mitad de los monos una pasa como recompensa por abrir los candados. Los monos los abrían con mucha facilidad, así que si encima se les proporcionaba una recompensa, los abrirían más rápido, ¿no? Pues no. Los monos que obtuvieron la recompensa de la pasa abrieron los candados más despacio y menos veces que antes de que se les ofreciera dicha recompensa. Había algo en la recompensa extrínseca que interfería con su motivación intrínseca e impedía que se centraran en el juego (o en el candado, en este caso).

Es fácil establecer la analogía con los seres humanos: cuando a un niño lo fascina algo, es más probable que persevere con ello, incluso cuando duda, o cuando la tarea se complica, y sí, también es más probable que persevere cuando consigue dominar la tarea a la primera. Recuerda cuando tu bebé comenzaba a explorar lo que lo rodeaba, cuando recorría todo el salón a gatas, tiraba al gato de la cola y sacaba todos los libros del estante de abajo de la librería. Mis hijos me volvían loca cada vez que tiraban las cucharas por el conducto de la calefacción del salón o intentaban una y otra vez subir ellos solos las escaleras. Ese mismo motor que permite que los niños aprendan el nombre de todos los dioses del panteón greco-romano o el nombre científico y la especie de todos los dinosaurios que habitaron la Tierra durante el período cretácico impulsa su aprendizaje en los primeros años de colegio. A medida que se van haciendo mayores, nuestro objetivo debería ser preservar esta curiosidad natural y sed de descubrir a toda costa. Lamentablemente, los métodos que utilizamos para motivarlos, como las recompensas extrínsecas, entran en conflicto directo con lo que mantiene vivo su interés.

Dicho de un modo sencillo, si quieres que tu hijo deje de hacer los deberes, recompénsalo por sacar buenas notas.

Una vez hace muchos años tuve una alumna a la que, según su padre, «no se le daba bien la ortografía». Sin importar lo que hiciera, todas las semanas tenía serios problemas en los ejercicios de ortografía. Sus notas giraban siempre alrededor de B; sin embargo, debido a su baja nota en ortografía, su promedio tendía a ser B-. Su nota final de curso fue esa de hecho y sus padres se pusieron furiosos. No con ella, sino conmigo. Exigieron que nos reuniéramos de inmediato y pidieron que también estuvieran presentes importantes administradores del colegio. Dejaron perfectamente claro que su hija no era una estudiante «B-». La madre explicó que pese a toda la ayuda que se le había dado, los problemas de su hija con la ortografía eran innatos y no habría que penalizarla por ello. La reunión duró una hora y media aproximadamente y durante gran parte de ese tiempo tuve que soportar que los padres me reprocharan ser una profesora inútil y me advirtieran que mis actos habían bajado tanto la autoestima de su hija que lloraba todos los jueves por la noche pensando en el ejercicio de ortografía del viernes.

Puse en práctica todas las técnicas que conocía sobre cómo tratar a los padres: escuché lo que tenían que decir, mantuve un lenguaje corporal relajado y mostré empatía hacia su frustración. También les hice una promesa. Les prometí que si dejaban en efecto el B- y animaban a su hija por el esfuerzo que hacía y no por las notas, comprobarían que aquella «crisis» del B- sería una de las mejores cosas que podían haberle sucedido. No los apaciguó precisamente. Se fueron hechos una furia por no haber conseguido que le cambiara la nota y yo me quedé frustrada y recelosa por si me volvía a tocar dar clase a su hija el año siguiente. Confiaba en que hubieran captado alguno de mis consejos y que, un día, todos pudiéramos reírnos de aquella historia del B-.

El otoño siguiente, su hija empezó el nuevo curso con renovado vigor y compromiso en su educación. Lo que quiera que hubiera ocurrido en su casa durante el verano *había* funcionado. Se esforzaba mucho con la ortografía y empezó con el pie derecho sacando la máxima nota en su primer examen. Continuó sacando idénticas notas y cuando llevábamos un mes de curso, puntué su ejercicio y la felicité mientras vigilaba la sala de estudio un día. Hice ademán de acercarme a la papelera pero la miré con gesto interrogativo como preguntándole en silencio si quería quedarse con el ejercicio o si prefería que lo tirase. Ella se acercó a mi mesa para tomarlo él y me dijo: «Tengo que llevármelo o me quedaré sin mis diez dólares».

Así que había sido eso. Le pagaban diez dólares si no tenía fallos en el ejercicio de ortografía. Aquello me molestó un poco pero realmente no le hacía daño a nadie. Para los padres no constituía un problema darle el dinero y la chica se sacaba diez dólares semanales para sus gastos. Sus problemas con la ortografía parecían haber quedado enterrados en la memoria. Además, parecía feliz. Todos salían ganando con el acuerdo y según parecía estaba dando buen resultado. Lo hizo durante un tiempo. Poco después de las vacaciones empezó a sacar malas notas en la parte de ortografía. Le pregunté y sí, sus padres seguían pagándole cada vez que sacaba un diez. Me dijo que tenía muchas cosas que hacer ese año pero prometía mejorar y volver a sacar diez en ortografía. Pero no fue así y al final del año estaba en el mismo sitio que el año anterior en cuanto a la ortografía.

¿Dónde estaba el fallo? Si los diez dólares le habían servido como incentivo durante los primeros dos meses, ¿por qué dejó de funcionar después? Debemos tener en cuenta un par de cuestiones. En primer lugar, las recompensas no funcionan porque los seres humanos las percibimos como intentos de controlar la conducta, lo que termina socavando la motivación intrínseca. Y en segundo lugar, es más probable que el ser humano continúe haciendo algo porque quiere y él mismo ha decidido hacer. Ante la opción de hacer algo porque «lo tengo que hacer» y hacer cualquier otra cosa, la mayoría de las personas elegirían lo segundo porque es producto de su autonomía y autodeterminación.

El trabajo del psicólogo Edward Deci, *Why We Do What We Do: Understanding Self-Motivation* supuso una ampliación del trabajo sobre la motivación intrínseca que Harry Harlow realizó con los monos. Deci quería averiguar por qué cuando son pequeños los niños se mueven por la curiosidad y el deseo de comprender el mundo que los rodea y por qué ese motor interno desaparece cuando crecen. «Por un momento pensé

—una idea posiblemente sacrílega— que, tal vez, todas esas recompensas, normas y disciplina tan utilizadas para motivar a los escolares eran los malos de la película, que no fomentaban el deseo de aprender, sino un estado de apatía».

Para sacar a la luz a los malos de la película y demostrar su teoría, Deci tenía que encontrar una tarea que resultara interesante de por sí y algunos sujetos para llevarla a cabo. Descubrió el rompecabezas tridimensional conocido como cubo Soma y rápidamente quedó enganchado al reto que suponía resolver el rompecabezas y a la satisfacción personal que sentía cuando lo resolvía. Según Deci, el cubo Soma resultaba bastante adictivo y se sorprendió resolviendo los rompecabezas mentalmente, incluso cuando no tenía el cubo en la mano. Entonces invitó a los estudiantes elegidos para el estudio a que intentaran resolver los rompecabezas. Parte de los estudiantes recibieron un dólar cada vez que resolvían un rompecabezas, mientras que los otros no recibían premio alguno, solo la satisfacción del logro. Cuando los sujetos del estudio llevaban varios rompecabezas resueltos, Deci se iba a realizar un trámite administrativo durante ocho minutos y dejaba a los sujetos del estudio a solas en el laboratorio con el cubo y unas revistas. Durante esos ocho minutos los observaba sin que ellos lo supieran para ver qué hacían cuando terminaban los rompecabezas. Resultó que aquellos estudiantes que recibían dinero por completarlos se sentían menos inclinados a seguir jugando con los rompecabezas que los que se movían por la mera diversión que les proporcionaba la actividad. En su opinión, el dinero no motiva, sino que controla y ese control interfiere con la motivación intrínseca.

Después de varios estudios más en esta misma línea, Deci llegó a la conclusión de que toda actividad que el ser humano percibe que tiene un carácter controlador resulta perjudicial para la motivación a largo plazo y, por lo tanto, para el aprendizaje. ¿Quieres estar encima de tus hijos todo el día para asegurarte de que escriben el puntito de la «i» y hacen bien la rayita de la «t» cuando están haciendo los deberes en casa? Perjudicial para ellos. ¿Sientes la necesidad de imponer tus propios objetivos en su aprendizaje? Perjudicial para ellos. ¿Sientes la urgencia de imponerles una fecha para que te entreguen el borrador de ese trabajo de ciencias? Perjudicial para ellos.

¿No me crees? Haz la prueba con este sencillo ejercicio. Entra en la habitación del niño y pregúntale si quiere que jueguen con las piezas de Lego. Si el juego se realiza según sus normas, todo irá bien. Sin embargo, si empiezas a imponer tus objetivos o intentas obligarlo a seguir nuevas directrices basadas en tus necesidades, no tardarás en comprobar que el juego ya no le divierte. Una de dos, o tu hijo pierde el interés o se enfada, pero en cualquier caso, no querrá saber nada más del juego. La forma más rápida de hacer que tu hijo pierda el interés en un juego, tema o experimento es imponer tus deseos en un aprendizaje que es para él.

¿Entonces qué opciones tenemos los padres si no podemos sobornar, supervisar ni imponer objetivos o fechas límite para realizar determinada actividad a nuestros hijos? Lo creas o no, lector, la respuesta, por contradictoria que pueda parecer, es dejarlos en paz. Permitir que sean ellos mismos los que tengan el control y la autonomía que necesitan, aunque les cueste más trabajo realizar una tarea o resolver una situación. En un experimento que partió de los resultados iniciales en sus investigaciones con el cubo Soma, Deci ofreció a la mitad de los sujetos una variedad de rompecabezas y, como era de esperar, fueron estos los que pasaron más tiempo jugando con ellos y afirmaron haberse divertido más que aquellos a los que no se les dio a elegir. Procura darle a tu hijo la posibilidad de elegir cuando ya es capaz de trabajar por sí solo, y puede que incluso un poco antes de que sea totalmente independiente. Se trata de una maravillosa estrategia muy utilizada con los bebés en una fase de su desarrollo en la que tienen muy poco control sobre el mundo que los rodea pero una gran necesidad de autonomía. Darles poca variedad de elección —*quieres ponerte las zapatillas azules o las rojas*— da la impresión de control sin permitir mucho control en realidad, lo que resulta en anarquía y caos.

Hay que dar a los niños que ya van al colegio control y autonomía sobre dónde, cuándo y cómo hacer sus tareas y dejar que tomen sus propias decisiones sobre otros aspectos importantes de sus vidas, como son los amigos, las obligaciones o los deportes, temas que trataremos más adelante. Es necesario establecer expectativas no negociables, como «tienes que terminar los deberes a tiempo» o «en casa a las diez y espero que lo hagas o que llames si ocurre algo». Una vez establecidas estas normas no negociables, habría que dejarles a los niños mayores autonomía suficiente para que sean ellos los que se las ingenien para hacer las cosas y cumplir estas expectativas depositadas en ellos. Siempre y cuando tus expectativas se limiten a que terminen los deberes a tiempo, dónde, cuándo y cómo lo hagan debería ser cosa suya.

NO TE PREOCUPES; ESTO NO significa que profesores y padres no tengan ni voz ni voto en el aprendizaje de los niños y jóvenes. Significa únicamente que tenemos que abandonar nuestra forma de actuar y ser creativos. Poner en práctica este conocimiento en mi clase fue todo un desafío, no voy a mentir. *Me encanta* estar ahí delante de mis alumnos marcándoles cuándo, dónde y cómo hacer las cosas, mandándoles trabajos cuidadosamente diseñados, calificando los trabajos entregados en la fecha asignada. Llevaba diez años enseñando de esa forma, pero tras leer a Edward Deci me apetecía revolucionar un poco mi manera de enseñar para ver qué ocurría. Afortunadamente, profesores de todo el país están evolucionando hacia el método del aprendizaje basado en proyectos, donde los alumnos crean problemas o cuestiones del mundo real y tratan de encontrar la respuesta por sí mismos. Los estudiantes definen el alcance, los objetivos y los pasos que se llevarán a cabo en el proyecto, con lo que se consigue una sensación real de que controlan lo que aprenden. Mis primeros intentos de ceder las riendas educativas a mis alumnos resultaron alentadores, y opté por seguir el trabajo de Deci como guía para diseñar mis clases. Cuanto más me apartaba del escenario y más les permitía a ellos que elaborasen los detalles de sus propios proyectos, evaluaciones y aprendizaje, más se involucraban. Tuve que cambiar drásticamente mi forma de dar clase, pero al ver lo entusiasmados que estaban mis alumnos con lo que aprendían, me di cuenta de que también tenía que probar estrategias nuevas en mi casa con mis propios hijos.

Tomé las directrices observadas en el trabajo de Edward Deci y se las expuse a mi marido: si la motivación intrínseca tiene lugar cuando los niños se sienten autónomos, competentes y relacionados con los demás, debíamos tener presentes estas necesidades en nuestra educación parental.

AUTONOMÍA: LOS NIÑOS APRENDEN QUE SER AUTOSUFICIENTES ESTÁ MUY BIEN

La autonomía y la independencia son parecidas, pero existe una diferencia clave en la raíz de cada palabra. Independencia es el opuesto lingüístico de dependencia, mientras que autonomía es algo más. Procede del griego *auto-*, que significa «propio» o «por uno mismo», y *-nomía*, procedente de la raíz *nomos*, que significa «conjunto de leyes o normas», de modo que para ser autónomo, el niño debe internalizar un sistema de normas para vivir de forma independiente. Para facilitar la formación de esta normativa propia, es necesario que los padres ayuden a sus hijos a elaborar un sistema de principios guía para que sean capaces de resolver problemas y pensar de manera creativa y al mismo tiempo no apartarse de esos principios conductuales sobradamente demostrados. Cuando los padres son excesivamente controladores, los niños tienden a no pararse a pensar en por qué y cómo actúan en el mundo. Tienen dos opciones, cumplir nuestras normas o no hacerlo. Cuando les cedemos más control sobre lo que les rodea hay más posibilidades de que sean capaces de tomar decisiones maduras y obedientes con las normas. Para los padres es una situación doblemente beneficiosa porque la autonomía genera autonomía. Cuando los niños se dan cuenta de que tienen el control sobre lo que les rodea, quieren controlar también sus vidas y se vuelven más responsables.

Si bien las investigaciones sobre la motivación intrínseca demuestran que intentar ejercer control sobre los hijos mina su sentido de la autonomía, *no* significa que no debamos exigirles ciertas cosas. Justo lo contrario. Independientemente de la edad, es necesario que los padres y los profesores les marquemos unos límites y les demos unas directrices. Sin límites se produce el caos, y un aula o una casa en las que reina el caos no fomentan el aprendizaje. Cuando un profesor no sabe manejar bien su clase y no es capaz de dejar claro lo que espera de sus alumnos en relación con el comportamiento, las normas y el carácter, estos suelen mostrarse ansiosos, confusos y distraídos. Mientras que cuando el profesor sabe establecer el respeto hacia el proceso educativo y deja claro lo que espera, los alumnos se relajan y se concentran en aprender. He estado presente muchas veces en las clases de otros profesores y lo sé.

Una forma de intentar imponer el control sobre los chicos por parte de padres y profesores es el uso de las recompensas: sobornos, regalos, dinero y, sí, incluso elogios a cambio de unas buenas calificaciones. Como ya vimos en el ejemplo de aquella alumna a la que sus padres pagaban para que sacara buenas notas en las pruebas de ortografía, las recompensas a cambio de buenas calificaciones funcionan solo durante un tiempo. ¿Cuál es tu objetivo, que tu hijo saque un sobresaliente en el examen del próximo viernes o que tu hijo desarrolle un verdadero interés por las matemáticas a largo plazo?

Ya lo sé. Cuesta asumirlo. Recompensar por unas buenas notas es el estilo americano, un ejemplo más de capitalismo, pagar por una buena actuación, ¿verdad? Ya vimos que funcionaba en clase de ciencias allá por los años de secundaria, cuando B. F. Skinner premiaba a sus ratas de laboratorio por presionar una palanca. Aquellas ratas presionaban la palanca una y otra vez, y con ello demostró que los animales se comportan de una forma determinada mientras reciban su recompensa. Y ahí radica el principal problema que nos encontramos en el uso de las recompensas como fomento del comportamiento. Los animales siguen realizando una determinada actividad *mientras reciban su recompensa*. Pero como señala Edward Deci, ¿cuándo fue la última vez que viste a una foca haciendo equilibrios con una pelota en el hocico sin que su entrenador estuviera en el bordillo de la piscina con el cubo de pescado a la vista? Si no hay pescado, no hay ejercicio de equilibrio. Las recompensas funcionan cuando se trata de tareas repetitivas, simples y aburridas, pero cuando se trata de un aprendizaje creativo y lleno de matices, son malos motivadores. Uno de mis estudios de investigación favoritos sobre el tema resume el efecto del dinero sobre el aprendizaje con esta frase: «El dinero mejora la consolidación de la memoria, pero solo cuando se trata de cosas muy aburridas».

El control como forma de presión es lo peor que podemos hacer los padres y los profesores al aprendizaje de nuestros hijos. El control es el enemigo de la autonomía, ya sea en forma de amenazas, sobornos, tratos, vigilancia, imposición de objetivos, evaluaciones y hasta recompensas y elogios. La culpa la tenemos los padres. Te voy a revelar algo. En casa tenemos un cuadro de tareas pegado en el refrigerador y encima de ese mismo refrigerador está el juguete favorito de mi hijo, un peluche llamado Apestoso, retenido ahí hasta que Finn recoja su habitación y está a punto de sufrir una apoplejía. Tuve un momento de debilidad avivado por la frustración y sin darme casi cuenta eché mano de la bolsa de trucos educativos y tomé la decisión de quitarle el peluche, y una vez hecho, no podía echarme atrás. La educación parental es complicada e incluso los que conocemos bien la teoría de lo que funciona y lo que no somos víctimas de los malos hábitos en ocasiones. Dicho esto, las investigaciones de Deci y otros expertos lo dejan bien claro: lo más probable es que una estrategia que mine la autonomía no funcione como objetivo a largo plazo.

Otra desventaja de ofrecer recompensas como incentivo es que esta estrategia inhibe la creatividad y la disposición a correr riesgos. Cuando entran en juego las recompensas, el énfasis recae sobre el resultado final, y entonces ¿qué sentido tiene la creatividad? Si mis alumnos saben que les comprarán un iPod si sacan un sobresaliente, tomarán el camino más seguro para obtener ese sobresaliente porque no quieren arriesgarse a quedarse sin su iPod. El alumno que se mueve por la motivación de resolver el problema y llegar más allá intelectualmente aprende por el hecho mismo de aprender, y si saca un sobresaliente o le compran un iPod, genial. Por eso dar recompensas intermitentes puede funcionar, pero utilizarlas de forma habitual no. La diversión y la sorpresa de la recompensa cuando menos te la esperas sí puede fomentar la motivación, pero repito solo cuando no es lo habitual.

No se consigue desenganchar a los chicos del sistema de recompensas a cambio de buenas notas en un día, sobre todo si esta ha sido la estrategia educativa de los padres por defecto. Recuerda las focas entrenadas; la actitud de tus hijos conseguida a base de recompensas cambiará en cuanto estas recompensas desaparezcan. Y el resultado será frustrante para tus hijos y para ti en un primer momento, por lo que tal vez sea recomendable explicar a tus hijos mayores por qué quieres poner fin al sistema al que ellos ya se han acostumbrado. Tú eres el modelo a seguir para tus hijos en cuanto a comportamiento y actitud hacia el fracaso. Los niños tienen que ver que los adultos admiten sus errores, que aprenden a ser mejores personas y mejores padres, y que adoptan nuevas estrategias si la que venían utilizando no funciona. Asegúrate de que entiendan que tú crees de verdad que uno aprende a base de equivocaciones, y anímalos a que lo vean como tú. Anne Sobel, profesora de cinematografía y dirección en la universidad Northwestern en Qatar, ha luchado contra la inclinación de sus alumnos a ir siempre a lo seguro incorporando aspectos como la disposición a correr riesgos y el fracaso en sus calificaciones. «Les digo a mis alumnos que tendré en cuenta el intento de hacer algo más desafiante a la hora de calificar su trabajo, aunque se quede corto de visión».

Parte de mi estrategia educativa es servirles de ejemplo a mis alumnos para que aprendan a reaccionar de manera constructiva y adaptativa al fracaso. Admito mis errores y soy sincera cuando mis estrategias no salen bien, y esas admisiones me han conducido a algunos de los momentos más productivos y cooperativos que he vivido en mi clase. Los chicos tienen que aprender que yo me esfuerzo por ser mejor profesora y los errores forman parte de ese esfuerzo, y también que la educación no termina nunca realmente. Servir de ejemplo es una estrategia educativa muy poderosa, mucho más que regalar un iPod o dar diez dólares.

Por alguna razón me resultó más fácil admitir mis errores en la clase que en mi propia casa. En plena discusión con mi hijo adolescente o cuando tuve que tomar las riendas de una tarea de casa que se había descontrolado, sabía que me estaba poniendo cabezona, como sabía también que lo había fastidiado. Tenía que dejar el orgullo a un lado y admitir mis errores, y mostrar a mis hijos que tengo el coraje de hacer mal las cosas, afrontarlo, aprender la lección y continuar.

Cuando mi marido y yo dejamos de utilizar el recurso de enseñar la zanahoria a nuestros hijos para que hicieran las cosas, decidimos intentar hacer algo que yo llevaba mucho tiempo asesorando en el colegio: objetivos. En el centro donde trabajaba antes utilizaban un sistema de asesoría en el cual los profesores se reunían semanalmente con sus alumnos para ayudarlos a marcar unos objetivos en cualquier aspecto, ya fueran temas escolares, asuntos sociales o caligrafía. Creo que los objetivos funcionan bien con los alumnos porque son recompensas sobre las que el chico tiene el control absoluto. A veces, cuando sentía que a mis alumnos les iría bien empezar de cero o renovar un poco los objetivos, nos reuníamos para marcar nuevos objetivos para el semestre. Por ejemplo, una alumna se marcó el objetivo de superar su timidez, y entre las dos desarrollamos un plan que incluía hablar con los otros profesores y pedir ayuda también a otros adultos. Dio pasos de gigante en su objetivo aquel semestre porque se lo había marcado *ella misma*, cuya ejecución quedaba dentro de sus *propios* parámetros, y si no lo lograba, pues no pasaba nada. No tenía que darle explicaciones de sus fracasos a nadie más que a sí misma. Los objetivos que se impone uno mismo son el mejor lugar para dejar que un niño experimente sus fracasos. Cuando son ellos mismos los que se marcan sus propios objetivos, según su propio calendario y criterios, el fracaso no será una derrota demoledora. Los objetivos se pueden modificar, pueden variar según las circunstancias, se pueden posponer incluso para la semana siguiente, por ejemplo. Tener un objetivo proporciona un terreno privado en el que hacer pruebas, una manera segura de correr riesgos, equivocarse y volver a intentarlo, especialmente adecuado para aquellos niños que se ponen nerviosos porque les da mucho miedo cometer errores.

Si de verdad queremos que nuestros niños se involucren en objetivos a largo plazo, tiene que ser con sus propios objetivos, no los nuestros. Una amiga comprendió esto cuando su hijo le suplicó hace poco que no le hiciera ir a más clases de piano. La convenció cuando le dijo: «Mamá, creo que tocar el piano es algo que *tú* quieres hacer, no yo». Tal vez resulte difícil tener presente esto, sobre todo cuando un alumno tiene problemas, pero si queremos que el objetivo funcione, tiene que ser el objetivo del niño.

Es posible que encontremos resistencia a la práctica de marcarse objetivos por parte de los adolescentes, particularmente si hasta el momento habías sido un padre o madre controlador (creo que mi hijo mayor se burló de la idea las dos primeras veces que la saqué a colación). Sin embargo, cuando se dan cuenta de que has pasado página y quieres ayudarlos de verdad a alcanzar sus *propios* objetivos, recuperarás su confianza en tus motivos. Y recuerda, sentarte con tus hijos para ayudarlos a marcarse sus objetivos no es una reunión de negocios. Es más beneficioso conversar de manera relajada, calmada y con tranquilidad. En mi caso, las mejores conversaciones tienen lugar en el coche, paseando, y en todos esos momentos que surgen cuando menos te los esperas. Los adolescentes no siempre tienen ganas de escuchar o hablar, y a veces tienes que ser tú quien esté dispuesto a hacerlo cuando ellos quieren, cuando están de humor y tienen ganas.

Muéstrales tu apoyo. Algunos objetivos te parecerán triviales, pero si son lo bastante importantes como para que tu hijo los verbalice, son lo bastante importantes como para que los respetes y apoyes. Deci califica esta estrategia como «soporte de la autonomía», pero yo lo llamo educación parental inteligente.

COMPETENCIA: CONFIANZA A PARTIR DE LA EXPERIENCIA

Inundar a tu hijo con elogios puede ser una manera de servir de apoyo para su confianza, pero la competencia no se construye a base únicamente de elogios. La competencia requiere tanto de habilidad como de experiencia, y la confianza por sí sola puede conducir al desastre. Estudios recientes han confirmado que si bien es necesario que los niños practiquen el juego libre o juego no estructurado donde corren riesgos hasta cierto punto, el juego arriesgado resulta más peligroso para aquellos niños que nunca han practicado el juego libre que para aquellos que han aprendido a gestionar el riesgo. Saber gestionar el riesgo a través de la experiencia es una verdadera competencia, conseguida a base de esfuerzo, y hace que se sientan muy bien consigo mismos.

Cuando el hijo de mi vecino tenía cinco años, estaba totalmente seguro de que era capaz de manejar las herramientas eléctricas de su padre. Como este no le había enseñado aún a utilizar ninguna de ellas, su creencia se basaba en confianza más que en competencia. Un día que estaba de visita, me llevó a ver la cortadora de troncos nueva de su padre, una máquina peligrosísima y desde luego no apta para niños. Me miró esperanzado (y con una mano en la llave de contacto) y me preguntó si quería ver cómo la manejaba. Yo rechacé la invitación (y avisé a su madre), porque sabía que su confianza en sí mismo era peligrosa y estaba fundada únicamente en su amor por las herramientas eléctricas. Ahora que ya tiene casi doce años, y su padre ha dedicado horas a enseñarlo a manejar toda esa maquinaria con seguridad y eficiencia, se ha convertido en un competente carpintero, leñador y manitas. Esa competencia nace no solo de creer que sabe utilizar todas esas herramientas, sino también de una capacidad real y de horas de práctica bajo la atenta mirada de su padre.

Los niños que adquieren la competencia a través de la experiencia estarán más seguros en el mundo porque no se lanzarán de cabeza a correr riesgos para los que no están preparados. Un niño que cree que está listo para bañarse en la parte más profunda de la piscina solo porque has elogiado su asombroso talento natatorio en sus primeras y torpes brazadas a estilo libre corre más peligro de ahogarse que el niño que tiene una idea realista de sus capacidades. Sé sincero con tus hijos. Elogia su resiliencia y sus esfuerzos por recuperarse de sus errores. Y, sobre todo, no pierdas de vista el premio: la motivación intrínseca. Proteger a los niños de la frustración, la ansiedad y la tristeza que experimentan en un primer momento cuando fracasan les impide desarrollar la resiliencia y la mentalidad de crecimiento que merecen.

Alienta la competencia de tu hijo siempre que sea posible. Esto es observar a un niño mientras se prepara él solo un bocadillo o escuchar a un adolescente hablar del gol que metió en el partido de fútbol. La competencia y el dominio de una actividad son excelentes motivadores. Cuando los niños prueban el éxito, sobre todo el que se consigue a base de esfuerzo y perseverancia, se convierte en algo adictivo. Esto es lo maravilloso de ser competente en algo: es una profecía que se cumple.

He sido testigo de lo que puede suceder cuando un niño al que previamente han sobornado y engatusado con recompensas descubre lo maravilloso que es dominar una actividad. Es como si el sol atravesara las nubes y le iluminara el rostro. Resplandece, vibra de emoción, brilla. Lo mejor es que cuando un niño domina una habilidad o técnica a base de esfuerzo individual, entra en un bucle de retroalimentación positiva que no deja de proporcionar resultados. La emoción puede alargarse durante años si se alimenta convenientemente. También he visto cómo esta conciencia de ser competente eclipsaba y reemplazaba años de frustración y visión negativa de uno mismo.

La clave reside en que la competencia debe nacer del esfuerzo del niño. Tenlo en mente cuando empieces a eliminar las recompensas (falsos elogios, regalos, adulación innecesaria) en favor de un sistema de soporte de la autonomía. El día que tu hijo llegue a casa del colegio después de haber comprendido un concepto complejo, radiante de orgullo y satisfacción por haber dominado el problema, se desplegará ante tus ojos la magia de la competencia.

CONECTAR: LA RELACIÓN CON LOS DEMÁS ES LO QUE DA SENTIDO A LA AUTONOMÍA Y LA COMPETENCIA

Este último elemento de la motivación intrínseca tiene que ver con la relación que tu hijo tiene contigo, con los profesores y con el mundo en general. Los seres humanos somos animales sociales y tenemos que saber que nuestro esfuerzo es importante para otras personas. La buena noticia es que la educación parental de soporte a la autonomía suele fortalecer los vínculos entre hijos y padres, mientras que las estrategias educativas que ejercen control los debilitan. Repito que esto no significa que aquellos padres que marcan límites estrictos sean malos padres. Una de las madres más eficientes que conozco es de lo más estricta, pero sus hijos entienden por qué marca los límites que marca. Me recuerda un poco a mamá Ingalls, porque, por encima de todo, es una madre razonable, que apoya la autonomía de sus hijos y la idea de ser competente. En consecuencia, sus hijos —incluso los adolescentes— la admiran y adoran, y sienten una conexión con ella que no es habitual hoy en día. Fomenta primero la autonomía y la competencia, y la conexión vendrá después.

Para fomentar la autonomía al mismo tiempo que refuerzas la conexión con tus hijos, tienen que saber que tú crees verdaderamente que llegarán a cumplir las nuevas y más amplias expectativas depositadas en ellos. Es aquí donde entra en juego el concepto de «mentalidad». La profesora de psicología de la universidad de Stanford y autora de *La actitud del éxito*, Carol Dweck, clasifica a las personas según su mentalidad en personas con una mentalidad fija y personas con una mentalidad de crecimiento. Una persona que tiene una mentalidad fija cree que la inteligencia, el talento o la habilidad son cualidades innatas y permanecen invariables a lo largo de toda la vida, independientemente de lo que haga. Mientras que alguien que tiene una mentalidad de crecimiento cree que tales cualidades son solo el punto de partida, que se pueden conseguir más cosas con el esfuerzo y el desarrollo personal. Las personas que tienen este tipo de mentalidad de crecimiento sienten la motivación de aprender por el hecho mismo de aprender, porque creen que perseverando y esforzándose pueden lograr cosas más importantes. Se crecen ante los desafíos y comprenden que fracasar y volver a intentarlo es parte del proceso de mejorar, de ser más inteligente o más rápido. Si descubren que tienen limitaciones, buscan la manera de superarlas. «La marca que distingue a los individuos de éxito es que les encanta aprender, buscan desafíos, valoran el esfuerzo y perseveran ante los obstáculos», escribe Dweck. Dicho en términos prácticos, será menos probable que los niños con una mentalidad fija perseveren cuando el colegio empiece a plantear dificultades porque no creen que puedan superar las limitaciones que ellos mismos perciben que tienen, mientras que aquellos con una mentalidad de crecimiento seguirán intentándolo aunque no consigan entender algo a la primera porque saben que es cuestión de esforzarse para lograr el éxito.

Lamentablemente, la sobreprotección de los padres mina aquello que precisamente contribuye al desarrollo de una mentalidad de crecimiento, de manera que inhibe la motivación intrínseca. Con esa sobreprotección, los padres enseñan a sus hijos que sin su ayuda jamás podrán superar los obstáculos. Cuando evitamos que corran riesgos y que se equivoquen, les estamos trasladando que no tenemos fe en su capacidad de crecimiento, mejora y superación de los obstáculos, por lo que alentamos que desarrollen una mentalidad fija. El tipo de dependencia que se origina a raíz de la sobreprotección se puede confundir con conexión, pero se debe a que comunica nuestra falta de fe en ellos; en realidad mina la conexión sana al acentuar el control en vez del amor y el apoyo.

Del mismo modo que la conexión con los padres sirve para apuntalar la confianza del niño en casa, es mucho más probable que quiera correr riesgos académicos y emocionales en el colegio si también siente una conexión con los profesores. Tal como yo lo veo, esta idea de la conexión traspasa el aula para extenderse al mundo exterior. Entender un concepto de geometría es algo abstracto y sin sentido hasta que no se relaciona con los preciosos y poderosos ángulos de los puentes, los edificios o la astronomía. Sin establecer la conexión entre la cultura romana y las raíces de las lenguas modernas, el latín no es más que una lengua muerta, que probablemente no despertará la pasión o el interés de mis alumnos.

Así que una de las cosas más importantes que pueden hacer los padres por sus hijos es mostrarles que no están solos en el mundo, que son importantes en la visión de conjunto, y que ellos están ahí para ayudarlos a buscar su lugar en esa visión de conjunto.

DIFICULTADES BENEFICIOSAS
QUE CONDUCEN AL DOMINIO DE ALGO

Si bien la autonomía, la competencia y la comunicación nos parecen grandes conceptos abstractos, permitir que nuestros hijos cometan sus propios errores y afronten los fracasos derivados de una autonomía cada vez mayor va en contra de nuestros instintos como padres. Nos cuesta verlo y aún nos cuesta más no involucrarnos cuando vemos a nuestros hijos frustrados o disgustados. Con frecuencia me escriben por correo electrónico muchos padres porque sus hijos no son capaces de seguir adelante con un trabajo que les he mandado o con un problema cuyo enunciado no es exactamente como lo dije el día que lo vimos en clase. Queremos que la vida sea una balsa de aceite para nuestros hijos, pero trabajos de investigación interesantes demuestran que no es en esas situaciones tranquilas donde se aprende de verdad. Los pequeños fracasos, esos que se producen cuando lo que está en juego es relativamente poco y el potencial del crecimiento emocional y cognitivo es alto, son lo que los psicólogos Elizabeth y Robert Bjork llaman «dificultades beneficiosas». Aprender algo que resulta complicado se almacena en el cerebro de manera más eficaz y duradera que lo que se aprende fácilmente.

El aprendizaje tiene lugar cuando observamos algo —cuando vemos, oímos o experimentamos de cualquier otro modo la información— y nuestros cerebros transforman esa percepción en una representación comprensible para nuestros cerebros. Este proceso se denomina *codificación*. Percibimos cientos de experiencias a lo largo del día, pero eso no significa necesariamente que almacenemos todas esas percepciones en nuestra memoria a largo plazo. Para poder convertir esas percepciones efímeras en memoria a largo plazo debemos *consolidarlas*. Llamamos consolidación al proceso de organizar, clasificar y ordenar las percepciones y experiencias en algo que el cerebro pueda almacenar y utilizar en un momento dado. Por último, para fijar verdaderamente la memoria tenemos que etiquetarla para poder recuperarla posteriormente. Esta última parte del proceso, la de la *recuperación*, es vital en el aprendizaje porque solidifica el conocimiento a través del proceso de extraer la información del cerebro para poder aplicarla a situaciones y contextos nuevos. Por eso aprender de memoria y regurgitar datos son tan ineficaces como herramientas educativas. No avanzan lo suficiente como para que lo que se aprende dure.

Una palabra que se oye mucho en el ámbito de la educación en la actualidad es «dominio», y para dominar algo hay que saber recuperar informaciones. Los estudiantes tienen que ser capaces de recordar la información y saber aplicarla, relacionarla con otras disciplinas, demostrar su funcionamiento a otra persona o sacar a la luz la utilidad que tiene. Los profesores entienden que no sabes algo de verdad hasta que se lo puedes enseñar a otra persona, y esto se debe a que para poder enseñar algo a alguien es necesario que estén presentes los tres elementos de la ecuación del aprendizaje: codificación, consolidación y recuperación.

Y aquí está la trampa. Resulta que cuanto más fácil es recuperar una información, menos tiempo permanece en el cerebro. Así que cuanto más tengas que esforzarte en recuperar y aplicar el conocimiento en un ámbito nuevo, significa que el conocimiento quedará codificado de una manera más duradera.

Por eso es tan perjudicial la aversión al fracaso. Como explican los autores de *Make It Stick: The Science of Successful Learning*, los errores son parte integral del aprendizaje. Si a los niños les da miedo cometer errores, no aprovecharán las oportunidades en detrimento de su aprendizaje y crecimiento personal.

COMO PROFESORA, HABLO TODO EL tiempo con padres que afirman que su hijo simplemente no puede soportar el fracaso, que se pone ansioso, se disgusta y se frustra, lo que a su vez pone nerviosos, disgusta y frustra a sus padres. Les preocupa que aunque ellos adoptan una visión de color rosa del fracaso, a su hijo le asusta demasiado equivocarse. Yo les digo que lo observen mientras realiza una tarea que a ellos les encanta, siguiendo su motivación (la de los padres) y controlada por ellos, para comprobar el miedo que tiene ese niño al fracaso. El niño que se vuelve loco con los deberes para casa de complicadas ecuaciones con fracciones suele ser el mismo niño que es capaz de pasarse tres horas sentado jugando al Minecraft, superando sin problema obstáculo tras obstáculo con el fin de construir una elevada torre perfecta donde guardar sus tesoros y presumir de pericia arquitectónica. Nuestros hijos no han perdido por completo la capacidad de afrontar el fracaso; simplemente lo han extraviado entre tanto trofeo, lazo y certificado.

Se les puede enseñar a redescubrir su disposición a equivocarse y acceder a su motivación intrínseca, aunque se hayan convertido en adictos a las recompensas, esclavos de los elogios y dependientes de nuestra intervención a cada paso. No será fácil, sobre todo en la fase de transición, pero prometo que el fin justifica de sobra el desafío de los medios.

3
MENOS ES MÁS EN REALIDAD: EDUCAR PARA LA AUTONOMÍA Y LA COMPETENCIA

C UANDO COMENZAMOS A MODIFICAR NUESTRA forma de educar a nuestros hijos, mi marido y yo sabíamos que golpearía con fuerza el sistema erróneo que llevábamos siguiendo durante quince años. En vez de dejar que nuestros hijos se preguntaran si los alienígenas habían tomado control sobre sus padres o algo, nos sentamos una noche con ellos y se lo explicamos todo, las transgresiones educativas que habíamos cometido y nuestros planes de reforma. Sí, el adolescente nos puso los ojos en blanco. Finn pidió que le dejáramos levantarse de la mesa un momento en mitad de la charla. Pero cuando admitimos que habíamos estado haciendo mal las cosas y que creíamos que cambiando la forma de educarlos haríamos de ellos mejores personas, más independientes, seguras de sí mismas y *competentes*, creo que captamos su atención. Les dijimos que cuanto más competentes fueran, más cosas les dejaríamos que hicieran solos. Que cuanto mejor manejaran decisiones difíciles, más confiaríamos en su capacidad de tomar decisiones.

Tras las interrupciones y obstáculos iniciales, y puede que también algún berrinche y algo de resistencia, creo que comprendieron que no teníamos intención de retomar nuestra antigua costumbre de educarlos para ser dependientes y dieron un paso al frente. El mayor, que siempre ha sido bastante independiente, comenzó a aceptar la responsabilidad de todos aquellos aspectos de su vida en los que yo ya no tenía que tomar parte. Empezó a ponerse avisos en el calendario para reforzar su mala memoria. Se hizo listas de cosas que tenía que hacer antes de que empezaran las clases para que no se le olvidara nada. Organizó los documentos que le pedían en la secundaria y me dio los que tenía que leer y firmar. Ordenó el material escolar, hizo la mochila con lo que iba a necesitar para irse de campamento dos semanas y me dejaba avisos en la encimera de las personas que habían llamado por teléfono. El pequeño, que normalmente se muestra más que dispuesto a que yo lo haga todo por él (recuerda nuestra aventura con los cordones de los zapatos), de repente empezó a hacer él solo todas sus tareas matinales sin que hubiera que pedírselo y hasta se hizo una lista de las cosas que tenía que hacer después de que un día se le olvidara la toalla en la piscina local. Limpiaba su habitación, ordenaba su mesa y organizaba dónde y cuándo hacer los deberes del día. Lo mejor de todo es que vio que su hermano sabía poner la lavadora y la secadora, y me pidió que le enseñara a él también.

LLEVÁBAMOS DOS SEMANAS DE PERFECTA luna de miel cuando mi hijo pequeño, Finnegan, sufrió un contratiempo en su viaje hacia la autonomía y la competencia. Ya se había cerrado la puerta del autobús escolar después de que subiera el último niño cuando me di cuenta de que se había olvidado los deberes de matemáticas y ortografía en la mesita del salón. Miré por la ventana y allí estaba él en el autobús, ajeno a su olvido, explicándole cualquier cosa de algún mundo imaginario a su amigo Pearce con grandes aspavientos. Miré los deberes olvidados. Miré por la ventana otra vez. Y de nuevo los deberes.

Y decidí esforzarme en seguir con mis cosas, consciente de que tenía que pasar por el colegio más tarde porque tenía una cita y que no me costaría nada llevarle a Finn los deberes a su clase, lo mismo hasta podía metérselos sin que se diera cuenta en la taquilla o en la mochila. Se había esforzado mucho, los había escrito con su mejor caligrafía, y todo para nada. Tomé los papeles de encima de la mesa, miré las letras y los números pulcramente escritos y volví a dejarlos en su sitio.

Desconcertada, abrí Facebook y escribí:

Escribo esto para aquellos que crean que es fácil dejar que tus hijos se equivoquen. Uno de mis hijos acaba de dejar los deberes en la mesa del salón. Los había escrito con su mejor caligrafía y terminado a tiempo. Tengo que pasar por su colegio de todos modos a dejar una cosa. ME ESTÁ COSTANDO UNA BARBARIDAD dejar los deberes en la mesa sabiendo que hoy se va a quedar sin recreo. Los he mirado y remirado veinte veces, incluso los he tenido en la mano. Pero ahí están. Y ahí se quedarán, esperando a que mi hijo llegue a casa y se dé cuenta de que tendría que haber comprobado que llevaba los deberes en la mochila para poder entregárselos a su profesor.

Las reacciones de amigos en Facebook no se hicieron esperar. Muchas personas escribieron para darme su apoyo y entusiastas palabras de aprobación, y recibí muchos «me gusta», pero alguien escribió para dejar clara su desaprobación.

Jessica, te admiro mucho, como confío que ya sabes, pero yo no podría hacer lo que tú has hecho. A mí se me olvidan cosas a diario. He ido a la oficina de mi marido a llevarle cosas que él también se olvida en la encimera de la cocina. Creo que es inevitable que nos distraigamos hasta cierto punto, por mucho que nos esforcemos, y a los adolescentes es a los que más les pasa. A mí me alegraría tanto que hubiera hecho los deberes a tiempo y bien que se los llevaría al colegio a no ser que me resultara totalmente imposible por algún motivo. Yo me ahorraría las consecuencias para cuando no hacen los deberes o los hacen mal.

Me quedé pensando en sus palabras el resto de la mañana. Tuve que admitir que sí, *haría* todo lo que estuviera en mi mano para devolverle a un amigo la cartera olvidada o llevarle a mi marido el cargador olvidado, entonces ¿por qué no hacer lo mismo con mis hijos?

La respuesta es que yo no estoy criando a esas personas. Trato a mis hijos de modo diferente porque mi responsabilidad con ellos va más allá de que estén felices y contentos sabiendo que los quiero y tienen mi apoyo. Si lo que quiero es criar a unos futuros adultos competentes y capaces, tengo que quererlos lo suficiente como para anteponer el aprendizaje a mi felicidad.

ESTE CAMBIO EN MI MANERA de entender mi papel de madre fue lo que más me costó de la nueva educación parental de soporte de la autonomía que habíamos decidido adoptar. Me costó más que ver a mis hijos meter la pata, más que saber que iban a meter la pata antes de que ocurriera y no intentar impedirlo. Tuve que dejar de equiparar el hecho de hacer cosas por mis hijos —como ahorrárselas a ellos o anotarme una sonrisa o un abrazo cuando aparecía en el colegio con la manopla o el juguete que se les había caído— con una buena educación parental. Aún me gusta la sensación que me produce hacer cosas por ellos y sigo haciéndolas todo el tiempo. Pero son cosas diferentes y mi motivación se basa en una evaluación de *sus* necesidades, no las mías. Antes hacía cosas que ellos podían hacer solos para sentir que los estaba educando bien. Ahora, cuando elijo hacer algo por ellos, sé que lo hago por un amor verdadero y creo que mis hijos también lo notan.

CUANDO INSTO A LOS PADRES a que den autonomía a sus hijos, no pretendo que dejen de supervisarlos y que se den media vuelta, esperando que los hijos respondan asumiendo una autonomía y una motivación intrínseca recién descubiertas. Educación parental de soporte de la autonomía no quiere decir educación negligente, ni tampoco permisiva. Los padres que siguen este método de soporte a la autonomía tienen unas expectativas claras y específicas, están presentes física y emocionalmente, y acuden cuando sus hijos se sienten frustrados o cuando es necesario un pequeño cambio de dirección. Lo mejor de seguir este método educativo de soporte de la autonomía es que ponemos fin a todas las cosas negativas que hacemos para obligar a nuestros hijos a hacer lo que nosotros queremos: atosigar, buscar tres pies al gato, estar encima de ellos todo el tiempo, dirigir... Estas técnicas educativas resultan destructivas para nuestra relación con nuestros hijos, por lo que eliminándolas conseguimos un ambiente más tranquilo y agradable.

La educación de soporte de la autonomía da a los chicos lo que necesitan. Nuestros niños se mueren para que les demos responsabilidades y por tener su propio papel dentro de la familia, y toda esa competición por el poder y las travesuras cuando están ociosos se deben a que no hemos sido capaces de mostrarles claramente cómo contribuir al bien de la familia. Los niños se crecen ante nuestras expectativas y crecen cuando les damos responsabilidades, así como la educación que necesitan para poder cumplir con ellas. Esto no quiere decir que cierto grado de implicación parental no sea crucial para el aprendizaje y la salud emocional de los niños. Por ejemplo, todos los estudios demuestran que un vínculo fuerte entre la familia y el colegio conduce a unos mejores resultados educativos y emocionales, y que cuando se les pregunta, los profesores señalan que la «implicación de los padres» es uno de los elementos más importantes para conseguir el éxito educativo. Esto sigue siendo cierto a pesar de los titulares sobre estudios de investigación miopes y erróneos que afirman que la implicación de los padres está sobrevalorada. Los profesores adoran a esos padres que van a las reuniones de padres, que colaboran en las excursiones del colegio y se ofrecen para ayudar cuando se les necesita. Existe una diferencia entre implicarse en el desarrollo académico de tu hijo y adueñarse de él. La línea entre la sobreprotección y la educación de soporte de la autonomía a veces es muy fina, pero existe una clara diferencia entre la educación que tiene como resultado niños dependientes, desmotivados y sin éxito, y la que da lugar a niños resilientes, decididos e intrínsecamente motivados.

Para poder dibujar una línea y dejar bien claro por qué es tan importante apoyar la autonomía en vez de la dependencia, debo retroceder un momento. La psicóloga Wendy Grolnick ha realizado un trabajo fascinante sobre el impacto en la motivación de los niños de la educación de soporte de la autonomía frente a la que se basa en el control por parte de los padres. Su experimento consistió en grabar en su laboratorio a distintas parejas de madre e hijo durante tres minutos y tachar las interacciones de las madres con sus hijos como controladoras o de soporte a la autonomía. Cuando Grolnick les invitó a esas parejas de madre e hijo para una segunda visita, ella puso al niño a trabajar en una habitación él solo y los resultados fueron «sorprendentes». Los niños que en la primera ocasión habían recibido indicaciones constantes de sus madres controladoras tiraron la toalla cuando se sentían frustrados en su actividad en solitario la segunda vez.

Parémonos un momento a pensar en ello. Los niños educados por padres controladores, que dirigen todas sus actividades, no pudieron completar la tarea solos, mientras que los niños que habían sido educados como personas autónomas terminaron el trabajo, aunque también a ellos les frustrara en algún momento. Los niños capaces de redirigir sus actos y perseverar a pesar de la dificultad cada vez dependen menos de las indicaciones para concentrarse, estudiar, organizarse y dirigir sus propias vidas. Estos niños competentes y más autónomos disfrutan más con lo que hacen. Sin embargo, los niños que confían en que sus padres les van a decir siempre cómo hacer sus tareas siguen necesitando ayuda e indicaciones, y a medida que aumenta la dificultad de las tareas con la edad y la madurez, lo mismo ocurre con la complejidad y la naturaleza de la intervención de los padres. Son estos niños los que necesitan la ayuda de sus padres con los deberes cuando llegan a la secundaria y aun después. Son estos niños los que no son capaces de gestionar sus calendarios y prioridades según se acercan a la edad adulta.

Sí, es verdad que el salto del estilo educativo controlador al estilo de soporte de la autonomía no es sencillo, pero siempre cuesta al principio cambiar un hábito de mucho tiempo. No pierdas de vista la satisfacción de la retroalimentación positiva: cuanto más independientes permitas que sean tus hijos, más independientes llegarán a ser.

Pasar de controlar a fomentar la autonomía requiere tiempo y paciencia. Si tu hijo no aprendió nunca a hacerse el sándwich de la comida, poner la lavadora, lavar el coche después de clase, llenar y vaciar el lavavajillas o hacer cualquiera de las muchas tareas que cualquier chico debería ser capaz de hacer llegada la secundaria, se te presenta una cuesta de aprendizaje muy empinada. Es posible que la primera vez no haga las cosas exactamente como tú quieres y puede que se resista a cargar con sus nuevas responsabilidades, pero las recompensas llegan, y antes de lo que esperas.

Aunque nuestros hijos normalmente nos quieren independientemente de cómo los eduquemos, yo preferiría que mis hijos me vieran como una madre que los guía, en vez de ordenarles por donde ir; que los apoya en vez de controlarlos. Preferiría ser el tipo de madre que se preocupa más por la competencia de sus hijos y la fuerza de su conexión con ellos que porque los platos estén perfectamente alineados en el lavavajillas o porque se les cuele un calcetín blanco en la lavadora de color.

Educación de soporte de la autonomía no es lo mismo que educación permisiva porque la disciplina, el respeto y las normas tienen un papel importante en esta forma de educar. Los niños necesitan que se establezcan unas normas y unas directrices de comportamiento. Pero, sobre todo, necesitan una estructura. Los niños más pequeños ponen a prueba los límites de sus capacidades pero los tranquiliza y les hace sentir seguros el hecho de que los adultos marquen límites a sus exploraciones. Los bebés que ya caminan ponen a prueba los límites para asegurarse de que nada ha cambiado y que su mundo —incluidos sus padres y las normas que estos imponen— sigue siendo fiable. Ellos ponen a prueba, nosotros los tranquilizamos, se relajan y el ciclo se repite hasta el infinito hasta que los enviamos a Siberia o empiezan en la guardería.

Intento no decirlo delante de mis alumnos, pero los preadolescentes y los adolescentes son una variante de los bebés y sus pruebas. Estos ponen a prueba la hora de llegada a casa cuando salen, nosotros los tranquilizamos diciéndoles que sigue siendo las diez y se relajan. Ponen a prueba nuestra decisión con respecto a lo de quedarse a dormir chicos y chicas, les aseguramos que sigue siendo no, que no les dejamos, y se tranquilizan. Ponen a prueba nuestros estándares de comportamiento marcados, les aseguramos que seguimos esperando que sean amables y respetuosos con nosotros y se relajan. Y el ciclo se repite hasta el infinito, hasta que los echamos de una patada o se van a la universidad.

Poner a prueba los límites es una forma de poner a prueba la independencia, y eso es bueno, aunque nos den ganas de clavarnos un tenedor en la cabeza. Es agotador, sí, pero también es necesario para que nuestros hijos se hagan independientes. Una forma de facilitar esta fase probatoria consiste en dejar claro el comportamiento que esperamos de ellos y, lo que es más importante, mantenernos fieles a nuestras expectativas y usar las consecuencias cuando no las alcancen. Los límites hacen que los niños se sientan seguros y queridos.

Los padres que establecen unos estándares muy altos y posteriormente imponen que se cumplan no tienen por qué ser *necesariamente* controladores. De hecho, existen abundantes pruebas que demuestran que los niños reaccionan favorablemente cuando sus padres los hacen responsables de su mal comportamiento o de no mantener lo que se espera de ellos. Sin embargo, el hecho de que los padres recurran al control en un intento de que sus hijos se ciñan a sus estándares —control es ofrecerles sobornos, recompensas, vigilarlos en exceso o presionar— mina el sentido de autonomía de sus hijos y, por lo tanto, su motivación intrínseca (y, como ya hemos explicado, su éxito en el colegio y en la vida).

CREAR NUEVOS HÁBITOS

Cuando me desenganché de mi necesidad de ahorrar molestias a mis hijos a cada paso, tuve que ayudarles a aprender a encargarse de sus cosas. Les enseñamos a utilizar los electrodomésticos y realizar todo tipo de tareas de casa, pero también les enseñamos a crearse nuevos hábitos; a recordar todas esas responsabilidades y a incluirlas en su vida diaria. En su libro, *El poder de los hábitos*, Charles Duhigg explica que los hábitos se forman siguiendo un bucle de tres pasos: una señal, la rutina y la recompensa. Pone el ejemplo de su hábito de comerse una galleta todos los días hacia las tres de la tarde. La señal (hambre o aburrimiento) es el detonante que pone en marcha el hábito (ir a la cafetería) y la recompensa de la rutina es satisfacer el hambre y remediar el aburrimiento. Si quieres crear nuevos hábitos, necesitarás una nueva señal, establecer una rutina aparejada a esa señal y encontrar la recompensa apropiada a la rutina que cierre el bucle.

Tal como hemos visto, las recompensas tal vez sean la antítesis del éxito a largo plazo, pero sí pueden funcionar como potentes motivadores cuando se trata de tareas cotidianas y repetitivas. Los cuatro nos reunimos para decidir cuáles serían nuestras señales. Pedí a mis hijos que pensaran en lo que hacían al llegar del colegio. El pequeño dijo que le gusta hacer los deberes nada más llegar para quitárselos de encima y poder jugar tranquilamente el resto del día con sus piezas de Lego o dibujar. Acordamos que la señal para él sería la merienda al llegar del colegio. Al llegar, *se prepararía la merienda* (¡énfasis en se!) y después hacía los deberes. Convino en que me avisaría cuando terminara y su recompensa sería la satisfacción de haber terminado los deberes y haberse esforzado en hacerlo. Averigua qué es lo que se adapta mejor a tu hijo y conviértelo en una rutina.

Los hábitos más importantes que todos prometimos adoptar tienen que ver con la tecnología. Todos acordamos que parte de nuestra rutina a la hora de hacer los deberes incluye apagar los móviles, iPods y otros dispositivos que distraen nuestra atención. Y todos acordamos que la señal a la que ninguno de nosotros se puede resistir es el sonido de las notificaciones que nos indican que acaba de llegar un correo electrónico o un mensaje de texto. Si eliminamos estas señales, no tendremos siquiera la tentación de centrarnos en la rutina de comprobar si nos ha llegado algún correo y podremos disfrutar de la recompensa de terminar los deberes sin distracciones. En casa, las listas se han convertido en la señal favorita de todos, y me sorprendió comprobar que elogiar el dominio de una actividad y el esfuerzo puede ser un potente motivador. Asumí que tendríamos que inventar elaboradas ideas que sirvieran de recompensa, pero, al final, el aumento de su independencia es la recompensa que mis hijos buscaban desde el principio.

Los cambios no son fáciles nunca, sobre todo los primeros días. Definitivamente, no es agradable y hubo momentos en los que sentí que estaba siendo una madre horrible. Sin embargo, con el tiempo, y con perseverancia, los cambios se producen y no te sientes bien, te sientes en la gloria. En alguna ocasión te ocurrirá que tus hijos te monten una escenita cuando no quieran hacer alguna cosa, pero es de esperar. Son niños. Incluso Laura Ingalls protestaba de vez en cuando por las tareas que le correspondían. Pero cuando tus hijos se desintoxiquen del efecto de las recompensas y se calmen los síntomas del síndrome de abstinencia de la sobreprotección, es muy posible que tus hijos las hagan porque saben y porque quieren. Porque sienta bien ser útil, en la familia primero y después en el mundo.

DESPUÉS DE MESES DE TITUBEO en la zona gris y confusa que se extiende entre la educación controladora y la de soporte de la autonomía, elaboré un conjunto de pautas que permiten ver las diferencias entre una y otra. Son estas:

LOS PADRES CONTROLADORES DAN MONTONES DE CONSEJOS E INDICACIONES QUE NADIE LES HA PEDIDO

Así no se llena el lavavajillas. Hay que enjuagar los platos antes de meterlos y colocar los grandes a la izquierda. No dejes los platos en el fregadero para más tarde. Hazlo así. Hazlo ahora. Hazlo más tarde.

Todos tenemos nuestra manera de hacer las tareas de casa, así que es muy posible que tu hijo no coloque los platos en el lavavajillas justo como a ti te gustaría. Estos consejos e indicaciones que nadie les ha pedido, «ayuda» según los padres o «agobio» según los hijos, interfieren con la idea de autonomía, conllevan falta de fe en su competencia y por el hecho de ser tan irritantes y molestos minan la conexión entre padres e hijos.

Cuando el niño que metió en el lavavajillas los platos con restos de comida vacíe el lavavajillas, verá que quedan restos de comida reseca en el plato y tendrás la oportunidad de explicarle cómo evitar que vuelva a pasar. Ofrece ayuda a tu hijo cuando se atasque con algo y aprovecha esos estupendos momentos de aprendizaje, pero no digas nada más. Los errores que comete y corrige por sí mismo constituyen un aprendizaje.

Los errores que anticipas que va a cometer no benefician a nadie, salvo a ti durante ese breve instante en el que te sientes mejor porque los platos están colocados de abajo a arriba en vez de izquierda a derecha.

LOS PADRES CONTROLADORES SE ENCARGAN DE TODO

Ya lo hago yo, tú juega. Tenemos que irnos al colegio, ya lo haré yo cuando vuelva. No, así no, déjame a mí.

A veces es más fácil ocuparte tú, sobre todo cuando tienes prisa o estás agotada. Recuerda que el objetivo es que tus hijos aprendan a hacer las cosas por sí mismos, no que la tarea quede perfectamente hecha. A veces será preferible llegar un minuto tarde, sobre todo si con ello tu hijo termina haciendo bien una tarea que le estaba costando aprender. Da un paso atrás, toma aire y recuerda que lo verdaderamente importante es la visión global.

LOS PADRES CONTROLADORES PAGAN CON MOTIVADORES EXTRÍNSECOS POR RECIBIR UN DETERMINADO COMPORTAMIENTO

Te doy un caramelo por cada juguete que recojas. Si sacas al perro todas las mañanas, te compro unas zapatillas nuevas. Si llenas y vacías el lavavajillas durante una semana sin que te lo pida, te compro ese videojuego que quieres.

No pasa nada por celebrar o reconocer de algún modo los logros de tus hijos en su camino hacia la autonomía, siempre y cuando mantengas las recompensas al mínimo y espacies su uso. Pero muchas responsabilidades básicas de casa, como pasear al perro o sacar la basura deberían considerarse como tareas de mantenimiento propias de todas las familias, no esfuerzos merecedores de celebraciones a bombo y platillo o grandes recompensas. Todos deberíamos colaborar en las tareas domésticas, y recompensar este tipo de actividades sugiere que llevarlas a cabo es un acto heroico, al contrario de lo que se espera.

LOS PADRES CONTROLADORES PROPORCIONAN LA SOLUCIÓN O LA RESPUESTA CORRECTA SIN DAR OPORTUNIDAD A QUE SU HIJO SE ESFUERCE EN RESOLVER UN PROBLEMA

Pero, tesoro, ya sabes que cinco por cuatro es veinte, lo acabas de hacer. Yo te busco la palabra en el diccionario mientras tú haces el ejercicio de ortografía. Dame el lápiz y te digo cómo se hace. Así no, así.

No todas las respuestas son inmediatas. Dale a tu hijo tiempo en silencio para pensar. Le enseñarás a valorar la tranquilidad y que para ti es tan importante el proceso de llegar a la respuesta como la respuesta en sí.

LOS PADRES CONTROLADORES NO DEJAN QUE SUS HIJOS TOMEN SUS PROPIAS DECISIONES

Haz primero los deberes de matemáticas y después los de ortografía. Haz los deberes aquí, donde pueda verte. Deberías jugar al tenis en vez de al béisbol esta temporada.

A veces es mejor dejar que tu hijo experimente la sensación de independencia que produce elegir por sí mismo un deporte o un juego; muchas veces es más importante para uno tomar la decisión que la actividad en sí. Tomar decisiones es un proceso complejo que requiere mucha práctica. Dale a tu hijo la oportunidad de probar por sí mismo si le conviene esa autonomía.

LOS PADRES QUE SIGUEN UN MÉTODO DE SOPORTE DE LA AUTONOMÍA GUÍAN A SUS HIJOS HACIA LA SOLUCIÓN

Ya sé que sabes cuánto es cinco por tres, entonces ¿qué ocurre si añadimos otros cinco? ¿Por qué crees que se rompió el vaso que estaba frío cuando echaste en él agua caliente? Intenta colocar el transportador de manera que veas los números.

La educación parental consiste en enseñar, y los profesores buscamos esos momentos de enseñanza en todo lo que hacemos. Busca esos momentos y conduce a tu hijo hacia la solución. Los niños recordarán durante más tiempo y comprenderán mejor aquellos descubrimientos que hacen por sus propios medios que las respuestas que tú les das porque no tienes paciencia.

LOS PADRES QUE SIGUEN UN MÉTODO DE SOPORTE DE LA AUTONOMÍA DEJAN QUE SUS HIJOS COMETAN ERRORES Y LES AYUDAN A COMPRENDER LAS CONSECUENCIAS QUE TIENEN ESOS ERRORES

No pasa nada porque se te haya caído el vaso. Te enseñaré a limpiarlo y la próxima vez no llevarás tantos al mismo tiempo. Señálame los grumos que ha formado la avena y te enseñaré cómo evitar que te vuelva a pasar. El cubo se ha volcado porque es demasiado bajo y no aguanta el peso de la fregona. Recógela y utiliza el otro cubo la próxima vez.

Nos puede costar no perder el sentido del humor y la paciencia cuando vemos trozos de cristales rotos o agua sucia por todo el suelo de la cocina, pero si enseñamos a nuestros hijos que los errores forman parte del proceso de aprendizaje, se harán una idea más positiva de sus capacidades y se repondrán de los errores con más facilidad la próxima vez. Si les enseñamos que meter la pata significa el fin del mundo, lo único que conseguiremos será reforzar su miedo al fracaso.

LOS PADRES QUE SIGUEN UN MÉTODO DE SOPORTE DE LA AUTONOMÍA VALORAN LOS ERRORES TANTO COMO LOS ÉXITOS

Estoy muy orgullosa de ti por perseverar con esos ejercicios, a pesar de que te estaban resultando complicados. ¿Qué podrías haberle dicho a tu hermano para que te entendiera y evitar que te tirara ese juguete?

Una manera de enseñar a nuestros hijos que valoramos los errores por considerarlos una herramienta educativa más es apoyarlos y quererlos igual cuando se equivocan que cuando triunfan. Ver las lecciones en los errores. Ayudarlos a descubrir nuevas formas de hacerles frente y recuperarse para hacerlo mejor la próxima vez. Empatizar con ellos y quererlos cuando meten la pata porque es entonces cuando más necesitan nuestro apoyo.

LOS PADRES QUE SIGUEN UN MÉTODO DE SOPORTE DE LA AUTONOMÍA ACEPTAN LOS SENTIMIENTOS DE FRUSTRACIÓN Y DECEPCIÓN DE SUS HIJOS

Yo también me enfado cuando no consigo hacer algo la primera vez, pero sigo intentándolo hasta que me sale. Acuérdate de lo que me pasó ayer, que no conseguí ese trabajo que quería. Fue muy decepcionante, pero sé que encontraré otro si sigo perseverando. Imagino lo frustrante que debe ser ese ejercicio de matemáticas para ti, pero ¿no crees que te sentirás genial cuando aprendas a hacerlo?

Deja que tu hija sepa que entiendes que los ejercicios de álgebra son difíciles a veces y que debió ser horrible que Kayla no quisiera sentarse con ella en el comedor y que sí, que puede resultar tremendamente frustrante que te pongan esa nota cuando te has esforzado tanto. Todos necesitamos sentir que nos escuchan y nos entienden, así es como se produce la conexión. Muéstrale a tu hijo que empatizas con sus sentimientos y la próxima vez será más fácil escuchar cuando intente resolver un problema.

LOS PADRES QUE SIGUEN UN MÉTODO DE SOPORTE DE LA AUTONOMÍA PROPORCIONAN UNA RETROALIMENTACIÓN A SUS HIJOS

Mira cómo llevas los botones. Hay algo raro, ¿lo ves? Si no restaste dos en el ejercicio anterior ¿es posible que hayas hecho lo mismo en este otro?

Una retroalimentación eficaz es la que apoya el esfuerzo y guía al niño para que vea sus errores. Los niños valoran más las observaciones positivas que los alientan a resolver sus propios problemas que las instrucciones específicas, porque de esa manera son ellos los que llegan a la solución, no tú.

CONFORME VAYAS AVANZANDO POR LAS zonas grises y empieces a distinguir el negro del blanco, intenta recordar que no siempre resultará fácil ver la línea existente entre controlar y apoyar la autonomía. A veces estará tan borrosa que confundiremos ciertos comportamientos controladores, como las recompensas y los elogios, con instrumentos educativos positivos.

Cometerás errores. Todos lo hacemos. Pero siempre y cuando mostremos a nuestros hijos que los queremos y les dejemos claro que ese amor no depende de su rendimiento académico no hay problema. Los trabajos de investigación sobre el tema concluyen que la peor forma de educación basada en el control es aquella en la que las muestras de afecto se limitan a, o dependen del rendimiento académico. Este método de educación golpea a los niños allí donde son más vulnerables: algo básico como es su sentido de seguridad y el miedo al abandono. Hasta la más sutil muestra de rechazo tiene un efecto absolutamente perjudicial para el sentido de seguridad del niño, por lo que debemos tener cuidado cuando interaccionamos con nuestros hijos cuando sabemos que nos ha decepcionado su rendimiento. Podemos permitirnos otros muchos errores siempre y cuando nos mantengamos alejados de este método educativo.

Puede que al principio te parezca contraproducente eliminar las recompensas y otras formas de control, pero a medida que los padres se van hartando de unos hijos dependientes y los efectos positivos de la educación de soporte de la autonomía echan raíces en casa y en el colegio, encontrarás todo esto mucho menos revolucionario y mucho más lógico.

EN CUANTO A MI PROPIO dilema sobre los deberes que se olvidó mi hijo en casa, la verdad es que le di muchas vueltas. ¿Por qué no ser una buena madre y dejar pasar el fallo por una vez? Cuando llegó la hora de salir hacia el colegio y pensé una vez más en los dichosos deberes, me di cuenta de por qué no podía hacerlo, por qué sacarles las castañas del fuego y ahorrarles a mis hijos las consecuencias de sus errores no es lo mismo que hacerle un favor a un amigo o a tu marido. Entré en casa a escribir en mi muro de Facebook el momento Eureka que acababa de tener.

Finn y yo llevamos las últimas dos semanas repasando el tema de guardar los deberes en la mochila por la noche para que no se olvide hacerlo con las prisas de la mañana antes de ir al colegio, así que me parece que es la manera perfecta de que termine de comprender el tema. Y mi hijo sabe perfectamente que *cuenta* con mi apoyo. Me aseguro de que lo sepa todos los días, de todas las formas posibles, y sí, yo también olvido y pierdo cosas (las llaves, por ejemplo, como unas diez veces al día), pero gracias a esos errores intento buscar estrategias para que no se me olviden la próxima vez. Estos deberes olvidados son una respuesta específica a un déficit en la planificación, pero en términos de «momento de enseñanza» le reportará grandes dividendos al final.

Cuando Finn entró por la puerta aquel día, se encontró con el olor de las galletas horneándose. Ya que no podía alimentar mi necesidad de sentirme buena madre por haberle llevado los deberes al colegio, me pareció que unas galletas calentitas podrían ser una buena alternativa. Todo amor, no sacar las castañas del fuego.

Mientras él vaciaba la mochila en el suelo y abría el táper, le pregunté cómo le había ido el día. Enarqué una ceja y señalé los deberes que seguían en la mesa de centro del salón. Le pregunté qué le había dicho el profesor cuando no se los entregó.

—No pasó nada. Estuvimos hablando sobre qué hacer para no olvidarnos los deberes y me ha dicho que se los puedo dar mañana.

—¿Y ya está? —dije—. ¿No te has quedado castigado sin recreo y sin poder salir?

—Bueno, sí. Tuve que hacer ejercicios de matemáticas en la hora de lectura, pero puedo leer un poco más esta noche. Y le he prometido que escribiré una nota en mi cuadernillo de ejercicios para que no se me olvide llevárselos mañana.

Y lo hizo. Escribió una nota de recordatorio para sí mismo, y se acordó de llevarse los deberes al colegio al día siguiente, y (casi) todos los días desde entonces. Haber afrontado las consecuencias de su olvido le había enseñado muchas cosas. Aprendió a hacerse responsable de sus errores y a hablar con su profesor para buscar una solución, que le dio ideas para que no volviera a ocurrirle, y elaboró un sistema que le resultara útil. Y las galletas estaban calentitas, deliciosas y no tenían sabor a culpabilidad, como descubrimos los dos aquella misma noche, con los deberes terminados.

4

QUEDARSE AL MARGEN: LA VERDADERA RELACIÓN ENTRE EL ELOGIO Y LA AUTOESTIMA

UN DÍA, RECOGIENDO FRAMBUESAS CON mi amiga Elena, empezamos a hablar de su hija, Olivia. Un año antes, Olivia se dio un golpe en la cabeza y perdió la memoria. Al principio todos pensaron que la recuperaría, pero su vida antes del accidente —su familia, sus mascotas, sus amigos, su colegio— no regresó. Después de un mes esperando a que recordara sus dieciséis años de vida, Elena y su marido se dieron cuenta de que no podían seguir así y que tendrían que arreglárselas con las otras cosas que Olivia sí tenía. Era —y es— por todo lo demás una persona capaz e inteligente, aunque sin pasado. Le pregunté a Elena en qué había cambiado su forma de educarla en el último año y, alargando el brazo para recoger una frambuesa, me dijo:

Ha cambiado por completo mi manera de elogiar a mis hijos. Antes solía decirles lo inteligentes que eran, el talento que tenían y lo asombrosos que eran, pero cuando Olivia perdió la memoria, elogiarla por ser inteligente y tener talento no me parecía correcto. Se estaba esforzando tanto en mejorar y averiguar quién era y quién iba a ser que me parecía mejor elogiar su esfuerzo, su perseverancia en una situación tan terrible. Así que pasé a dar a todos mis hijos el mismo tipo de elogios que le daba a Olivia y eso los cambió, sobre todo a los más pequeños. Ahora veo una gran diferencia en la opinión que tienen de sí mismos y su potencial.

A nosotros, los americanos, nos gusta elogiar a nuestros hijos todo el tiempo. Pero según leía más y más sobre el elogio y la motivación, comprendía que el elogio es una herramienta educativa poco fiable, que puede subirle los ánimos o destrozar a un niño según el uso que se le dé. Puede ser la mejor pieza educativa de tu caja de herramientas, el tipo de estímulo y apoyo que les estimule a tus hijos a arriesgarse a equivocarse y aceptar mayores desafíos. Pero también puede destrozar la autoestima. Estudios recientes concluyen que la destrucción más terrible hace presa en los corazones de aquellos niños con poco amor propio, justo los que más ayuda por nuestra parte necesitan.

Todos los elogios no son iguales. «Eres muy listo» no es lo mismo que «Te has esforzado mucho con ese trabajo de francés. Seguro que te sientes fenomenal por haberlo hecho tan bien». El primer caso hace un juicio, y aunque pueda parecer positivo y cariñoso, tiene un efecto negativo en el rendimiento. Decir que «eres muy listo» es una manera de juzgar y etiquetar a la persona, no el producto. Si le digo a mi hijo que es listo, le estoy diciendo que lo valoro por ser listo y seguro que no intentará hacer cosas que puedan dañar esa etiqueta, por temor a hacerlo mal, lo que en su mentalidad de niño significa que yo lo voy a querer menos y que va a perder mi aprobación. Sin embargo, si le digo que estoy orgullosa de él por su esfuerzo al corregir el relato que escribió la semana anterior, lo que estoy haciendo es reforzar un comportamiento, no juzgar.

Es mucho más probable que aquellos niños que reciben elogios por su esfuerzo tengan una mentalidad de crecimiento, que comprendan que la inteligencia y la capacidad se pueden mejorar a base de esfuerzo. En su libro *Parenting Without Borders: Surprising Lessons Parents Around the World Can Teach Us*, Christine Gross-Loh dice que los estadounidenses son más propensos a tener una mentalidad fija y se sienten atraídos hacia términos como *talentoso, dotado* y *prodigio*, lo que los hace más propensos también a elogiar estas cualidades innatas. Les interesa mucho más la historia de un niño capaz de identificar un concierto de Bach en un teclado a los cinco años que la de un violinista que le ha llevado diez mil horas de práctica conseguir un puesto de primer violín en una orquesta. Mientras que nuestro punto de vista sobre la inteligencia suele ser de potencial fijo, otras culturas, como la coreana o la japonesa, ven el potencial como un conjunto formado por rasgos innatos y esfuerzo deliberado. En palabras de Gross-Loh:

En Japón se ponen menos etiquetas. En el colegio no se separa a los estudiantes según su capacidad. No existe la educación para alumnos «dotados» y la mayoría de los niños con alguna discapacidad para el aprendizaje se integran en las clases normales. En vez de dividir a los niños, existe la creencia generalizada —reforzada en el colegio— de que no se trata tanto de con qué nace cada uno como de lo que hace cada uno. Hasta cierto punto *todo el mundo* es capaz de cultivar unas habilidades, incluso en el terreno artístico o musical. De manera que mientras que en Estados Unidos el arte y la música se consideran cosas en las que todos los niños se pueden aventurar, pero la enseñanza o la cultura en ámbitos serios queda reservada para aquellos niños que demuestran tener talento, en el este de Asia la creencia más extendida es que todo el mundo puede y debería ser capaz de conseguir cierto grado de maestría en diversas áreas, ya sean las matemáticas, el arte, la música o la educación física. Solo se requiere esfuerzo.

El resultado de las investigaciones sobre el daño que podemos causar al fomentar mentalidades fijas se resume de manera más precisa en uno de los experimentos de Carol Dweck. Sus colegas y ella presentaron a varios centenares de estudiantes un test de diez preguntas. Tras realizarlo, se utilizó una clase de elogio con la mitad de ellos: «Vaya, has contestado ocho bien [es un ejemplo]. Muy bien. *Seguro que eres muy listo*». Y otro tipo de elogio con la otra mitad: «Vaya, has contestado ocho bien [es un ejemplo]. *Seguro que te has esforzado mucho*». Los dos grupos obtuvieron aproximadamente los mismos resultados antes de que nadie los elogiara, pero después de recibir el elogio, pareció que fueran dos grupos diferentes. La mitad que había oído lo de que eran listos adoptaron una mentalidad fija. Cuando se les dio a elegir entre distintas tareas, rechazaron la más complicada y se quedaron con aquella que sabían que podían hacer bien con facilidad, para poder mantener intacta la etiqueta de «listo» o «talentoso».

Los niños se dirigen a sus profesores y padres en busca de ayuda para comprender su lugar en el mundo, y prodigarles elogios por cualidades innatas en un intento de subirles la autoestima es hacerles un flaco favor. No solo les estamos inculcando una mentalidad fija, estamos sembrando las semillas de la desconfianza. Cuando un profesor recorre el aula elogiando a cada uno de sus alumnos («¡Muy bien! ¡Qué listo eres!»), los alumnos se dan cuenta rápidamente de que alguien miente. Ellos saben que *todos* no pueden ser unos genios y empiezan a dudar de nuestra sinceridad o, al menos, de nuestro juicio.

El profesor de educación de la Universidad de Stanford, William Damon, describe el daño que los elogios pueden infligir a los niños y a su confianza en la opinión que tenemos de ellos: «Aunque se haga con la mejor de las intenciones, la falta de sinceridad con los niños desemboca inevitablemente en desafortunadas complicaciones. Una de ellas es que, tarde o temprano, los niños adivinan las intenciones que hay tras todas esas equivocadas apreciaciones sobre ellos».

La idea fue refrendada por Lisa Endlich Heffernan, creadora del blog sobre educación parental Grown and Flown, y madre de dos hijos.

Lo más importante que tenemos con nuestros hijos, aparte de un amor infinito, es nuestra credibilidad. Al decirles que son buenos en algo cuando es patente que no es verdad, arruinamos esa credibilidad y no contribuimos a mejorar su autoestima porque, en algún momento, la verdad saldrá a la luz. Cuando mis hijos no tienen aptitudes para algo, no tengo reparos en decírselo, por lo que mis elogios tienen mucho más valor. No deberíamos sacrificar la confianza que tienen en nosotros en el endeble altar de las alabanzas.

Es fácil reconocer en clase a esos niños a los que se ha enseñado a orar en ese altar y se les han prodigado todo tipo de elogios por su inteligencia y talento. Cumplen con el mínimo requerido. Nunca recogen el guante de un trabajo extra para subir nota y muestran reticencia a arriesgarse a decir cualquier cosa que puede estar mal. Resulta frustrante dar clase a este tipo de alumnos porque no se esfuerzan ni se atreven a dar saltos de fe intelectuales por miedo a no estar a la altura de las expectativas de sus padres y la etiqueta que les hayan colgado. La verdad que intento enseñar a cada uno de mis alumnos es esta: todo termina complicándose, incluso aquello para lo que tienes talento.

Imagina lo que pasará cuando un niño al que le han dicho que tiene talento para las matemáticas vea por primera vez en clase una fórmula compleja de álgebra y no la entienda. Pensará: «Mis padres me dicen que soy inteligente, pero no puedo serlo si no entiendo esto, y no puedo dejar que se enteren». Estamos poniendo a los críos en un apuro enorme, que solo los empuja hacia el fondo. Se sienten fatal consigo mismos al tiempo que sufren una crisis de confianza e identidad, y rechazan la ayuda porque quieren mantener intacta a toda costa su imagen para no perder el afecto y la aprobación de sus padres.

LO MÁS LLAMATIVO DEL TRABAJO de Carol Dweck sobre el efecto de los elogios y las mentalidades radica en lo que sucede después de que se afianzan estas mentalidades, fija o de crecimiento, y comienzan a forjarse las identidades de los niños. Después de elogiar el esfuerzo realizado o la inteligencia de los alumnos tras realizar un test bastante sencillo, les puso un segundo test mucho más complicado, diseñado específicamente para provocar errores y frustración. Los chicos que habían sido elogiados por su inteligencia se mostraron propensos a rendirse, mientras que los que habían sido elogiados por su esfuerzo, se esforzaron más. No se rindieron porque no se tomaron el fracaso personalmente. No pensaron que no ser capaces de dar la respuesta correcta significara que no eran inteligentes. Y esta es mi parte favorita, el detalle que llena de ternura mi corazón de docente: los chicos que aceptaron hacer los problemas más difíciles dijeron que *los problemas más difíciles eran más divertidos.*

Mientras que los chicos con mentalidades de crecimiento se divertían, los que tenían mentalidades fijas se hundieron. Incluso cuando Dweck bajó un poco el nivel de dificultad y les dio más problemas fáciles para resolver, los sujetos con una mentalidad fija obtuvieron malos resultados. No eran capaces de recuperarse de la derrota, tuvieron peores resultados que con los problemas fáciles de la primera ronda. En un giro final, siniestro pero revelador, Dweck pidió a los sujetos que escribieran lo que pensaban de los problemas para que les sirviera a futuros alumnos y que anotaran los resultados que los habían sacado de paso. Cuarenta por ciento de los chicos que fueron elogiados por su inteligencia mintieron sobre sus resultados. Como la investigadora escribió en su libro, *La actitud del éxito*, «tomamos un puñado de chicos normales y corrientes, y los convertimos en mentirosos, diciéndoles, sencillamente, que eran listos».

Para entender hasta qué punto elogiar de forma indebida puede transformar a los niños en unos mentirosos, acudí al profesor James M. Lang, autor de *Cheating Lessons: Learning from Academic Dishonesty*. En él escribe que nosotros empujamos a los chicos con el «muy bien» a sentir un exceso de confianza y a hacerse una idea exagerada de sus capacidades reales que puede conducir a todo tipo de consecuencias negativas, como una tendencia a suplir lo que no has aprendido. La capacidad de juzgar el nivel de conocimiento, las capacidades o el proceso de pensamiento de uno se llama metacognición, y es lo que permite que los niños valoren si están o no preparados para enfrentarse a un tema.

Los alumnos con una buena capacidad metacognitiva tienen más posibilidades de conseguir lo que Lang llama «autoeficacia», o lo que es lo mismo, que creen en su capacidad de tener éxito. No se trata de confianza en su capacidad de tener éxito, ni de un pensamiento mágico basado en los efusivos elogios de los padres, sino de una creencia basada en la experiencia y el esfuerzo repetido en una habilidad o tarea. Sin embargo, seguimos creyendo que si les decimos a nuestros hijos lo maravillosos que son y el talento que tienen a fuerza de tópicos vacíos, trofeos y premios impulsaremos su rendimiento académico junto con su autoestima. Empapelamos los parachoques del coche con pegatinas de «Mi hijo es alumno sobresaliente del centro Springfield de secundaria». Cada vez que tu hijo mira ese parachoques le estás recordando que lo que valoras de él no es lo mucho que trabaja, o su perseverancia con los problemas difíciles, sino sus notas y resultados en los exámenes reglados. Estudios recientes muestran que los mismos niños a los que creemos estar ayudando más con todos esos elogios, los chicos que tienen baja autoestima, son precisamente los que peor parados salen de nuestros esfuerzos, y les bajamos más la autoestima que si no les dijéramos nada. Imagina lo que podrían hacer esos niños con baja autoestima si sus padres y profesores empezaran a elogiar su esfuerzo y esmero, esfuerzo que se traduce en aumento de autonomía, competencia y conexión. Esa es la clase de estima que me gustaría que tuvieran mis alumnos, la clase de imagen de sí mismos que se han esforzado mucho por tener y que merecen.

ES UN VERDADERO DESAFÍO PASAR de una mentalidad fija a una mentalidad de crecimiento, y aún más difícil cambiar el lenguaje que se nos escapa cuando nuestros hijos hacen bien algo o cuando se quedan cortos. No te preocupes si tardas un poco en utilizar el lenguaje apropiado. Nos hemos acostumbrado a los elogios y las palabras de aliento que descargamos sobre nuestros hijos para ensalzar logros innatos o que no les suponen esfuerzo alguno. Incluso Carol Dweck admite que alguna que otra vez se le escapan con sus hijos elogios por su brillantez en vez de por su trabajo, pero el propósito consiste en crear nuevos hábitos con potencial para comunicar la idea de autoeficacia y una representación precisa de las habilidades de nuestros hijos. A continuación paso a enumerar algunas ideas que te pueden ayudar a reorientar la forma de elogiar a tus hijos y tal vez les sirva también a ellos para adoptar una mentalidad de crecimiento y un sólido sentido de autoeficacia.

ELOGIA EL ESFUERZO, NO LAS CUALIDADES INNATAS

En vez de decir «¡Qué bien te ha salido el examen! ¡Qué listo eres!», prueba con «¡Qué bien te ha salido el examen! ¿Qué has hecho esta vez para prepararlo tan bien?». En vez de «¡Me encanta ese dibujo! ¡Tienes mucho talento para el arte!», prueba con «Estoy orgulloso de ti por lo mucho que te has esforzado en el sombreado y la perspectiva». Los niños que creen que la inteligencia aumenta con el esfuerzo y el esmero no se quedarán destrozados cuando experimenten el fracaso, es más probable que perseveren con una tarea después del fracaso y puede que hasta disfruten más mientras lo hacen.

ADOPTA UNA MENTALIDAD DE CRECIMIENTO EN TU PROPIA VIDA, AUNQUE TE HAGA SENTIR INCÓMODO

Cuando tus hijos vean que tú también te esfuerzas aunque te equivoques, es más probable que también se esfuercen ellos. Mejor aún, deja que vean que sigues esforzándote después de equivocarte para que comprendan que equivocarse no significa que seas un fracaso como persona. Tú eres el mejor ejemplo para tu hijo, así que deja que vea que el éxito va unido al esfuerzo, no al talento innato. Busca algo que creas que no puedes hacer e inténtalo. El fracaso y el rechazo son parte del proceso de aprendizaje, particularmente cuando lindan con nuestra zona de confort, pero es asombroso lo que puede pasar cuando la atravesamos y vislumbramos las posibilidades que se abren ante nuestros ojos.

NO REFUERCES LAS REACCIONES DE INADAPTACIÓN AL FRACASO

Cada uno reacciona de una forma ante el fracaso, pero algunas de estas reacciones son más saludables que otras y potencialmente nos servirán de más ayuda desde el punto de vista de la enseñanza. La negación, por ejemplo, suele exacerbar y alargar el fracaso. Sé sincero con tus hijos. Si tu hijo se equivoca por no haberse esforzado lo suficiente, díselo. Enséñalo a ver la realidad de sus defectos y sus fracasos, y actúa en consecuencia. Decirles que tienen talento cuando es evidente que no es así, y ellos lo saben, merma la fe que tienen en nosotros.

ASEGÚRATE DE QUE TU HIJO SEPA QUE SUS FRACASOS NO REDUCEN TU AMOR POR ÉL Y LA OPINIÓN QUE TIENES DE ÉL

Tu amor y conexión emocional amortiguan y suavizan el dolor y la vergüenza que tus hijos puedan sentir a causa de un fracaso. Es más, saber que tú estarás ahí para darles tu apoyo en vez de para juzgar u ofrecer falsos elogios, les da seguridad y un lugar en el que refugiarse de los momentos de agobio que experimentan en sus vidas.

DEJA QUE TUS HIJOS SIENTAN LA DECEPCIÓN DEL FRACASO

Siéntate con tus emociones y no intentes entrometerte y solucionar la situación. Después de todo, son sus fracasos, no los tuyos, y es injusto y contraproducente intentar facilitarles las cosas. Lo que les estás enseñando con tu paciente silencio y no actuando para sacarles las castañas del fuego es que ellos tienen la fuerza interior para superar ese fracaso.

NO LIBRES A TU HIJO DE LAS CONSECUENCIAS DE SUS ERRORES

Ofrecerte a acudir en su ayuda implica que no confías en su capacidad de encontrar la solución por sí mismo. Ayúdalo a solucionar un problema y a ver en el fracaso lecciones de aprendizaje en vez de hacerle notar que es un golpe devastador a su autoestima y confianza en sí mismo. Tu objetivo debería consistir en ayudarlo a recuperar la sensación de control sobre la experiencia del fracaso. El verdadero aprendizaje se produce cuando los niños comienzan a entender qué cosas se pueden salvar del desastre, decidir cuáles les pueden servir y diseñar una estrategia para hacerlo bien la próxima vez.

OLIVIA SE CURÓ FINALMENTE DE sus heridas y pese a haber perdido la mayor parte de su conocimiento base, pudo volver al instituto, graduarse con sus compañeros e ir a la universidad. No puedo estar totalmente segura de si los cambios que realizó Elena en su forma de educar a sus hijos tuvieron algo que ver con el éxito de su hija, y una muestra de un solo sujeto no es ni mucho menos significativa desde el punto de vista de la estadística. Lo que sí sé es que cuando Elena empezó a apoyar los esfuerzos de Olivia en vez de su inteligencia, aumentaron las probabilidades de que esta sobreviviera a los muchos fracasos que se encontró en su camino hacia la recuperación de la normalidad. Es más, le dio a Olivia una gran lección de cómo ser la clase de madre que inculcará a sus hijos una mentalidad de crecimiento.

Parte II

Aprender del fracaso: enseñar a los chicos a sacar partido de los errores

5
TAREAS DE CASA: LAVAR Y RECOGER LA ROPA COMO OPORTUNIDAD PARA DESARROLLAR LA COMPETENCIA

UNA TARDE AL ENTRAR EN mi clase de octavo curso oí que una alumna le decía a sus amigas que tenía mucha hambre. Le pregunté si se le había olvidado llevarse comida y me contestó:

—No, pero no me gusta lo que me prepara mi madre.

En vez de darle yo la solución obvia, es decir, que pensara lo que quería comer y que se lo preparase ella sola, le pregunté si se le ocurría alguna manera de solucionar la incómoda situación.

—¿Comprarme la comida? —dijo en tono interrogativo y me miró para ver mi reacción.

—¿O...? —le insinué yo.

—O... podría decirle a mi madre qué es lo que me gusta para que me lo ponga en la tartera —dijo con más seguridad, contenta de que se le hubiera ocurrido una idea tan brillante.

—¿O...? —repetí yo.

Puso cara de no comprender. ¿Qué otras opciones quedaban? Me volví hacia su compañera, que sí se hacía su propia comida.

—Elsie, ¿qué más podría hacer Kate para traer a clase comida a su gusto y que no pueda quejarse?

Elsie se puso roja.

—Podrías prepararte tú sola tu comida. Es lo que hago yo. A veces la dejo preparada antes de cenar porque como ya estamos preparando la cena me resulta más fácil y no tengo que hacerlo deprisa y corriendo al día siguiente por la mañana.

Entonces fue Kate quien se puso roja.

—Bueno... sí, también podría hacer eso.

Y lo hizo. Durante las primeras dos semanas se ocupaba de decir en voz alta lo mucho que le gustaba prepararse su propia comida siempre que yo estaba cerca. Un mes más tarde aproximadamente, se presentó en mi despacho el día de su cumpleaños con una bandeja grande de *cupcakes*.

—Es mi cumpleaños. ¿Le apetece un *cupcake*? Los he hecho yo.

Estaba radiante, emocionada ante la oportunidad de mostrarme hasta dónde habían avanzado sus habilidades culinarias. Tomé uno y vi que luego los ofrecía a sus compañeros, repitiendo a cada dos por tres que los había hecho ella misma. «Incluso la cobertura de crema».

Los chicos quieren sentirse capaces y hubo un momento, antes de que los eximiéramos de encargarse de algunas tareas del hogar, en que dejábamos que lo hicieran. En vez de enseñarles a ser responsables, miembros de la familia capaces de contribuir a las tareas, lo hacemos todo nosotros para que ellos no hagan nada. Lo que es peor aún, no esperamos que muestren competencia y cuando prueban a realizar alguna de esas tareas del hogar, allá vamos nosotros para corregir sus intentos.

Acaban de hacer las camas y corremos a alisar bien el edredón y eliminar imperfecciones; acaban de doblar la ropa limpia y allá que vamos a doblar con exactitud las toallas que no han quedado bien dobladas. Yo misma he llegado a quitarle a mi hijo la esponja de las manos para que no hiciera un estropicio con la leche derramada que se suponía que estaba recogiendo. Lo he echado de la cocina diciéndole «vete a jugar» por no hacer algo con la rapidez o de la manera que yo lo haría. Entiendo la necesidad de querer que las cosas se hagan mejor, más rápidamente o con más perfección. ¿Con qué fin? Al entrar a corregir lo que nuestros hijos hacen estamos sacrificando mucho más la rapidez y la perfección.

¿Qué es más importante, que los platos queden inmaculados o que tu hijo tenga la sensación de que sus acciones tienen un propósito y se enorgullezca de poder contribuir de una manera real y válida al resto de las actividades de la familia? ¿Que no quede ni una sola arruga en la cama o que tu hijo aprenda a realizar las tareas de la casa como parte de su rutina diaria? Correr a corregir sus intentos de hacer las cosas tiene como resultado niños dependientes desde un punto de vista emocional, intelectual y social, inseguros de qué dirección tomar o del propósito de sus actos si no tienen a un adulto cerca que se lo indique.

Me importa que mi alumna sepa planificar y prepararse su propia comida no porque sea una chica mimada o porque quiera «endurecerla», sino por la importancia de los fracasos que experimente cuando meta la pata con la comida. Tiene que experimentar de vez en cuando la decepción por sus propios actos. Tiene que aprender que al poner el yogur debajo de la bolsa de gel frío en vez de encima, se le aplastará y toda la tartera quedará pringosa y con olor a vainilla. Tiene que aprender a limpiarla y evitar que le vuelva a pasar. Tiene que descubrir todos esos pequeños detalles, trucos y soluciones que se nos ocurren para evitar los pequeños desastres que nos acechan en nuestras obligaciones diarias.

Una amiga me dijo hace poco, después de sufrir un accidente de tráfico del cual salió ilesa pero bien escarmentada, que se había dado cuenta de que tendría que anotar todas esas pequeñas cosas para su familia en caso de que le pasara algo. Su hijo tenía que saber que los domingos tocaba lavar la ropa del fútbol para que estuviera lista el lunes para el entrenamiento. Su hija tenía que saber qué tejidos se podían meter en la secadora y cuáles no, y lo que pasaba cuando se colaba por error un jersey de lana en la lavadora. Deberían saber arreglar el inodoro cuando se atascaba y reajustar la presión del agua después de un corte, cambiar un fusible, preparar la cortadora de césped para el invierno y las mil y una cosas de las que se había ocupado ella para no cargar a sus hijos con la obligación.

Le dije que si se moría en un accidente de coche, reajustar la presión del agua sería la última de las preocupaciones de su familia, pero entendía lo que quería decir. Cuando no dejamos que nuestros hijos participen en las tareas del hogar, se encuentran desvalidos sin nosotros, y ella había vislumbrado que si ella no estuviera, los suyos se quedarían paralizados y serían unos inútiles. El accidente fue una llamada de atención para ella en cierto modo.

Proteger a nuestros hijos del fracaso, de vivir pequeños desastres en carne propia y aprender a gestionarlos no les hace ningún favor y no solo desde el punto de vista de mi amiga que había estado a punto de morir. Cuando protegemos en exceso a nuestros hijos ya sea por una necesidad de perfeccionismo, un deseo de mostrar cariño o una necesidad de demostrar lo buenos padres que somos, les estamos negando la oportunidad de ser miembros de pleno derecho de la familia, con sus obligaciones y responsabilidades. Les estamos denegando el regalo del fracaso y olvidamos que las enseñanzas más importantes se producen en las situaciones caóticas.

A mi amiga y editora del *New York Times*, K. J. Dell'Antonia, le encanta contar algo que le ocurrió a una amiga suya un día que el suelo estaba helado, y su coche se salió del sendero de entrada a la casa y chocó contra un ventisquero. Los adultos se pusieron nerviosos y se enfadaron, pero los seis o siete niños que había en la casa se mostraron encantados y entusiasmados ante la oportunidad de ayudar a los mayores a sacar el coche de allí. Se reunieron en torno al vehículo armados con palas y arena para gatos para usar como herramienta de tracción, y entre todos idearon rampas, palancas y sistemas de poleas para poder manejar el coche y llevarlo de nuevo al sendero de entrada a la casa. Mi amiga aún se maravilla al pensar en el optimismo y el entusiasmo que los niños aportaron a una situación frustrante por todo lo demás. Fue como si estuvieran esperando que ocurriera algo que les diera la oportunidad de demostrar lo ingeniosos y útiles que podían ser. Pusieron a prueba diversas ideas para sacar el coche del ventisquero, y fallaron en ocasiones, pero disfrutaron inmensamente con cada nueva inspiración. Para K. J. lo que ocurrió aquel día es uno de sus recuerdos favoritos del invierno, y cuando le pregunté a su hijo respondió con una sonrisa de oreja a oreja y me contó con todo lujo de detalle las aventuras de aquella tarde.

Al excluir a nuestros hijos de los desastres que tienen lugar en nuestros hogares estamos perdiendo la oportunidad de enseñarles a recuperarse de los errores. Las tareas del hogar pueden intimidar al principio. Los estamos animando a ser unos gorrones y a limitarse a hacer aquello que se les da bien: mirar, dejar que les sirvan y poner esa cara de impaciencia perpleja con la esperanza de que pase por allí algún adulto y les resuelva la papeleta por su incapacidad de resolver problemas. Les estamos enseñando que de lo único que tienen que preocuparse es de ellos mismos con el consiguiente riesgo de hacer que pasen de inútiles e incompetentes directamente a vagos y narcisistas. El que sean inútiles e incompetentes se puede remediar con paciencia, pero reeducar el narcisismo supone un desafío mucho mayor.

Al hablar con los profesores sobre lo que son capaces de hacer nuestros hijos en casa me he dado cuenta de que los profesores tienen mucha más fe que los padres en las capacidades de sus hijos. Cuando le he pedido a algún profesor que me hiciera una lista sobre las habilidades de los chicos, habilidades que sus padres no creen que posean, he recibido gran cantidad de sugerencias. Hubo una profesora que, al preguntarle qué podían hacer sus alumnos de infantil con un poco de tiempo y paciencia, sonrió y dijo: «cualquier cosa». He escrito muchas cartas de recomendación en mi vida para el acceso de otros tantos alumnos a un centro de secundaria o la universidad, y son incontables las veces que he revisado expedientes académicos muy correctos y esmerados, rematados con informes detallados sobre el compromiso de este o aquel alumno con el servicio a la comunidad —tiempo dedicado a servir comida en albergues para personas sin hogar, a clasificar ropas procedentes de donaciones o a construir letrinas en Costa Rica—, y sé con absoluta certeza que el chico en cuestión no ha puesto la lavadora en su vida. Con frecuencia invertimos grandes cantidades de energía y dinero en ir y venir para realizar servicios comunitarios y tareas benéficas, obsesionados porque se vea en el currículum cuando llegue el momento de rellenar la solicitud para la universidad, cuando la educación de los niños en el servicio a los demás debería empezar en casa, con su propia familia, y cuanto antes, mejor.

Solo porque tu hijo no haya puesto nunca una lavadora o metido los platos en el lavavajillas no significa que no sea capaz de hacerlo. Los niños son creativos e ingeniosos, y pueden realizar incluso las tareas que parecen más inasequibles para ellos por cuestiones de altura o falta de destreza con la ayuda de un taburete y unas sencillas indicaciones. Mi hijo pequeño tardó media hora, pero cuando le tocó ocuparse del lavavajillas con seis o siete años, fue a buscar una silla al comedor para colocar los platos en las baldas más altas. Los colocó todos en su sitio correspondiente. Cuando le pedí que «vaciara el lavavajillas» me olvidé por completo de las baldas altas, pero él solo encontró la manera de superar el obstáculo. La mirada de orgullo que me dirigió cuando dije: «¿Los has colocado *todos* tú solo? ¿Los de ahí arriba también?» fue de lo más gratificante. El fracaso ha sido parte del proceso, por supuesto. En el proceso de aprender a llevarlos, apilarlos y meterlos en el lavavajillas ha roto algunos platos desde aquel primer día hasta hoy, pero ¿a quién le importa? Cambiaría diez platos rotos por esas sonrisas de competencia y orgullo.

Hemos privado a nuestros hijos de la sensación de contribuir y hacer las cosas por un motivo durante un par de generaciones y es hora de devolvérsela. Participar en las tareas del hogar es un primer paso —y yo diría que esencial— hacia una vida satisfactoria y dirigida a un propósito. Cuando los médicos examinan las causas de la depresión y los pensamientos suicidas de los adolescentes, el principal factor que se repite una y otra vez en la literatura académica es la «falta de propósito». Tener un propósito es lo que nos salva de caer en la desesperación cuando las pequeñas cosas de la vida se nos hacen angustiosas o aburridas, y también es lo que impulsa la determinación, la iniciativa y la determinación que guiará a nuestros hijos hacia sus objetivos.

Los padres aducen numerosos motivos para no dar a sus hijos el espacio y la oportunidad de encontrar ese propósito en la vida, entre otros:

- Yo lo hago más rápido.
- Lo van a hacer mal de todos modos.
- Hay que dejar que los niños sean niños mientras puedan. Ya trabajarán cuando sean mayores.

- Mi casa tendrá mal aspecto y daría que hablar a la gente.
- Mis hijos tendrán mal aspecto y daré que hablar a la gente.

Ya basta. Es hora de que demos a nuestros hijos la oportunidad de contribuir. De permitirles que salgan a la palestra, que lo intenten, fracasen y vuelvan a intentarlo hasta que lo hagan bien.

Lo primero que tenemos que hacer es eliminar la palabra «faenas» de nuestro vocabulario relacionado con nuestro hogar. Amy McCready, experta en educación parental y fundadora de Positive Parenting Solutions, me dijo en una ocasión: «Siempre he animado a los padres a cambiar la palabra "faenas" por "contribuciones familiares". Por cambiarles el nombre no les van a gustar más a los niños, pero sí les hace ver lo que es la trascendencia: tu ayuda marca la diferencia para tu familia. Todos llevamos dentro la necesidad de esa trascendencia y esta es una muy buena forma de inculcársela a nuestros hijos, desde bebés a adolescentes».

Cuando tu hijo descubre la trascendencia de sus actos y el propósito, hay que tener en cuenta que va a fracasar. Seguro que meterá la pata de vez en cuando a lo largo del proceso de aprendizaje. Que contribuya a las tareas del hogar no es simplemente un punto en la lista que pones en la nevera, sino un proceso, una educación. Tú sabes doblar la ropa limpia justo como te gusta; tu hija no. Deja que la doble como pueda un par de veces; dale la oportunidad de que se dé cuenta por sí misma de que las camisetas que ella ha doblado no están igual que el resto de las camisetas del cajón. Deja que su hermano se enfade con ella porque sus pantalones están al revés y húmedos porque se le hizo un nudo a una pernera cuando estaban en la secadora. Deja que descubra por sí misma que cuando se deja la ropa en la secadora toda la noche, su camiseta favorita sale llena de arrugas y tal vez la próxima vez no le vuelva a ocurrir. Es posible que tu casa no tenga un aspecto tan perfecto como de costumbre mientras tu hija aprende a hacerse útil, y puede que tus hijos tengan que salir a la calle con los pantalones húmedos y las camisetas arrugadas, pero si te preocupa más lo que puedan pensar los profesores, tus amigos o tus vecinos que el hecho de que tus hijos desarrollen el sentido de la competencia, deberías pararte a pensar en ello. Al final tus hijos terminarán sabiendo lo que hay que hacer para poner la lavadora y secar la ropa, terminarán haciéndolo bien, es decir, terminarán siendo competentes. Si se les da tiempo y la oportunidad de hacerlo, es posible que hasta se les ocurra la forma de doblar una sábana ajustable.

Como los primeros profesores de nuestros hijos, los padres estamos en la posición ideal para enseñarles a concentrarse en objetivos y afrontar las responsabilidades y los retos del día a día con coraje y buena actitud. Si nos rendimos fácilmente, ellos aprenderán a rendirse fácilmente. Los niños que ven los obstáculos del camino como algo tremendo e insalvable abandonan sus objetivos. Los que hayan sido testigos de la determinación y el ingenio de sus padres, y se les haya permitido desarrollar habilidades para afrontar y resolver los problemas, no se rinden. Ponen manos a la obra y emplean poleas, palancas y todo tipo de herramientas a su disposición con tal de mover los obstáculos que les impiden realizar su tarea. Entonces es cuando se produce la magia.

GRANDES EXPECTATIVAS Y VERDADERA RESPONSABILIDAD

Deja claras tus expectativas y haz que tus hijos se responsabilicen cuando no las cumplan. Nada de sobornos ni recompensas en forma de dinero —recuerda que esa clase de incentivos a corto plazo se pueden emplear como motivación en un primer momento, pero no funcionan como estrategia a largo plazo. Además, el mensaje que queremos lanzar no debería ser el de contribuir al trabajo de casa a cambio de dinero, sino contribuir porque formas parte de una unidad cooperativa, un grupo de personas que dependen entre sí para trabajar y también para quererse.

Explica a tus hijos desde pequeños que esperas que contribuyan al mantenimiento de las cosas en el hogar. Si tus hijos son algo más mayores y nunca se les ha pedido que colaboren, sé honesto. Admite que has sido tú quien ha fracasado al subestimar sus capacidades. Reúne a la familia y averigua qué tareas de casa pueden aprender tus hijos, y luego define las expectativas. Puedes hacer una lista y colgarla a la vista de todos o no, lo dejo a tu elección, pero las expectativas deben estar claras y ser adecuadas para la edad de tus hijos. Conozco a una madre que les dibuja las tareas a sus hijos pequeños que aún no saben leer (unos platos, una lavadora o una tartera) y a los más mayores se las deja por escrito.

HAZTE A UN LADO Y MUÉRDETE LA LENGUA

Una vez que definas lo que esperas de tus hijos, explícales que no tienes intención de atosigarlos hasta que terminen. Si a tu hija le toca recoger su sitio después de comer y enjuagar los platos antes de meterlos en el lavavajillas, y se le olvida, déjale los platos fuera. Estos son los verdaderos momentos de enseñanza. Explícale que los restos fácilmente lavables en un inicio se quedan resecos cuando se dejan ahí tiempo, y luego cuesta mucho más limpiar los platos, pero déjalos en la mesa para que los limpie ella.

Esto va a requerir mucho autocontrol por tu parte. Atosigar y agobiar es la forma más rápida de destruir la motivación y tu conexión y relación con tu hijo. No atosigues ni insistas aunque el plato se quede en la mesa dos días, y no se te ocurra meterte y hacerlo tú, pero quédate cerca para ayudar. La también experta en educación parental y autora Vicki Hoefle se refiere a esta forma de actuar como «cinta aislante para padres» porque sí, a veces mantener la boca cerrada y no interferir en esos momentos de aprendizaje requiere la ayuda de algo resistente que te sujete como la cinta aislante. Ten presente el concepto de la educación de soporte de la autonomía y ofrece apoyo, no seas controlador. Mantente cerca para ayudar por si tu hijo no sabe bien qué ciclo poner en el lavavajillas o por si sobreviene el desastre con el suavizante de la ropa, pero búscate algo que te entretenga de verdad mientras él trabaja. No te inmiscuyas, no le digas cómo lo tiene que hacer y no le corrijas a menos que te lo pida. Ah, una cosa más. Tu hijo se dará cuenta si se te ocurre ir detrás rehaciendo lo que él ha hecho con satisfacción, aunque esperes a que no esté presente, y con tus actos le estarás diciendo no solo que es un incompetente, sino que tú terminarás su trabajo si no lo hace bien. No creo que quieras inculcarle algo así, por su bien y por el tuyo.

Elogia a tus hijos por esforzarse con sus tareas, sobre todo si tuvieron que resolver algún problema por el camino pero perseveraron en su objetivo. Cuando elogié a mi hijo por colocar aquellos platos en los estantes más altos, no lo hice por asumir la tarea en sí, porque él sabía lo que yo esperaba de él; lo hice por el esfuerzo extraordinario, la determinación y la perseverancia que demostró al encontrar un obstáculo en el camino.

FUERA CHUPACHÚS

Si tu hijo se ha aficionado a las recompensas que le has estado ofreciendo por ayudar en casa, tienes trabajo por delante. Preguntas como «¿Qué me das si hago tal cosa?» o «¿Cuánto me vas a pagar?» tienen que dejar paso a otro tipo de motivación y es posible que la transición requiera tiempo y paciencia. En primer lugar, deja de recurrir a las recompensas como estrategia preferida. Si tienes que dar una recompensa por hacer las tareas de casa, intenta postergarla todo lo posible para desvincular el acto en sí de la recompensa de la tarea, o recurre a algo que no sea material. Ten presente que los niños pequeños solo son capaces de esperar algo durante un breve espacio de tiempo, pero que los chicos mayores pueden esperar mucho más tiempo. El objetivo consiste en separar la tarea de la recompensa y redirigir el foco de atención hacia motivaciones internas nuevamente. Durante el proceso de dejar a un lado las recompensas materiales habla con tus hijos de lo gratificante que es hacer bien las cosas. Explícales por qué no les estás dando recompensas materiales y por qué participar en las tareas de casa es algo tan importante. Recompensa con elogios el esfuerzo y la paciencia que han necesitado para terminar la tarea, aunque hayan sido necesarios muchos intentos. *Especialmente* si han sido necesarios muchos intentos.

UNA VEZ QUE HAYAS REORIENTADO tu propia idea sobre el papel que tienen tus hijos en las tareas de casa y hayas aparcado las recompensas, aquí tienes unas cuantas sugerencias para poner en marcha tus grandes planes.

CONTRIBUIR A LAS TAREAS DE CASA DESDE PEQUEÑOS

La clave para inculcar con éxito la idea de responsabilidad y orgullo, y ayudar a tus hijos a comprender que ellos también tienen un papel en la dinámica familiar, es empezar cuando son pequeños. Incluso los bebés que ya caminan, con sus manitas diminutas y su capacidad limitada de atención, pueden empezar a explorar sus habilidades y su competencia en algunas tareas. Con los pequeños hay que asegurarse de dejar claras las expectativas y que sean apropiadas para su edad. Katie Hurley, psicoterapeuta infantil y juvenil, y madre de dos hijos, compartió conmigo el método que utiliza ella para delegar el poder en sus hijos pequeños en lo referente a su participación en las tareas de casa.

Mis hijos son aún pequeños y es obvio que las responsabilidades cambian con el tiempo, como también lo hacen las actitudes hacia esas responsabilidades. Creo que lo que yo he hecho bien con mis hijos es que en vez de crear una agobiante rueda de tareas, opté por fijar expectativas adecuadas a su edad e ir ajustándolas a medida que crecen. Decirle a Riley que limpie los muebles con un producto especial para madera le dio la seguridad necesaria para sentirse más responsable. Darle a Liam el poder de pasar la mopa aumentó su confianza en sí mismo. En los días de limpieza todos hacemos algo y luego hacemos algo divertido, pero intento que sea algo relajado, sin insistir exageradamente en ello. La idea es que todos vivimos en la misma casa y todos tenemos que ayudar. Puede que no hagan la cama como yo lo haría, pero las camas están hechas y ellos están orgullosos, así que todos ganamos. Me encuentro con muchos padres controladores en la consulta. Todo tiene que estar perfecto o castigan a sus hijos. Eso es un error y lo único que se consigue con ello es crear resentimiento y ansiedad.

Comunica la idea de la participación familiar como si fuera un privilegio o un juego, y verás que los pequeños son capaces de hacer mucho más de lo que creías. Aquí tienes algunos ejemplos del tipo de tareas que los bebés que ya caminan son capaces de aprender y llevar a cabo.

- Echar la ropa sucia en una cesta o canasta.
- Ponerse prendas de ropa que no sean muy complicadas.
- Doblar prendas de ropa sencillas o piezas de ropa blanca como fundas de almohadas o paños de cocina.
- Guardar su ropa en los cajones.
- Realizar tareas siguiendo indicaciones de dos o tres pasos (tomar el cepillo de dientes, poner la pasta encima, lavarse los dientes).
- Echar la basura y el reciclaje en su lugar correspondiente.
- Guardar los juguetes en sus cubos y cestas después de jugar con ellos.
- Levantarse y guardar sus platos en su sitio, siempre y cuando este sea el estante más bajo del armario.
- Dar de comer al perro o al gato.

Cuando pasan la etapa de bebés, ya puedes empezar a enseñarles cosas más complicadas. A los niños entre tres y cinco años les encanta contar y clasificar, así que puedes encargarles tareas en las que practiquen esta actividad al mismo tiempo que les inculcas responsabilidad. Pídeles que coloquen cinco libros en la estantería o que metan cinco naranjas en la bolsa cuando vayan a la compra. Los niños pueden realizar perfectamente tareas como:

- Tender la cama.
- Recoger su habitación.
- Ordenar y clasificar artículos, como los utensilios de un cajón o los calcetines de la lavadora.
- Regar las plantas.
- Recoger su plato y sus cubiertos en la mesa.
- Aprender a no asustarse y ponerse a llorar cuando se les derrama algo, sino a coger un trapo o una esponja y recogerlo.
- Prepararse la merienda.

Con solo cinco años, los niños ya son capaces de entender y aceptar las consecuencias de sus actos (y de la inacción), pero solo si experimentan dichas consecuencias. ¿Tu hija se dejó el *bagel* en la mesa y se lo comió el perro? No le hagas otro y así se acordará de no dejarlo al alcance del perro la próxima vez. ¿Se le olvidó sacar del reproductor su DVD favorito después de verlo? La próxima vez que quiera ver la película no la ayudes a buscarla entre el montón de DVD sueltos y recuérdale por qué no lo encuentra. ¿Se niega a poner la ropa sucia en el cesto? Pues no tendrá su sudadera rosa favorita lista para llevarla al colegio. ¿Se dejó su peluche favorito en el colegio? Pues no podrá abrazar a su amiguito cuando le apagues la luz a la hora de dormir.

Estas responsabilidades y las lecciones implícitas no tienen que ver en realidad con los DVD o peluches, sino con ser responsable, mostrar iniciativa y terminar lo que uno empieza. Tienen que ver con aprender a ser el tipo de persona que será capaz de gestionar las exigencias de la vida. Si te pasas el tiempo sacándoles las castañas del fuego a tus hijos, lo que aprenderán será que en realidad no es necesario ser autosuficiente porque tú estarás siempre ahí para recoger los trozos rotos y que tampoco hace falta diseñar un sistema o método para recordar las responsabilidades de uno en el futuro.

LOS HÁBITOS DE LOS NIÑOS EFICIENTES

De cinco años en adelante, los niños son capaces de realizar tareas mucho más complejas y comienzan a desarrollar hábitos sólidos que les permiten realizar tareas de casa de principio a fin. Puede constituir un verdadero desafío establecer hábitos antes de los cinco años, pero cuando los niños entran primaria, es hora ya de empezar a precisar algunas rutinas. Haz de las tareas de tus hijos un acontecimiento diario en vez de una expectativa intermitente. Los hábitos son motivadores muy potentes y las tareas no pueden convertirse en algo habitual a menos que se realicen con regularidad, estén programadas y sean eso, habituales. Teniendo en cuenta que se requieren tres elementos —señal, rutina y recompensa— para poder convertir en hábito ese momento ocasional de «echar una mano», tiene que hacerse con regularidad para conseguir fijarlo como patrón.

Tomemos como ejemplo la tarea de meter los platos en el lavavajillas. La señal para que tu hijo entienda que tiene que recoger después de comer es el plato sucio que tiene delante. La rutina es limpiar el plato y la recompensa sería la idea de cumplimiento de la tarea y competencia por haber podido llevarla a cabo. Repito que no se trata de una recompensa material, como pudiera ser dinero o la promesa de un juguete o cualquier otro regalo. La recompensa que perdura en el tiempo es la idea del trabajo bien hecho. Lo mejor de los hábitos es que una vez que se instalan y tu hijo realiza la tarea como algo rutinario y no como respuesta a tu insistencia en que lo haga, tu hogar se convertirá en un lugar mucho más tranquilo y armonioso en lo referente a las tareas domésticas.

Como ya he dicho, hay algunas excepciones a la norma de las recompensas. Estas pueden ser una forma divertida y eficaz de impulsar la motivación cuando vemos que comienza a flaquear. Mi ejemplo favorito aparece en el libro *All-of-a-Kind Family*, de Sydney Taylor. El libro cuenta la historia de una familia judía ortodoxa que vive en la zona del Lower East Side de Manhattan a principios del siglo xx. Las chicas se encargaban de realizar las tareas de casa de manera rotativa, y cuando las cinco hijas se hartan de la odiosa tarea de limpiar el salón, su madre les esconde unas monedas en lugares difíciles de encontrar a menos que lleven a cabo una limpieza profunda. Tras renovar el entusiasmo de las hijas por la tarea y conseguir que en vez de quejas estas le pidan que les permita limpiar el polvo del salón, la madre utiliza el juego de las monedas de forma intermitente, únicamente cuando necesita renovar la motivación, pero no con tanta frecuencia como para que sus hijas lo den por supuesto. Puse en práctica esta idea en mi casa, solo que en vez de monedas escondí un juguete muy querido entre un montón de cosas que yo quería que mi hijo recogiera, y dejé entrever que si recogía su habitación, tal vez encontrara aquello que tanto rato llevaba buscando. Mi primer impulso había sido anunciar a voz en grito que Supermami había encontrado el juguete y disfrutar de la sensación de triunfo, pero con ello no habría conseguido que recogiera la habitación ni tampoco la felicidad al encontrar el juguete por sí mismo.

ENTRE LOS SEIS Y LOS once años, los niños deberían ir siendo capaces de más cosas. Comprenden el concepto de causa-efecto y son capaces de llegar por sí solos a la conclusión de que si no echan la ropa sucia en el cesto, no estará limpia cuando se la quieran poner o que si no le dan de comer al perro, tendrá hambre. Aprovecha que lo comprenden para ayudar a tus hijos a ver los efectos positivos de ser proactivos en casa. En este punto, son capaces ya de hacerse responsables de toda clase de tareas de la casa, como:

- Pelar y trocear verduras (conviene enseñarles desde pequeños que deben tener cuidado cuando manipulan cuchillas y utilizar siempre un cuchillo afilado, que es más seguro que uno romo).
- Hacer la colada: todos los aspectos, desde clasificar la ropa hasta guardarla después de lavada. Pega una lista encima de la lavadora y la secadora de recordatorio de los pasos que deben seguir una vez que les hayas explicado el funcionamiento de ambos electrodomésticos. Una madre me dijo que los rotuladores para pizarra blanca son útiles porque se puede escribir con ellos en el lateral metálico de los aparatos y se borra sin problema.
- Poner papel higiénico cuando se termina el rollo. ¡Deja que tu hijo decida para que lado gira!
- Poner y quitar la mesa.
- Tareas exteriores, como recoger las hojas con el rastrillo, arrancar las malas hierbas o ir a buscar leña.
- Asar el aspirador y la mopa.
- Ayudar a planificar y preparar la lista de la compra y las comidas.

CON LA ADOLESCENCIA AUMENTAN LAS RESPONSABILIDADES

A partir de los doce años no hay ninguna tarea que no puedan hacer. De los adolescentes con los que hablé cuando estaba escribiendo este libro, los más competentes se encargan de tareas como:

- Pequeñas reparaciones en casa, como pintar, cambiar una bombilla o sencillas tareas de mantenimiento del coche.
- Hacer la compra (teniendo en cuenta los extravagantes hábitos alimenticios de algunos adolescentes, algunos padres hacen listas bastantes específicas).
- Planificar y preparar comidas más elaboradas.
- Atender y enseñar a los hermanos menores su papel en las responsabilidades del hogar.
- Llevar al perro al veterinario para que le pongan las vacunas.
- Limpiar el refrigerador.
- Cortar leña.
- Retirar las hojas acumuladas en los canalones.

Cuando pregunté a la psicóloga experta en adolescentes, Jennifer Hartstein, sobre el papel que juegan las tareas del hogar en la vida de los adolescentes, señaló que cuando se entienden como una parte básica y fundamental de la vida familiar, constituyen una oportunidad positiva y eficaz para los chicos de adquirir la competencia que necesitarán cuando alcancen la edad adulta.

Alentar a tu hijo adolescente para que sea competente y se implique en las tareas del hogar le prepara el terreno para alcanzar el éxito en la vida. Que el adolescente crea que no tiene que «trabajar» para conseguir las cosas suele traducirse en incapacidad para «trabajar» en el mundo real. Tener que ser responsable de las cosas en casa (esto es, tareas, colada, pasear al perro, etc.) ayuda a que los adolescentes aprendan lo que significa ocuparse de las cosas importantes que tienen en la vida. Por último, todo ello contribuirá también a que los chicos tengan una mayor autoestima, sientan que son más eficientes y más productivos, y tengan una mayor motivación para continuar haciéndolo cuando alcancen la edad adulta.

Nunca es demasiado pronto —o demasiado tarde— para enseñar a nuestros hijos a contribuir y a resolver problemas por sí mismos. A pesar de las quejas, los chicos quieren jugar un papel útil en el éxito de su familia. Como los padres los han venido privando lenta pero sistemáticamente de ese papel, les debemos la paciencia y el tiempo necesario para devolverles el propósito y la responsabilidad. Está claro que este restablecimiento del orden será complicado, pero también te digo que merecerá la pena, a corto y a largo plazo. Que tus hijos contribuyan al trabajo diario que supone llevar una casa y una familia no solo resultará muy beneficioso para la familia, sino que el hecho de que sean más competentes y tengan un mayor sentido de la responsabilidad los diferenciará de sus compañeros más consentidos a la hora de ir a la universidad o conseguir su primer trabajo. Mientras que sus compañeros observarán impotentes esperando a que alguien les diga lo que tienen que hacer, tus hijos sabrán manejarse y avanzarán con determinación armados con la competencia, la experiencia y las habilidades adquiridas a tu lado, en casa. Allí han tenido oportunidades de fracasar, de meter la pata y arreglar sus errores, y por eso no se dejarán apabullar por algún que otro traspié en su camino a la edad adulta. Con la ventaja añadida de que anécdotas como aquella vez que empezó a salir espuma de la lavadora porque tu hijo puso jabón lavavajillas en vez de detergente para la ropa, o la tarde que se unieron para resolver aquella crisis familiar que vista «en retrospectiva tiene su gracia» animará las celebraciones familiares el resto de su vida. Es mejor entender ahora que no es la perfección lo que mantiene unida a una familia, sino que es el vínculo que se crea gracias a los esfuerzos compartidos lo que resiste a la larga.

6

AMIGOS: CÓMPLICES DEL FRACASO Y LA FORMACIÓN DE LA IDENTIDAD

E L PADRE QUE NO PARA de ir y venir entre el columpio y el cajón de arena tenía buena intención, no hay duda, pero te cansabas de verlo sudar desde lejos. Mi amiga y yo lo mirábamos desde nuestro banco situado a la sombra, comiéndonos las galletas con queso de nuestros hijos, entretenidas con sus accesos de padre sobreprotector.

Uno de sus hijos, una niña de unos seis años, jugaba en el cajón de arena con la hija de mi amiga y otras dos niñas. Estaban tan contentas, aunque se veía esa competición por el poder normal entre niños, y de vez en cuando se las oía pelear por el papel que cada una ansiaba dentro de su juego comunitario. El otro hijo, un niño pequeño que apenas caminaba, se entretenía alegremente poniendo a prueba su fuerza y agilidad, tratando repetidamente de seguir a un niño mucho mayor que subía por un tobogán resbaladizo.

Los dos hermanos disfrutaban de su juego cuando los dejaban a su aire. Sin embargo, el padre parecía a punto de sufrir una apoplejía de la preocupación. No podía supervisar el juego de los dos al mismo tiempo, por eso iba y venía, en ocasiones con el más pequeño debajo del brazo, que demostraba su descuerdo pegando chillidos. Cada vez que la niña gritaba o una de las otras dos niñas le gritaba a ella, el padre corría a resolver la situación, a calmar o sobornar a su pequeña con una chuchería si «jugaba tranquilamente». Cuando una de las otras niñas le hablaba con dureza a su hija, el padre miraba a su alrededor buscando con la vista el respaldo de los padres de la niña en cuestión. Muy juiciosamente, mi amiga mantuvo la boca cerrada y apartó la mirada cuando el hombre miró hacia nosotras. Mientras tanto, el pequeño aprovechó el despiste momentáneo de su padre para volver al tobogán, acto que lo puso tan nervioso que optó por dejar de intentar gestionar el juego de su hija para cruzar otra vez el parque de juegos hacia el pequeño. Y vuelta a empezar.

No puedo ni imaginar lo agotadora y estresante que tenía que resultarle a aquel padre la sesión de «juego» en los columpios de sus hijos. Y en cuanto a los críos, no creo que tampoco les gustara mucho la intromisión de su padre. Era como si fueran a trompicones; en cuanto cogían carrerilla y el juego se ponía interesante, les cortaba la diversión porque oía jaleo o se producía algún tipo de conflicto. Lo que aquel estresado padre no entendía en su intento desesperado por controlar hasta el menor movimiento de sus hijos era que con su actitud lo único que lograba era frustrar el propósito del juego.

La vida social de nuestros hijos comienza en la infancia cuando nos miran e imitan nuestra sonrisa o transmiten la incomodidad del pañal sucio con quejumbroso llanto. Sin embargo, cuando estos bebés se aventuran a alejarse un poco de sus padres para relacionarse con otros niños da comienzo una educación para toda la vida sobre las normas de conducta social y el lenguaje en forma de sutiles señales con las que los seres humanos nos comunicamos. La fluidez en el lenguaje de la interacción social determinará el éxito en sus futuras relaciones, y no conseguir desarrollar esta fluidez supone una considerable desventaja en la vida.

Gran parte de esta fluidez se aprende mediante el juego libre o juego no estructurado con otros niños. En su libro *El mito de la educación*, la psicóloga Judith Harris defiende que el papel de los padres tiene menos peso en el desarrollo de la naturaleza de nuestros hijos de lo que nos gustaría, y que son los amigos y no los padres los que moldean la conducta de nuestros hijos y la experiencia que estos tienen del mundo. Los amigos enseñan a nuestros hijos a interactuar y negociar con otras personas, y esta educación empieza en el cajón de arena, donde los niños aprenden a jugar de forma cooperativa, a responder a las necesidades de los otros y a construir sus mundos imaginarios propios. Jugar es una parte esencial del desarrollo humano por muchos motivos: los juegos de mesa enseñan a pensar con lógica y a planificar; construir fuertes ayuda a desarrollar habilidades como la construcción y la visión espacial; echar partidos de baloncesto con los amigos fomenta el trabajo en equipo. Pero las lecciones más importantes que se desprenden del juego y el tiempo que pasan con los amigos son las que tienen que ver con las relaciones interpersonales, y estas se aprenden mejor lejos de interrupciones, manipulaciones y maquinaciones de los adultos. Estos deberían dar a los chicos espacio y libertad para aprender este lenguaje y resolver por sí mismos situaciones sociales complicadas, porque las peleas, las disputas, los vacíos y las rupturas constituyen oportunidades valiosísimas de crecimiento personal, pese a las lágrimas y el dolor que llevan consigo. Los conflictos sociales que tienen lugar en la infancia forman parte de nuestra educación en las relaciones humanas, y no ser capaz de negociar también enseña. Las riñas son una oportunidad de que te valoren, no una emergencia que haya que solventar. El padre del ejemplo que veíamos antes se lanzó a intervenir a la primera señal de discordia y con ello privó a sus hijos de todas esas lecciones que podían haber aprendido. Antes, los niños jugaban solos, lejos de la mirada de sus padres y buscaban su propio camino en estas dinámicas sociales lejos de la intromisión parental. Ya no es así.

Al sacar de la riña a esa niña problemática que tira arena a otros niños en el parque jamás aprenderá a gestionar su propia ira, mucho menos la de aquel a quien la dirige. Y lo que es peor aún, nunca es testigo de la rabia y el malestar que provoca. Es necesario que comprenda que ha fracasado en ese momento de interacción social y que confronte esos sentimientos de confusión y resentimiento. La persona a la que iba dirigida la arena, a quien no le gusta que le tiren arena a la cara, le enviará un mensaje sobre buen comportamiento en el cajón de arena. Al final, el conflicto pasará, y lo más probable es que las dos niñas resuelven el desencuentro y se sientan más unidas y más conscientes de sus actos gracias al conflicto. Es cierto que tirar arena a la cara significa fracasar a la hora de comunicarse con eficacia, pero con la intervención de los adultos desaparece la posibilidad de absorber las lecciones que plantean amigos y compañeros de juegos y que hagan su trabajo en el niño que ha cometido el fallo comunicativo. Los niños desarrollan la empatía viendo y oyendo las reacciones y las emociones de otras personas, y cuando no permitimos que paguen los platos rotos por estas incómodas situaciones, les estamos negando la oportunidad de vislumbrar las consecuencias y el impacto que sus actos tienen sobre los demás. Dejar pasar una lección en el cajón de arena no es grave, por supuesto que no, pero cuando ese niño crezca bajo las alas de unos padres que no dejan de acudir a rescatarlo —empezando por las riñas en el parque infantil y pasando por los malentendidos de preadolescente para terminar con la inevitable volubilidad de las amistades adolescentes— se convertirá en un adulto que no tendrá la menor idea de cómo negociar, apaciguar, razonar y hacer frente a otros adultos.

Andrea Nair, psicoterapeuta y experta en educación parental, me escribe lo siguiente en un correo electrónico:

> El precio de la sobreprotección parental es que el niño no desarrolla las habilidades necesarias para contraatacar, dar su opinión o quitarse del medio cuando hace falta. Cuando los padres enseñan a su hijo con su actitud que siempre habrá un adulto que intercederá por él para defenderlo o sacarle las castañas del fuego en situaciones complicadas, lo que consiguen es que el niño se quede siempre esperando a que suceda en vez de buscar la solución por sí mismo, aparte de que nunca adquirirá las habilidades necesarias para saber comunicarse en los momentos de más tensión cuando se produce una discusión.

Si no te han convencido los beneficios emocionales y sociales de no acudir al rescate de tus hijos cuando se produce un conflicto, aún tengo un motivo más: la capacidad de disfrutar del juego libre o no estructurado sin interrupciones constituye también un indicio del éxito académico.

En su libro, *A Nation of Wimps*, Hara Estroff Marano señala que las interacciones sociales cultivadas durante el juego libre son «tan importantes que la conducta social durante el recreo en la guardería da indicios de los logros académicos al término del primer curso escolar, según el trabajo de clase y exámenes estandarizados sobre conocimientos generales, lectura temprana y conceptos matemáticos. Por un nada desdeñable cuarenta por ciento, jugar con los compañeros supera a los exámenes estandarizados a la hora de dar indicios sobre el éxito académico. El juego libre, y las interacciones sociales que fomenta, están infravalorados en el crecimiento social y emocional de nuestros hijos. Es un gran error pensar que el tiempo que dedican a jugar es tiempo improductivo». Lamentablemente, muchos centros educativos vigilan de cerca y gestionan las dinámicas sociales de los niños de tal forma que no les dejan oportunidad ni libertad para que las crisis que tienen lugar durante el recreo y la hora de comer se desarrollen y alcancen una conclusión lógica (y a veces ilógica). Esta actitud miope y errónea de alejarse del juego libre sin supervisión significa que los niños tienen menos oportunidades para procesar las lecciones que aprenden en el colegio y no les dejamos ninguna vía de escape por la que puedan dejar salir la energía física y emocional que acumulan a lo largo del día. Después, cuando esos niños a los que se ha privado del recreo llegan a casa, tampoco se les manda a jugar fuera de casa y que se las compongan como puedan hasta la hora de la cena, sino que los llevan de actividades organizadas a lecciones estructuradas y se les pide que aplaquen las ganas de jugar libremente y pelearse con sus hermanos.

Un grupo de colegios en Nueva Zelanda escucharon lo que decían los expertos y realizaron un llamamiento. Como parte de un estudio realizado por la Universidad de Tecnología de Auckland, ocho centros de educación primaria aceptaron eliminar las normas durante el recreo, relajar la supervisión y no intervenir en el tiempo dedicado al juego de los alumnos. El resultado fue que en todos estos centros observaron una reducción en la tasa de acoso escolar y las infracciones de las normas, lo que redujo a su vez la necesidad de supervisión por parte de los adultos y mejoró la atención y la conducta en clase. Grant Schofield, uno de los investigadores que llevaron a cabo el estudio, explica que rebajar la supervisión y la intervención por parte de los adultos durante el tiempo destinado a juego libre permite que los niños «piensen por sí mismos y organicen [las interacciones sociales]». Al interferir en la vida social de los niños, les arrebatamos otra oportunidad de aprender a ordenar sentimientos, convicciones y límites personales. Los objetivos y las lecciones en la vida social de los niños cambian con el tiempo, pero a medida que pasan de la infancia a la adolescencia, es importante ver las amistades como lo que son: para ellos, oportunidades para que desarrollen la personalidad, la identidad y sus opciones, y para nosotros, para tener perspectiva y retroalimentación sobre las personas en las que se están convirtiendo nuestros hijos.

EL TIRA Y AFLOJA DE LAS QUEDADAS PARA JUGAR

Cuando son pequeños, los niños traban amistad con otros niños de edad similar y que viven cerca. Lamentablemente, los padres se inclinan cada vez más por compañeros digitales en vez de niños de carne y hueso, pero mi recomendación es que dejes a un lado las tabletas, las consolas de juegos y las televisiones, y organices quedadas para jugar con diferentes niños de verdad. Que tus hijos queden con otros niños para jugar no solo te da cinco minutos de respiro y te permite socializar con otros padres, sino que les da a ellos la oportunidad de averiguar qué les gusta y qué no de un compañero de juegos. Dales la oportunidad de aprender lo que son las amistades dejándoles espacio. No tomes tú las riendas de la quedada. Facilítales un entorno seguro y observa desde lejos. A menos que haya peligro inminente de que se hagan daño, los niños no quieren ni tampoco necesitan que te inmiscuyas en sus juegos. Incluso los que aún no hablan son capaces de trasladar sus deseos a sus compañeros de juegos, y según crezcan y aprendan a hablar, empezarán a verbalizar sus opiniones, lo que les gusta y lo que no. No dudes en instruir a esos infantes peleones para que «utilicen sus palabras», pero entiende que es posible que no dispongan de ellas. Todavía están desarrollando el vocabulario que necesitan para expresar sus frustraciones, y hasta que sean capaces de articular las palabras, pueden valerse de las manos, los dientes y los pies para expresar su disgusto por algo.

RIVALIDAD ENTRE HERMANOS Y MEDIACIÓN

Estas normas relativas a la desvinculación se pueden aplicar también a las dinámicas sociales entre hermanos, aunque tal vez te cueste recordarlas cuando los gritos y las peleas se vuelven insoportables. Me conocen por intervenir para hacer que se callen, independientemente del tema de discusión, cuando mis nervios llegan al límite. Nuestros hijos encuentran en sus hermanos a sus primeros amigos, sus primeros enemigos y sus primeros profesores, y es verdaderamente importante que tengan espacio para resolver sus asuntos a su manera y a su ritmo. Hablando con Julie Cole, escritora y cofundadora de la tienda de Mabel's Labels, y madre de seis, le pregunté cómo se las arregla ella para manejar el caos y los conflictos.

En el día a día con seis hijos que no se llevan mucho hay mucha diversión, mucho amor y muchas risas. También riñen mucho y se meten en los asuntos de los otros. De hecho, soy consciente de haberlos llamado «Los Peleones» en alguna ocasión. No tardé en comprender que hay mejores formas de emplear mi tiempo que metiéndome cada vez que surge un desacuerdo. En vez de meterlos a todos en una habitación insonorizada opté por establecer unas normas básicas de lo que debía ser una «pelea justa» desde el principio, y con ello parecen capaces de resolverlo casi todo solos. Para mí «pelea justa» quiere decir riñan sobre el tema que corresponda pero sin echarse en cara detalles del pasado y sin insultarse. Esto significa que después de una discusión ya están jugando juntos otra vez a los cinco minutos y no se acuerdan de que hayan discutido siquiera. «Pelea justa» significa que puedo irme y dejar que resuelvan ellos solos sus problemas, con lo que me evito tirarme de los pelos y pasarme el día ejerciendo de mediadora.

LA PROXIMIDAD DE LOS COMPAÑEROS DE JUEGO EN RELACIÓN CON LA POLÍTICA DEL PARQUE DE JUEGOS

Los niños de primaria suelen elegir a sus amigos más por intereses comunes que por la proximidad, y sus juegos son mucho más elaborados. A medida que van haciéndose más independientes y más hábiles, inventan juegos e idean elaboradas aventuras con complejas normas para los mundos inventados que conquisten. Este tipo de juego constituye un importante proceso de aprendizaje porque es el comienzo de su viaje hacia la independencia y la autonomía. No es de extrañar que los superhéroes sean sus ídolos. Los niños imitan el poder, la fuerza y la idea de justicia que representan esos héroes con el fin de sentirse poderosos en sus propias vidas. Están acostumbrados a obedecer nuestras normas, pero conforme al alejarse de la esfera de influencia de los padres, descubren el poder de la autonomía y la autorregulación. Exploran su propio poder para crear y destruir reinos enteros, y entran en luchas de poder con los otros niños que participan en el juego. Cuando la influencia de sus amigos comienza a ganar peso es buen momento para empezar a hablar con tu hijo sobre la presión que ejercen los compañeros y qué hacer en caso de verse en una situación incómoda. Piensa en lo que vendrá cuando llegue la secundaria e ínstalo a pensar en los momentos en los que tendrá que confiar en su brújula moral interna y su juicio para poder manejar el juego arriesgado de la presión que ejercen los compañeros.

HABLANDO CON OTRAS MADRES SOBRE cómo llevan ellas el tema de las amistades de sus hijos, una me confesó que últimamente se había dado cuenta de que no le gustaba la capacidad que tenía su hija de tercer curso de primaria para elegir amigos que podían ser una buena influencia o no, aunque también se estaba dando cuenta de lo mucho que estaba aprendiendo la niña con esas amistades.

Mi hija ha trabado una nueva amistad con una niña de su clase que no es que sea «mala» en sí, pero me preocupa lo que oigo sobre ella.

Miente, está loca por los chicos y es maleducada. Pero al parecer la vida en su casa es horrible, y me siento terriblemente mal por ella. No quiero convencer a mi hija de que se aleje de ella porque soy de la opinión de que algunos niños son capaces de cambiar por completo. Y también parece que esta amistad le está enseñando a mi hija a ser compasiva. Sabe que la otra niña no tiene mucho dinero y no deja de pedirme que le compre esto y lo otro desde que se hicieron amigas, cosas que mi hija daba por sentado y que ahora se da cuenta de que su amiga no tiene.

Los niños no nacen sabiendo manejar sus amistades, sino que aprenden a gestionar su vida y sus relaciones a lo largo de años a fuerza de prueba y error. Cuando un niño aprende a decir no a otro niño mayor que le pide que jueguen a los médicos detrás del cobertizo de las herramientas, está realizando el trabajo emocional de base para desarrollar la seguridad en sí mismo que le permita hacer frente a los abusones o exigir a un adulto un trato justo.

Los padres tienen que hacerse a un lado y dejar que se produzcan esas peleas sin importancia en el parque de juegos porque estos conflictos dan a los niños la oportunidad de aprender a manejarse en esta pujante cultura de abusones. No podemos olvidar que si Johnny empuja a otro niño y se cae al suelo, pero no dejamos que reciba la correspondiente retroalimentación por parte de sus compañeros porque los profesores o los padres sobreprotectores se lo llevan a él o a su víctima antes de que se solucione el conflicto, Johnny no podrá beneficiarse de la retroalimentación de los compañeros. Y sin esta, no puede desarrollarse la empatía, y se convertirá en el tipo de niño que no comprende el impacto que tienen sus actos sobre sus compañeros y amigos. Los culpables son todos los adultos que evitaron con su intervención que aprendiera en el parque de juegos las lecciones correspondientes. Lamentablemente, dentro de unos años, cuando llegue a secundaria, mire a su alrededor y se dé cuenta de que ningún compañero de clase quiere jugar con él y su profesor tenga que informar a sus padres de que tiene «dificultades con las destrezas sociales», será más complicado solucionar los problemas sociales y emocionales de Johnny.

La buena noticia es que con el tiempo y si los adultos les dejan espacio, los niños adquieren esas destrezas sociales por sí mismos. Si dejamos que metan la pata, que se enfaden con otros niños, que se peleen y lo arreglen después, aprenderán a ser buenos amigos, a defenderse y a rechazar conductas que les incomoden.

Los trabajos de investigación muestran que los niños no se disgustan tanto cuando sus padres se pelean al ver el resultado sanador desde el punto de vista emocional que conlleva la reconciliación, por eso es lógico que resulte beneficioso para ellos el proceso de pelearse con sus compañeros y reconciliarse después. Si tenemos en cuenta que el conflicto en sí es para ellos menos doloroso que el hecho de no resolverlo al final, debemos comprender que cuando intercedemos en la discusión que tiene lugar en el cajón de arena del parque o forzamos una tregua con la niña mala que no le hace caso a nuestra hija, no estamos permitiendo que la situación se resuelva de manera natural a su debido tiempo y en su debido lugar. Los conflictos no resueltos desencadenan trastornos de ansiedad en los niños y obstaculizan el proceso sano de reconciliarse y arreglar las cosas con los amigos, momentos que a la larga consolidan relaciones que aguanten la siguiente discusión.

LAS AMISTADES EN SECUNDARIA

Al llegar a la primera etapa de secundaria, la atención pasa de centrarse en los intereses comunes para dirigirse a la aceptación social. Las pandillas y otras situaciones de exclusión pueden resultar extremadamente estresantes para los preadolescentes, motivo por el cual es muy importante asegurarse de que tu hijo se implique en el deporte, la música o cualquier otra actividad extracurricular que acerquen posiciones entre los grupos sociales. Una madre de Nueva Jersey admite que su experiencia propia con unos padres que le dieron autonomía en lo relativo a su vida social está presente ahora en la educación de soporte de la autonomía que practica con sus hijos.

Mis padres dejaron que yo tomara mis propias decisiones en lo relativo a mis amistades. A veces me dolía no hacer lo que ellos [mis amigos], y me echaron de su grupo. Pero aquello me endureció y me hizo pensar en cuanto al tema de elegir a los amigos.

En vez de decirle a tu hijo con quien se puede relacionar, haz de tu casa un lugar agradable para reunirse con sus amigos, y déjale claro que debe informar de su paradero cuando no esté en casa. Debes comprender que la vida social de los chicos está en constante evolución y tratar de no intervenir cuando creas que excluyen a tu hijo. Muestra comprensión hacia su tristeza, pero no intentes arreglar una situación que escapa a tu control, y así debería ser. Tal vez te resulte doloroso ver que tu hijo tiene dificultad para hacer amigos o para limar asperezas, pero este tipo de situaciones son importantes porque son pruebas que tu hijo debe experimentar en persona y lecciones que debe aprender.

Como profesora me he encontrado con demasiados chicos que llegan a la secundaria sin saber manejarse en determinadas situaciones sociales, pero lo que más afecta su desarrollo social es que los padres libren sus peleas en su lugar y reaccionen exageradamente cuando se producen los choques normales en las interacciones sociales a lo largo de la educación secundaria. Si los padres reaccionan exageradamente a las interacciones del día a día y las tachan de acoso, los chicos no aprenderán nunca a defenderse y exigir respeto. El acoso escolar es un fenómeno real y aterrador que tiene lugar en los colegios hoy en día, pero en nuestro intento por detenerlo antes de que llegue a territorio peligroso, profesores y padres tendemos a reaccionar exageradamente ante los vaivenes sociales y emocionales normales de la escena social adolescente y sin darnos cuenta estamos endosando a nuestros hijos una mentalidad victimista.

Al hablar con educadores y coordinadores educativos está claro que son conscientes del efecto que el acoso escolar puede tener sobre los chicos y les preocupa, pero también les resulta frustrante la manera en que los padres alimentan la dinámica del acoso al tiempo que intentan evitar que suceda. Hace poco durante una charla, un profesor de secundaria me dijo lo siguiente:

Hace poco tuve una alumna que se había convertido en objeto de la ira de sus compañeros a causa de una discusión y cuando las peleas y las conductas alcanzaron el nivel de acoso escolar, el centro hizo lo que no está escrito por protegerla. Sin embargo, los padres —y por ende la chica— empezaron a agobiarse tanto por lo que ellos consideraban actos de acoso que los profesores se vieron obligados a comportarse como agentes secretos. Toda la clase giraba en torno a las necesidades de aquella alumna, desde la distribución de los asientos hasta la vigilancia que hacían los profesores durante los cambios de clase. La madre enviaba correos electrónicos diariamente a los profesores y los coordinadores del centro con un informe detallado sobre las miradas desagradables, susurros y desprecios que percibía la chica en sus compañeros. No había manera de que se produjera la interacción social normal en aquella clase y, como consecuencia, la dinámica social era desastrosa. La clase dejó de ser una comunidad y hasta el progreso académico quedó tocado aquel año. Lo que es aún peor, la chica llegó a considerar acoso cualquier interacción social que se le antojaba incómoda. Me da mucha pena. Los padres tenían buena intención, pero al querer moderar e intervenir hasta en los aspectos más pequeños de todas las interacciones sociales, lo que consiguieron fue destruir la confianza de su hija en sí misma y convencerla de que era una víctima impotente de la situación.

Los adultos también tenemos que tratar con no pocos abusones: malos jefes, enemigos con malas intenciones y compañeros celosos. Cómo aprenda tu hijo a tratar con esas personas durante la infancia, cuando fracasar o equivocarse significa uno o dos días de dolor o exclusión social, puede marcar la diferencia entre desarrollar una personalidad con la sensibilidad a flor de piel o una personalidad fuerte. A medida que los chicos van creciendo y sus amigos pasan a tener más peso en el desarrollo de la identidad, puede resultar tentadora la idea de interceder cuando sientes la presencia de una mala influencia. Pero antes de criticar a los amigos de tu hijo piensa en esto: hacer amigos, mantenerlos y decidir cuándo y cómo separarse de ellos forma parte de la educación de tu hijo. Hay algo en esos dudosos amigos que atrae a tu hijo y lo único que está haciendo es averiguar qué es ese algo. Puede que esa chica que se viste toda de negro, y se pinta las uñas de verde y dice más palabrotas de las que te gustaría posea un talento o unas destrezas sociales que tu hija quiere aprender. O puede simplemente que tu hija esté tanteando los límites de su zona de confort en de su propio mundo. Por muy nervioso que te pongan estos amigos extraños o diferentes, es esencial que no te metas en las decisiones de tu hijo con respecto a su vida social, sobre todo en la adolescencia. Puede que para ti no sea más que un ejemplo de amistad desaconsejable, pero tu hijo está poniendo en práctica la empatía y está aprendiendo a relacionarse con personas procedentes de ambientes familiares distintos y con objetivos diferentes; se trata de destrezas sociales de incalculable importancia. Cuando los adolescentes lleguen a la universidad, les resultará más fácil adaptarse a situaciones sociales más amplias, más diversas y, con frecuencia, más complejas. En el mundo de los negocios, la capacidad de entender a todo tipo de personas es un rasgo del carácter muy codiciado, especialmente en las mujeres. Estas personas, conocidas como camaleones o poseedoras de un «alto perfil autoevaluador», se adaptan mejor a personas y ambientes de trabajo nuevos, y también se les da mejor atraer a otros hacia su forma de pensar. En el mundo de las ventas, los camaleones son capaces de conectar con las personas imitándolas sutilmente y consiguen mejores resultados que otros compañeros. En el mundo de los negocios, esas personas que poseen esas destrezas imitadoras y son capaces de adaptar su conducta a diversos grupos de personas son los mejores negociadores.

De forma que cuando tu hijo llegue a casa con un nuevo grupo de amigos que no te gusten del todo, sencillamente porque son diferentes de todos los otros amigos de tu hijo que habías conocido hasta entonces, piensa en todos esos pendientes, tatuajes, variedad de tonos de piel, pelo teñido y acentos que no comprendes como una asignatura educativa que bien valdría un seminario en la facultad de empresariales de Harvard. Si tu hijo juega con los mismos cuatro amigos calcados el resto de su vida, no desarrollará empatía hacia lo que es diferente ni aprenderá a tratar y razonar con personas que tengan una perspectiva de las cosas, un punto de vista o un origen étnico diferente. Sonríe educadamente, no juzgues —considéralo una inversión en la educación de tu hijo— y hazte a un lado. Deja que decida él solo qué es lo que le gusta, y lo que no, de las personas.

APRENDER DE LA ANGUSTIA SOCIAL DE LA ADOLESCENCIA

Cuando estos niños lleguen a la adolescencia, te alegrarás de no haberte inmiscuido en su vida social porque habrán adquirido destrezas de nivel superior para la negociación y el conocimiento de sí mismos. Cuando los preadolescentes alcanzan la adolescencia, y lo que se percibía como peligros latentes pueden convertirse en peligros reales, los padres empiezan a preguntarse cuándo es hora de intervenir. Dependiendo de a quién le preguntes, existe un amplio rango de respuestas posibles, desde «hace cinco minutos» hasta «nunca». Yo siempre me decantaré por la opción de confiar en mi hijo para preservar su autonomía, pero por curiosidad pedí a un grupo de quinceañeros que respondieran la pregunta. La mayoría dijo que le parecía totalmente razonable que sus padres metieran las narices si consideraban que tenían *motivos* para hacerlo. «Si te dicen que tu hijo está haciendo algo peligroso», aclaró un chico. Lo que me llamó la atención cuando hablé con ellos fue que ninguno dijo que no estaba bien meter las narices en ningún caso. Esto fue lo que dijo otro de ellos:

> Depende del chico, y a menos que sean unos padres paranoicos o sobreprotectores, creo que saben si pueden confiar en su hijo o no. Si es un buen chico en general, es mejor dejar que decida quiénes quiere que sean sus amigos, y aunque empiecen a comportarse mal, a veces les viene bien hacer una o dos estupideces para darse cuenta de que no quieren seguir por ahí. Hay que darles espacio.

El grupo discrepó en lo referente a hasta dónde dejar que los chicos fueran por el mal camino, pero todos estuvieron de acuerdo en que cuando los padres intentan controlar la vida social de los adolescentes, hay muchas más posibilidades de que los hijos intenten engañar.

«Amigos que tienen padres estrictos mienten más que aquellos cuyos padres les dan más libertad».

«Sí, los padres de una amiga mía creen que es perfecta y que hace todo lo que le mandan, pero les miente *todo* el tiempo, incluso en cosas por las que no tendría que hacerlo».

Todos asintieron con la cabeza.

LA PSICÓLOGA ESPECIALIZADA EN ADOLESCENTES, Jennifer Hartstein, me escribió un correo electrónico en el que subrayaba la importancia de encontrar la manera de apoyar sin controlar a los adolescentes en el tema de las relaciones.

La adolescencia es un periodo en el que las amistades son más fuertes en muchos sentidos. Durante la adolescencia los chicos aprenden quiénes son, lo que quieren y cómo encontrar el equilibrio con amigos que están pasando por lo mismo. Animar a los adolescentes a saber relacionarse con otros de forma independiente es algo muy valioso, ya que pronto se irán de casa y tendrán que hacerlo en muchos aspectos de la vida. Para los padres es un desafío importante porque ver que su hijo sufre o le cuesta relacionarse es aterrador. Se trata de guiarlo y ofrecerle un lugar seguro donde resolver sus problemas más que resolvérselos. Tu hijo adolescente saldrá fortalecido al ver que ha sido capaz de afrontar y manejar un problema con un compañero, y aprender de paso qué hacer y qué no hacer para estar más preparado para los desafíos que aguardan en la edad adulta.

Sí, los chicos toman malas decisiones en lo referente a los amigos, y seguro que algunas relaciones fracasarán, pero es precisamente de estos traspiés de lo que nos acordamos a la hora de reconocer los detalles que caracterizan una relación sana frente a una tóxica. Por difícil que resulte estar a la altura del desafío que plantea Jennifer Hartstein, la recompensa

—jóvenes independientes, valientes y luchadores que saben lo que quieren y lo que buscan en los amigos que harán y en los que confiarán toda su vida— merece nuestro autocontrol y nuestra paciencia.

Sin embargo, reconozco que es muy importante lo que está en juego cuando los niños llegan a la adolescencia. Una relación o una interacción social fallida para un niño en tercero de primaria es mucho menos traumática y angustiosa emocionalmente que una enemistad para un adolescente sobrecargado de hormonas o el aterrador peso que sienten los padres ante peligros como las drogas, el alcohol, la conducción bajo los efectos del alcohol o los trastornos alimenticios. Dicho esto, aquí están algunas herramientas para cumplir el desafío que plantea Hartstein y velar al mismo tiempo por la seguridad y la salud emocional de tu hijo.

Si no te gustan los cambios que está experimentando tu hijo por culpa de sus amigos, habla con él, pregúntale qué le gusta o qué le atrae de ellos. «¿Qué es lo que te gusta de Mike? ¿Qué hacen cuando están juntos? Veo que pasas mucho tiempo con Mike; ¿por qué te parece un chico tan interesante?». Aunque Mike te saque de quicio, dile que lo lleve a casa más veces, para que puedas ver de cerca el tipo de relación que tienen. Asegúrate de que tu hijo entiende que sigues teniendo las mismas expectativas sobre su comportamiento, y que su amigo Mike tendrá que cumplir las normas que hay en tu casa, pero es siempre bienvenido. Si te parece necesario dejar claro el comportamiento que esperas de ellos o las normas que rigen tu hogar, tanto para los miembros de la familia como para sus invitados, escríbelo todo en una hoja y pégala en la puerta del refrigerador. Si tu hijo cruza la línea en su propia casa, asegúrate de que comprenda que ese comportamiento tiene consecuencias. Si a Mike no le gustan tus normas, puede irse, pero recuerda que tu hijo seguirá siendo tu hijo y que las normas serán aplicables a todo aquel que invite.

Que lleven a tu casa a un chico problemático también te da la oportunidad de conocer al enemigo del refrán y comprender a qué te enfrentas. En el mejor de los casos, comprobarás que el nuevo amigo de tu hijo es en realidad una gran persona que quiere lo mejor para tu hijo y su relación. En el peor, confirmarás tus sospechas y tendrás pruebas para aducir ante tu hijo cuando le digas que no puede volver a llevar a ese amigo a casa. Ofrécete a llevarlos en coche si lo necesitan. Los viajes en coche tienen algo que incita a la conversación espontánea. Es como si los chicos se olvidan de que estás y se liberan de sus inhibiciones y hablan abiertamente. Escucha y mira por el retrovisor. Aprovecha estas visitas y estos viajes en coche para conocer a los padres de estos amigos. Puede que descubras que los padres simplemente no tienen grandes expectativas para sus hijos o puede que encuentres aliados que quieren para sus hijos lo mismo que tú para los tuyos. Pero al final recuerda que no tienes el poder de cambiar a los hijos de los demás. Lo único que puedes hacer es dejar claras cuáles son tus expectativas y llegar hasta el final con las consecuencias cuando se incumplen.

No sermonees. Los chicos, sobre todo los adolescentes, desconectarán en cuanto empieces. Cree lo que te dice una profesora. Si tu estilo comunicativo es de corte sermoneador, tendrás que cambiarlo porque no podrás obligar a tu hijo a escuchar.

Haz una pregunta de respuesta abierta y escucha. «Kevin no se parece a tus otros amigos. ¿Cómo se han hecho amigos?» sería una buena forma de empezar porque no estás emitiendo un juicio de valor y no es una amenaza, y deja la puerta abierta a una conversación más amplia sobre el tema.

Si el tema es la conducta temeraria, habla sobre la seguridad en vez de emitir juicios de valor sobre los amigos. Los chicos se ponen a la defensiva y protegen sus relaciones en cuanto consideran que están atacando a sus amigos. Es mejor ceñirse a hechos y actos que dedicarse a destruir la reputación.

Los adolescentes tienen muy agudizado el sentido de la lealtad y defenderán la conducta de sus amigos aunque no les parezca bien. Cíñete a lo que sabes sobre la conducta de tu propio hijo, y si ha actuado juiciosamente en una situación peligrosa o problemática, no olvides elogiarlo por su buen juicio y su temple. Una frase del tipo: «Tuvo que resultarte difícil negarte a ir a esa fiesta de la semana pasada cuando te enteraste de que iban a llevar un barril de cerveza. Estoy muy orgullosa de ti por haber tomado una decisión tan adulta» es una forma de elogiar el carácter y la madurez.

En una ocasión, hablando con otras madres sobre mis preocupaciones acerca de dejar salir del cascarón a mi hijo adolescente, una madre mayor que yo que había escuchado mi conversación compartió conmigo su particular momento de lucidez y me dijo algo que trato de recordar cada vez que mi hijo sale por la puerta.

> Una vez, mi hijo adolescente iba a no sé qué sitio y cuando ya salía por la puerta le dije «ten cuidado», como siempre. Entonces oí que mi marido le decía «que te diviertas», y, por primera vez, me percaté de que teníamos un enfoque diferente sobre la educación y lo vi claro en aquel breve intercambio de frases. Mi hijo siempre había tenido mucho cuidado y mis palabras, tanto si las decía como si no, no podrían convertirse en un talismán protector por encima de su experiencia. Lo único que él oía en mis palabras era que no confiaba en él, mientras que su padre sí. Aquella fue la última vez que le dije que tuviera cuidado cuando salía de casa para irse con sus amigos.

Cuando nuestros hijos salen del cascarón, debemos confiar más en ellos, y cuando demuestran estar a la altura de la confianza que depositamos en ellos, tenemos que pillarlos en el momento de hacer bien algo y elogiarlos por ello. Puede que requiera un cambio de mentalidad, pero mantente alerta para reconocer su buen juicio, carácter y resiliencia, y hazles saber que eso es precisamente lo que más valoras de todo. Intenta que sepan que si las cosas se descontrolan y se encuentran en una situación peligrosa o amenazadora, estarás ahí para ayudar, sin hacer preguntas... hasta el día siguiente. Guárdate tus comentarios sobre cómo acabaron fumando en el baile del instituto o de copiloto en un coche con un conductor ebrio. Una vez a salvo, y después de un buen sueño reparador, ya discutirás los detalles de lo sucedido y por qué ocurrió. Hacer cosas que demuestran poco sentido común forma parte del proceso de crecimiento. Si tuvieron la entereza de llamarte para pedirte ayuda, céntrate en el hecho de que te respetaron y confiaron en ti lo suficiente como para rechazar una situación que no les pareció que fuera segura. Ahora, tú tienes que estar a la altura de esa confianza y ayudarlos a encontrar la manera de no volver a verse en una situación parecida.

Sé un ejemplo para tus hijos de relación positiva y mutuamente beneficiosa. Habla con ellos sobre cómo debería ser un buen amigo y por qué consideras que tus amigos son una buena influencia en tu vida. Pregúntales cómo creen que sus amigos los ven a ellos. Erradica de tu vida a las personas tóxicas y perjudiciales antes de fijar la vista en los elementos tóxicos y perjudiciales presentes en la vida de tus hijos, porque tu ejemplo les enseñará más sobre la anatomía de las relaciones sanas que las palabras.

Sin embargo, si toda esta comunicación y planificación no te lleva a ninguna parte y continúas preocupándote por las relaciones de tus hijos, puede que llegue el momento de intervenir. Comprueba tus motivos en primer lugar. ¿De verdad te interesa la seguridad de tu hijo o estás buscando munición en los chicos que temes que sean una mala influencia para él? En ese caso, da un paso atrás, toma aire y no te metas.

SI NO CONSIGUES QUITARTE LA PREOCUPACIÓN, prueba con alguna de estas alternativas antes de meter las narices y destruir la confianza que tu hijo tiene en ti:

- Habla con otros adultos, el profesor, los coordinadores y los entrenadores, y averigua si el chico que te preocupa es realmente una mala influencia o un lobo vestido con piel de cordero.
- Reúnete con los padres del chico personalmente y comparte con ellos tus preocupaciones. Intenta que les queden claras cuáles son las normas que dictas en tu casa y tantea hasta qué punto están comprometidos con la salud y la seguridad de su hijo.
- Habla con tu hijo sobre aquellas conductas que has presenciado o de las que has oído hablar que te ponen nerviosa. Pregúntale

y ya de paso vuelve a dejarle claro lo que esperas de él en lo referente a las drogas y el alcohol.

- Si resulta que el chico en cuestión es verdaderamente una mala influencia apoyándote para ello en pruebas y no en miedos, limita a tu hijo el tiempo que puede pasar con él. Ten en cuenta que te puede salir el tiro por la culata y que es posible que tu hijo no reaccione bien a tus intentos de controlar su vida social.
- Busca actividades más seguras y sanas para tu hijo. Si organizas otras actividades que sabes que le gustarán, puede que la amistad con este chico problemático desaparezca a fuerza de que no le preste atención.

Si con todo sigues preocupándote, y has hecho autocrítica para asegurarte de que tus motivos son puros y están centrados única y exclusivamente en la salud y la seguridad de tu hijo, aquí tienes algunos otros ejemplos de circunstancias que justifican que metas las narices:

- Cambios súbitos de comportamiento, personalidad, peso, patrón del sueño o estado general de la salud.
- Cambios en el patrón comunicativo de tu hijo. Si normalmente le gusta contarte las cosas y para de hacerlo, por ejemplo. O al revés, si tu hijo no ha sido nunca muy hablador y de repente te cuenta algo. Si pasa algo de esto, presta atención.
- Pruebas de que toma drogas o alcohol (accesorios utilizados para el consumo de drogas, sospechas de que tu hijo está borracho o colocado).
- Cambios en las notas y los hábitos de estudio.
- Pruebas fehacientes que respalden tus sospechas de que sus amigos ejercen una «mala influencia» sobre tu hijo.

Si cualquiera de estas circunstancias se diera en tu casa, tal vez sea momento de echar un vistazo a la habitación de tu hijo, a sus redes sociales o que, sencillamente, teclees su nombre en Google a ver qué sale. La fiscal y también madre y autora, Loni Coombs, aboga por la vigilancia parental que cumple con lo que el derecho penal llama «La doctrina de observación a plena vista»:

> La otra fuente de información posible que no constituye una violación de la confianza lícita en modo alguno es aquello que nuestros hijos dejan a plena vista. Dentro del derecho penal esto se conoce como «La doctrina de observación a plena vista». Los policías tienen permiso para mirar cualquier cosa que esté a plena vista en un área en la que tengan derecho a estar. Si tú, como progenitor y dueño de la casa, entras en la habitación de tu hijo a limpiar o a recoger ropa o cualquier otra cosa y ves algo que no está escondido, y estás preocupado, podría ser aceptable que echaras un vistazo.

Por último, en caso de que decidas mirar, piensa en lo que vas a hacer con lo que puedas encontrar. Si te tropiezas con información que consideras necesario tratar de inmediato, algo que indique que tu hijo o sus amigos pudieran correr peligro, actúa en consecuencia, por supuesto. Sin embargo, si la información no supone una amenaza de muerte, déjalo estar un tiempo. Dale tiempo a tu hijo y puede que acuda a ti para contártelo. Y contempla también la posibilidad de que a veces malinterpretamos lo que ocurre en la vida de nuestros hijos, aun teniendo pruebas. Aprovecha la información como guía en tu forma de educar en vez de como munición para realizar un asalto en toda regla sobre tu hijo.

Si está en apuros o corre el peligro de entrar en terreno peligroso, como el consumo de drogas, la depresión, los trastornos alimenticios o cualquier otro de los muchos escollos que pueden presentarse en la vida de un adolescente, recuerda que en tu mano está la posibilidad de alinearte con tu hijo para ayudarlo a manejar la situación. No olvides que tus prioridades deben ser la autonomía, el amor y el apoyo, para no correr el riesgo de terminar distanciándote de tu hijo y perdiendo la oportunidad de socorrerlo en una situación de peligro real. Al primer indicio de consumo de drogas o alcohol, trastornos de la alimentación o autolesión, acude a un profesional en vez de intentar manejar tú mismo la situación.

Y por encima de todo, no le prometas a tu hijo que puedes «arreglar» sus problemas, sociales o de otro tipo. Tal vez no puedas y es importante que tu hijo comprenda que no todo se puede remediar por arte de magia con un toquecito de tu varita parental. Algunos problemas son demasiado graves y otros requieren soluciones complejas e imperfectas.

Afortunadamente, si los padres han hecho bien su trabajo, los chicos habrán desarrollado la competencia y el coraje necesarios para hacer frente a esas soluciones complejas e imperfectas. Por mucho que yo quisiera crecer como Ana de las Tejas Verdes acompañada por su amiga de pelo castaño, Diana Barry, no fue así. Lo cierto es que algunas de mis amistades con otros niños del barrio fueron complicadas y tensas. Éramos prisioneros afortunados de la compañía de los otros, y teníamos que improvisar nuestros propios tratados y las líneas que marcaban los límites de nuestras zonas de confort. La infancia es eso. Todas esas líneas cambiantes, acaloradamente disputadas y preparadas para la batalla, salpicadas de éxitos y fracasos, no solo definen los límites de la infancia, definen también las personas en las que se convertirán nuestros hijos, y tenemos que darles el tiempo y el espacio necesarios para explorar todos esos territorios.

7
DEPORTES: LA DERROTA COMO EXPERIENCIA FUNDAMENTAL EN LA INFANCIA

SIEMPRE QUE UN GRUPO DE padres nos reunimos en alguna parte enseguida nos ponemos a hablar de nuestros hijos, y hace poco me reuní con unas amigas para desayunar y comprobé que el encuentro no iba a ser la excepción. El curso escolar acababa de empezar y salió el tema de los deportes de otoño. No era la primera vez que oía terroríficas historias al respecto. Cosas como que hay demasiada competitividad, que los padres gritan a sus hijos desde la grada o que los entrenadores reparten trofeos solo por estar presente. Cuando el tono de la conversación pasó de la indignación al enfado, y las historias tomaron un sesgo inesperado para mí, comprendí por fin quiénes son los que salen perdiendo en esta era de especialización deportiva hipercompetitiva: los chicos que lo único que quieren es jugar. Esta es la triste historia que contó una de las madres presentes en aquel desayuno:

> A mí siempre me gustó el deporte, y fue ahí precisamente donde definí mi identidad cuando era pequeña, por eso me alegré tanto cuando logré convencer a mi hija para que le diera una oportunidad. Pero en vez de diversión, ejercicio y definición de la identidad, lo que ha descubierto es que ha llegado tarde. Pese a no ser un liga profesional,

todos se toman las cosas tan en serio que los entrenadores no la quieren en sus entrenamientos ni que juegue. Lo intentamos con la gimnasia, pero las chicas llevaban entrenando prácticamente desde que empezaron a caminar, así que tampoco encontró un lugar ahí. Mi hija quiere probar distintos deportes y ver qué le gusta realmente, pero las cosas han alcanzado un nivel de *seriedad* tal que no tiene oportunidad de probar. Tiene nueve años. ¿Y no es ahora cuando se supone que tienes que jugar a todos los deportes para ver cuál es el que quieres practicar?

La madre se echó a llorar cuando terminó de contar lo que le estaba ocurriendo a su hija, y todas las demás guardamos silencio. Ninguna tenía buenos consejos y todas sabíamos que lo que decía era cierto. Otra madre mostró su acuerdo con ella al decir: «Es frustrante porque yo solo quiero que mis hijos prueben cosas diferentes, que aprendan los aspectos básicos de algunos deportes o bailes, y que se diviertan, pero el funcionamiento de la maquinaria de los deportes juveniles es tan compacto que es imposible encontrar un hueco por el que abrirse paso».

No es que vivamos en una comunidad especialmente intensa o competitiva en lo relativo a los deportes, pero con nueve o diez años, muchos chicos ya llevan un par de años practicando un deporte específico. La liga local de fútbol indoor de hecho comienza a los tres años, en la que se conoce como liga de los «Tyke».

¿Por qué no existe una liga para los «Yo solo quiero jugar»?

A la mañana siguiente, le conté la historia de aquella madre al director de un prestigioso centro educativo independiente de Massachusetts.

«Pero eso no es nada. *No* te haces idea de lo intensos que se han vuelto los deportes juveniles», me dijo, sacudiendo la cabeza.

Se pasó las siguientes dos horas poniéndome al día sobre la situación de los deportes en su ámbito de trabajo. Me habló de chicos de noveno curso que se han comprometido con universidades para jugar al lacrosse y al fútbol en lo que es una flagrante violación de las normas de fichajes de la NCAA (la liga deportiva universitaria de Estados Unidos. Me habló de torneos escaparate que se celebraban en centros de secundaria a los que los jugadores asistían no por lealtad al equipo, sino para *exhibirse* frente a los entrenadores universitarios presentes. Me contó que ha tenido que enfrentarse a los padres de esos estudiantes que se han comprometido verbalmente con una universidad cuando se presentan en casa con un 6 y los padres quieren que les suba la nota porque «Brown [o Duke o Harvard, o la universidad que sea] no se fijará en su hijo si no saca un 7 como mínimo». Un padre le suplicó que «asignara a su hijo a los profesores adecuados», es decir, que no le pondrían un 6.

«Antes únicamente tenía que preocuparme por mis chicos de secundaria en lo referente a los compromisos con el deporte», me dijo. Los estudiantes de la primera etapa de secundaria son objeto del fichaje temprano por parte de las universidades cada vez con más frecuencia. La Liga de Centros Educativos Independientes (The Independent School League), formada por dieciséis centros de secundaria preparatorios para ingresar en la universidad de Nueva Inglaterra, ha empezado a organizar ese mismo tipo de torneos escaparate entre los estudiantes de secundaria más jóvenes (entre once y trece años) para favorecer que los entrenadores encuentren talentos para el deporte. Cuando hablé con coordinadores y profesores de otros centros con el fin de que me dieran su opinión sobre la historia, me confirmaron que los deportes en la infancia ya no tienen que ver con jugar. «Ojalá mis jugadores tuvieran las ganas que tienen sus padres», se lamentaba un entrenador de baloncesto de un centro de secundaria. Para muchos chicos y también para sus padres, los deportes tienen más que ver, cuando no sea todo, con la planificación de su ingreso en la universidad que con divertirse y hacer ejercicio. La rivalidad por alcanzar los puestos más altos en los deportes durante la secundaria y la universidad se está convirtiendo en algo tan serio que no es de extrañar que los chicos se estresen y sientan la presión de conseguir un alto rendimiento a edades cada vez más tempranas.

El doctor Louis Profeta, autor y médico de urgencias en Indiana, donde trata las lesiones por esfuerzo repetitivo de estos jóvenes deportistas, se pregunta por qué presionamos tanto a nuestros hijos y sacrificamos tanto del que antes se definía como tiempo en familia:

En algún momento del camino nos dejamos distraer y el campo de entrenamiento se convirtió en la mesa de la cena del nuevo milenio. En vez de reunirnos en torno a una fuente de pollo asado, acompañado de puré de patatas y macedonia de frutas, destinamos ese tiempo a soltar a nuestros hijos aquí y allá, como si fueran los testigos de una carrera de relevos de 4 x 200. Del entrenamiento de béisbol al de las animadoras, de la natación al entrenamiento personal, nos hemos convertido en la generación de los segmentos de una hora (de cinco a seis, seis a siete y siete a ocho), culpable de haber vendido las almas de los miembros de nuestra familia a cambio de pasar las pruebas para el equipo de lacrosse.

El valor del juego en sí mismo, la alteración del tiempo en familia y la presión innecesaria sobre niños de todas las edades constituyen asuntos tremendamente problemáticos en lo referente a los deportes durante la infancia, pero se nos olvida que uno de los aspectos más significativos de los deportes es que conforman el terreno donde aprender qué es el fracaso y aceptarlo.

Para el psicólogo deportivo, Terry Orlick, los programas deportivos juveniles son «fábricas de fracasos», y de ser cierta esta denominación, ¿por qué fingimos que cada uno de los cuarenta millones de chicos norteamericanos que juegan a algún deporte debería salir ganador de todos los partidos que juegan? Si los chicos van a tener que afrontar el fracaso y la derrota en los programas deportivos, ¿por qué no aceptarlo? Imagina que los deportes pudieran ser un lugar seguro para las equivocaciones, donde hubiera cabida para la derrota de deportistas y equipos, y que tras el partido reinara la deportividad en vez del conflicto a cuenta de la última decisión arbitral o el pánico por el futuro de los chicos como si fuera el fin del mundo. Los deportes deberían ser el lugar y el momento para experimentar la decepción y el fracaso en un ambiente donde no hubiera mucho en juego, una pequeña ventana de tiempo que sirviera para echar los cimientos que nuestros niños necesitarán el día de mañana para convertirse en adultos con carácter.

Melissa Atkins Wardy, autora del libro *Redefining Girly: How Parents Can Fight the Stereotyping and Sexualizing of Girlhood, from Birth to*

Tween, me habló del nefasto primer día de entrenamiento de su hija en el equipo de béisbol.

> Amelia fue anoche a su primer entrenamiento de béisbol y se encontró con que ella era una de las dos únicas niñas en un equipo de niños a los que no conoce. Se sintió terriblemente intimidada, pero se puso el casco, eligió un bate y se dirigió a la caja de bateo. No nos dimos cuenta de que en vez de «entrenador de campo» había una «máquina de lanzar». Pensamos que habría algún padre que se ocuparía de lanzar bolas altas a los chicos. Aun así, Amelia reunió el coraje suficiente para meterse en la jaula y batear la bola. Se echó a llorar al primer intento, pero a veces el coraje es eso. Algunos días se parece mucho al fracaso cuando es justamente lo contrario.

Melissa ha aprendido a mostrar a su hija el lado positivo del fracaso, esos momentos horribles y humillantes cuando perdemos un partido o celebramos un gol al equipo contrario. Son momentos de coraje y crecimiento también, y tenemos que enseñar a nuestros hijos a enorgullecerse de ellos. Tanto si Amelia elige volver al equipo de béisbol como si no, habrá aprendido una valiosa lección de esa temible experiencia de no batear.

LOS BENEFICIOS DE LOS DEPORTES FUERA DE LA CANCHA

Los deportes competitivos pueden ser un buen sitio para descubrir y aprender de esos momentos de coraje que nos parecen de fracaso en realidad. En su libro, *The Parents We Mean to Be: How Well-Intentioned Adults Undermine Children's Moral and Emotional Devolopment* el psicólogo Richard Weissbourd describe cómo los deportes pueden contribuir a desarrollar la empatía y apreciación:

> La competición deportiva constituye un estímulo para que los chicos aprendan a apreciar las habilidades de sus oponentes cuando los ven

como enemigos mortales, para que reconozcan los puntos fuertes de los miembros del equipo más débiles aun cuando esos mismos compañeros pongan en peligro las posibilidades del equipo de llegar a las eliminatorias, de ponerse en el lugar del árbitro, al menos después del partido, aunque haya tomado una decisión equivocada en un momento crítico. Este es el tipo de moralidad exigente que ayuda a que los chicos desarrollen con el tiempo la capacidad de ver más allá de sus propios, e intensos, sentimientos, de tolerar los defectos de los otros y de equiparar el punto de vista y las necesidades de los otros con los propios.

Los deportes también ofrecen a los padres el regalo de estar un rato con sus hijos. La mayoría de los deportes implican numerosos trayectos en coche para ir a los entrenamientos y los torneos, y en mi propia experiencia, en el coche ha sido donde mi hijo adolescente y yo hemos tenido algunas de nuestras conversaciones más sinceras y abiertas. Así que gran parte de la educación parental consiste en estar ahí cuando nuestros hijos deciden que quieren hablar con nosotros. También he descubierto que cuanto más positiva y relajada es la atmósfera en el coche, más aprovechan los chicos para hablar sobre temas que les resultan difíciles, asuntos que no es muy probable que salgan a relucir en el transcurso habitual de cualquier día a día con su apretada agenda de tareas y el estrés que acarrean. El coche proporciona un lugar en el que es posible hablar de lo ocurrido durante el partido o el entrenamiento, de sus más y sus menos, un lugar en el que confesar las decepciones, el agotamiento, la pasión o la falta de interés.

Lamentablemente, esto no ocurre con la mayoría de las familias, tal como comprobaron Bruce Brown y Rob Miller, dos exentrenadores que ahora dirigen Proactive Coaching, LLC. En el transcurso de doce años, estos dos exentrenadores llevaron a cabo una encuesta informal entre deportistas sobre cómo veían ellos como deportistas que tenían que ser los padres que apoyan y respetan la vida deportiva de sus hijos. Cuando Bruce Brown preguntó a deportistas universitarios: «¿Cuál es el peor recuerdo que tienes de la práctica deportiva en el instituto?», la abrumadora respuesta que recibió fue: «Volver a casa con mis padres». Según parece, adolescentes de todo el país soportan tensos trayectos en coche de vuelta a casa de los partidos con unos padres que lo aprovechan para criticar a los jugadores, cuestionar las decisiones de los entrenadores y burlarse de los árbitros. Esos padres están desperdiciando una valiosísima oportunidad de educar a sus hijos, horas que podrían estar aprovechando para hablar y disfrutar de su mutua compañía.

Como ilustrativo corolario a este hallazgo, el estudio reveló quiénes querían los chicos *realmente* que estuvieran presentes en los partidos y supuestamente en el coche de vuelta a casa: los abuelos. Los abuelos no critican ni controlan de forma excesiva lo que ocurre después de los partidos. Los abuelos no censuran la estrategia del entrenador o las decisiones del árbitro. Los abuelos apoyan a sus nietros aunque cometan fallos embarazosos en el campo de juego y lo hacen sin doble intención. Así que si quieres ser la clase de persona que tu hijo quiere tener cerca tras un gran partido, compórtate más como lo haría un abuelo. Cuando tus hijos tengan hijos y en un partido fallen un gol, ¿crees que tu reacción será criticar y reprender a tus nietros o simplemente disfrutarás del hecho de estar con ellos? A mi madre le gusta decirme que lo más maravilloso de tener nietos es que como abuelos disfrutan de la parte divertida (como los partidos) sin preocuparse o estresarse por cómo lo hagan. Intentar, fallar, triunfar, no le importa, lo único que quiere es estar ahí, animando a sus nietos todo el rato. ¿No te parece que sería un alivio poder disfrutar de la parte divertida en *el presente* en vez de esperar a que pase una generación, y dejar que sea el entrenador el que se encargue de la actuación de tu hijo y su equipo en un gran partido? No es un sueño imposible. Deja que el entrenador sea entrenador, y el árbitro, árbitro, y cuando le toque el turno de jugar a tu hijo, siéntate en la grada y sé su padre.

PADRES BAJO PRESIÓN EN LA GRADA

Cuando los padres intensifican la competitividad atosigando, gritando, reprendiendo y cuestionando a jugadores, entrenadores y árbitros, todo el mundo sale perdiendo. Los chicos se sienten mal, los entrenadores están al borde de un ataque y todo ese estrés tampoco puede alegrar demasiado a los padres. Si eres uno de esos padres infelices, deberías saber que el monstruo que aflora en las gradas vive en nuestro interior y forma parte de nuestra biología básica. La psicóloga Wendy Grolnick lo denomina «fenómeno de los padres bajo presión».

> El fenómeno de los padres bajo presión es una ansiedad visceral que se desencadena cuando la competitividad cada vez mayor, ya sea académica, deportiva, social o artística, a la que se enfrentan nuestros hijos en la actualidad conecta directamente con nuestros circuitos fisiológicos. Se trata de una presión interna tan fuerte que no nos permite descansar hasta que sentimos que nuestro hijo está a salvo, es decir, que consigue que lo admitan en tal escuela especializada o un puesto en la orquesta del colegio [o entrar en el equipo universitario].

El problema de albergar estos sentimientos totalmente naturales radica según Grolnick en que «aleja a nuestros hijos de nosotros, que es justo lo contrario de lo que pretendíamos. Porque, por irónico que parezca, la ausencia de presión es lo que permite que nuestros hijos se queden a nuestro lado y triunfen». Sin embargo, cuando vemos a nuestros hijos estresados, aunque se trate únicamente de la presión de querer golpear una bola alta, el acto reflejo de luchar o huir entra en juego. Tal vez tu cerebro sepa que tu hijo no corre peligro, pero tu cuerpo se pone en modo alerta y los niveles de cortisol se ponen por las nubes. Una vez que entramos se produce el fenómeno de los padres bajo presión, y empezamos a segregar hormonas en respuesta al estrés, puede resultar tremendamente difícil calmarse y ver la lección implícita en el fracaso. Este fenómeno intensifica las emociones así como nuestro sentido de la crisis, de manera que cuando estamos en las gradas y comienza la escalada de nuestros niveles de ansiedad parental y sentido de la competitividad, resulta de especial importancia observar lo que te rodea y reconocerlo como lo que es: un juego. Mete la cabeza entre las rodillas si es necesario, pero relájate. La razón por la que los chicos empiezan a practicar deporte es divertirse, hacer ejercicio y aprender lecciones de valor incalculable sobre la deportividad y el trabajo en equipo. Este debería ser el objetivo, incluso cuando lo que se juegan es más y peligran sus aspiraciones de gloria.

La educación parental y la competitividad pueden ser una terrible combinación, especialmente cuando los padres hacen que sus hijos se enfrenten entre sí. En su libro *La sorprendente verdad sobre qué nos motiva*, Daniel Pink recomienda que el trabajo en equipo sea una zona de «no competitividad». «Enfrentar a compañeros de trabajo entre sí con la esperanza de que la competitividad mejorase su rendimiento rara vez funciona, y casi siempre termina socavando la motivación intrínseca». Las familias, como las oficinas o las aulas, funcionan mejor cuando no existe el estrés de la competitividad.

Esta, a su vez, fomenta la sobreprotección de los padres, aun cuando el motivo de competir sea la aprobación en vez de trofeos o becas. En un estudio, se pidió a parejas de madre e hijo que completaran un cuestionario sobre sí mismos. Pidieron a la mitad de las parejas que lo hicieran por mera diversión, mientras que a las madres de la otra mitad les dijeron que sus hijos iban a conocer a un grupo de chicos que los evaluarían apoyándose en esos cuestionarios. El primer grupo de madres, el de las que no esperaban que fueran a evaluar a sus hijos, se relajaron y observaron mientras sus hijos rellenaban el cuestionario. Sin embargo, las que creían que se iba a evaluar y mirar con lupa a sus hijos, los presionaban para que dieran una buena imagen de sí mismos a través de sus respuestas para gustar a los otros chicos. La mera idea de pensar que iban a evaluar o a comparar a sus hijos con otros despertó en ellas el instinto de sobreprotección. Imagina ahora las mismas parejas de madre e hijo cinco o seis años después, en el gran escaparate del torneo de fútbol de turno observando mientras los entrenadores que buscan fichajes toman notas sobre las habilidades de sus hijos sobre el terreno de juego. La admisión en la universidad, las becas, puede que incluso una carrera deportiva estén en el aire, y los jugadores compiten entre sí. Y en consecuencia se desata el infierno de la competitividad, y los nervios de los padres hacen que la emprendan con los entrenadores, otros padres, los jugadores y sus propios hijos.

Después de ver cómo cinco de sus hijos se dedicaban activamente al deporte *amateur*, una madre me confesó que había intentado disuadir al sexto de que no siguiera por el mismo camino. «No podía soportarlo más. Me había pasado años animando y apoyando, y sé que los deportes son una forma estupenda de mantenerse en forma e inculcar el trabajo en equipo, pero no podía aguantar una tarde más de ataques desde las gradas por pura competitividad. Las lecciones y los trofeos están muy bien, y me alegraba ver que mis hijos lo estaban viviendo de primera mano, pero yo ya había tenido suficiente».

A esta madre le alegraría saber que incluso los aspectos positivos que relata, como los trofeos y las condecoraciones, puede que no sean tan positivos como nos hacen creer. Esos trofeos, medallas y becas que agitamos ante ellos para premiar el esfuerzo de nuestros hijos en el terreno deportivo no solo intensifican el ambiente de competitividad y ansiedad, sino que socavan la motivación. Igual que dar una recompensa por haber tenido un comportamiento positivo tiene un efecto fatal para la motivación intrínseca dentro del ámbito académico y social, también agota las ganas de participar y el entusiasmo por el deporte y otras actividades de entretenimiento. En cierto estudio, los investigadores pidieron a chicos de edades comprendidas entre los nueve y los once años que jugaran con un estabilómetro, un dispositivo que se utiliza para medir el equilibrio y que ya se había comprobado que resultaba divertido a niños de esa edad. La mitad de ellos recibieron una recompensa por jugar con el dispositivo y la otra mitad, no. Al cabo de unos días, pidieron a los mismos niños que volvieran a jugar y esta vez les dieron diferentes opciones, entre ellas el estabilómetro. Los niños que habían recibido la recompensa durante la primera sesión le dedicaron menos tiempo que los que jugaron con él por pura diversión. Es un buen ejemplo de cómo el uso de las recompensas reduce la diversión y la motivación incluso en un contexto divertido y no competitivo, donde las actividades que se realizan no persiguen un objetivo o un fin obvios.

No pretendo decir que tengamos que eliminar por completo la competitividad y el uso de recompensas, pero entregar trofeos solo para hacerse ver en el terreno de juego daña también la autoestima del niño.

Los padres tienen que encontrar su propio medio feliz entre el elogio vacío de los trofeos por la participación y el impulso competitivo exagerado que sacrifica el sentido de deportividad, rendimiento y motivación de los hijos. Pregunté a Hannah Kearney, medallista olímpica de esquí artístico en dos ocasiones, que me dijera cómo eran para ella como deportista los padres perfectos.

Los padres perfectos para deportistas son aquellos a los que no oyes gritar desde las gradas. Deberían estar ahí después del partido, apoyarte cuando sufres un revés. A veces, un chico se siente apartado del equipo, otras se hace daño, es lo que pasa con el deporte, pero los padres perfectos están ahí después para escuchar y ayudar a su hijo a ver el lado positivo del revés. Tengo que admitir que mis padres me sobornaron con unos pantalones cortos de fútbol cuando tenía diez años para que me comprometiera a ir a mi primera semana de entrenamiento, y recuerdo la adrenalina de aquel primer gol. Desde entonces me impliqué de lleno con el deporte y ellos siempre estuvieron allí. Mis padres lo sacrificaron todo por mi carrera en el mundo del esquí y la de mi hermano en el hockey. Mi madre me llevaba y me traía de Waterville Valley, una zona para esquiar en New Hampshire, sujetaba mi radiocasete en la ladera de la montaña para que pudiera escuchar mi música mientras entrenaba mis figuras, coreografiaba esas figuras y hacía copias de las páginas de mis libros de texto para que pudiera hacer los deberes en el camino. Me apoyaron mucho pero nunca me presionaron. Cuando un chico encuentra el deporte que le apasiona, tiene que ser él quien decida si quiere seguir adelante o será un desastre para todos.

GUÍA PARA SER UN BUEN PADRE QUE SE QUEDA EN LA GRADA

Para poder ser ese padre capaz de ayudar a su hijo a ver el lado positivo de un revés, Kearney y otros deportistas, entrenadores y padres de deportistas a los que entrevisté me facilitaron unas pautas sobre cómo ser la clase de padre que tus hijos querrán que los acompañen a casa después, ya sea de su primer partido de T-ball o la final del campeonato mundial.

Sé el padre, no el entrenador
A menos que esté en peligro la integridad física de tu hijo, no grites desde la grada, no critiques las decisiones del entrenador o las del árbitro en el coche después del partido y no hagas de entrenador desde el sillón de tu casa. Sí puedes preguntar al entrenador cómo podrías ayudar a tu hijo para que mejore, cómo se porta en los entrenamientos y los partidos o cómo solucionar problemas relacionados con las lesiones, pero *no* saques a colación lo que hacen otros chicos del equipo, la estrategia de equipo o los minutos de juego de tu hijo.

Nunca, jamás hables mal del entrenador delante de tu hijo
Esto destruye la confianza, el respeto y la fe de tu hijo en su entrenador y le creará un verdadero dilema emocional. Si te da la razón a ti, estará traicionando a su entrenador, y si se la da a él, te estará traicionando a ti. No lo pongas en esa situación. Habla con él —y de él— solo cuando tu hijo no esté delante.

No pidas a tu hijo que cumpla tus propios sueños deportivos
Da igual el talento que tuvieras jugando al softbol, al fútbol o al ajedrez de niño; tú no eres tu hijo. No seas ese padre que intenta revivir glorias pasadas o realizar sueños frustrados a través de tu hijo. Puede que ames el béisbol con toda tu alma, y que le pusieras un pelele de los Red Sox a tu hijo nada más nacer, pero como (de momento) no nos dedicamos a la clonación humana, tu hijo albergará deseos, esperanzas y sueños propios. Dale una oportunidad de descubrir cuáles son en vez de imponerle los tuyos.

Cultiva una mentalidad de crecimiento dejando mucho espacio libre para el fracaso
Los deportes son duros y solo los chicos más fuertes progresan. Caroline Gleich, esquiadora profesional y atleta extrema, me explicaba que

al principio le resultó dura la transición de pasar de hacer deporte por entretenimiento a hacerlo de manera profesional porque lo contemplaba desde una mentalidad fija.

> Tuve que cambiar de mentalidad porque mis padres siempre me habían dicho que era muy buena, y nunca había tenido que esforzarme mucho en mi deporte. Había cosas, como algunos saltos, que pensaba que sencillamente no podía hacer. Veía a otros realizar piruetas alucinantes pero yo creía que como nunca había hecho gimnasia deportiva, jamás me saldrían a mí. Tenía que pasar de pensar en «no puedo hacerlo» a «puedo hacerlo» y tenía que esforzarme. Pero eso también formaba parte de la diversión, no perder la concentración en mi objetivo aun cuando las cosas se ponían difíciles.

Gleich ha triunfado en su deporte porque ha comprendido que aquellos fallos iniciales son en realidad pasos necesarios para lograr nuestro objetivo, pasos que hacen que ese último empujón hacia la cumbre o la cima de un glaciar sea aún más satisfactorio.

Conocer la diferencia entre abandonar y fracasar

A los deportistas profesionales de éxito les resulta fácil volver la vista atrás a los fracasos y las dificultades del pasado, pero ¿y si las dificultades resultan insuperables y llega el momento de aceptar que no vas a dedicarte a los deportes ni a participar siquiera en ellos? Michael Thompson, psicólogo y autor de numerosos libros, señala que llega un momento en que todos nosotros debemos decidir si merece la pena el esfuerzo, ya sea en el mundo deportivo, en una relación o en cualquier otro aspecto de la vida. «En un sentido amplio, todo aprendizaje y crecimiento personal requiere un esfuerzo, pero existe una diferencia entre el esfuerzo que conduce al éxito y el esfuerzo que conduce únicamente a más esfuerzo». No todos los chicos están destinados a convertirse en deportistas profesionales, y a medida que van pasando por las diferentes «fábricas de fracasos» en su camino a ese ambiente más enrarecido del deporte en el instituto de secundaria o en la universidad, casi todos tendrán que decidir cuándo tirar la toalla. Y cuando esto ocurre, los padres tienen la obligación de ayudar a sus hijos a reconocer el valor que tiene el deporte, ya sea diversión, estar en forma o las lecciones que enseña sobre el coraje, el fracaso, la resiliencia, la deportividad y el trabajo en equipo. Estas lecciones no van a caer en saco roto solo porque dejen de practicar el deporte. He oído a muchos padres apoyarse en cosas como: «No puedo permitir que mi hijo abandone» o «Tengo que enseñar a mi hijo a cumplir con su obligación con el equipo» para obligar a sus hijos a jugar cuando ya no quieren seguir haciéndolo. Sin embargo, tal como me dijo K. C. Potts, entrenador de baloncesto y profesor de inglés, esta forma de actuar puede ser un error.

> Lo realmente trágico de los deportes juveniles es que cuando apuntan a los chicos a un deporte estos desconocen por completo o casi por completo lo que implica practicar un deporte, y cuando el chico en cuestión vive su epifanía («No me gusta este deporte»), el padre opta por invocar el mantra de «no puedes dejarlo a mitad de temporada» y lo obliga a seguir. Es noble la idea de seguir porque se está «comprometido», sí, pero con frecuencia, los chicos más jóvenes no están realmente implicados, y la insistencia de los padres solo sirve para provocar sufrimiento a todos: al entrenador, que tiene que sacar tiempo para un jugador que ya no quiere seguir jugando; a los padres, que creen que están forjando el carácter de un chico que, a sus ojos, no tiene suficiente, y sobre todo al chico que juega no por diversión, sino por obligación. Nadie sonríe, nadie gana.

Se supone que los deportes son para divertirse, al fin y al cabo. Ese fue el principal mensaje que percibí en las historias que compartieron conmigo todos los deportistas profesionales con los que hablé. Por encima de todo aman su deporte y se divierten practicándolo, incluso cuando entrenan. Piensa en el primer partido de T-ball de tu hija. ¿Te acuerdas de que había que recordarle todo el tiempo que prestara atención al bateador mientras ella pretendía ser un búfalo de agua que levantaba una nube de polvo rojizo alrededor del montículo del lanzador?

¿Cómo abandonaron el cuadro interior del terreno de juego todos los jugadores para atrapar una bola que habían bateado fuera de la zona legal de juego? ¿Cómo te reíste de ello después con un helado porque la experiencia y los recuerdos eran más importantes que el resultado final del marcador? Así se supone que tienen que ser los deportes y la infancia, aunque nuestros hijos sueñen con la gloria olímpica o una beca completa para Duke. En su avance de un equipo a otro, y de una liga a otra, o si terminan abandonando los deportes por completo, los chicos confían en padres que mantienen unido el equipo familiar y proporcionan la clase de apoyo inquebrantable que puede ayudarlos a sobrellevar esos fracasos humillantes y aleccionadores. En esos momentos lo que necesitan es que les recordemos que con ir y hacerlo lo mejor posible, en el deporte y todas las áreas de la vida, nosotros cumpliremos con nuestra parte del trato y estaremos en las gradas animando.

8
PRIMERA ETAPA DE SECUNDARIA*: EL MEJOR MOMENTO PARA FRACASAR

«¿**D**AS CLASE A LOS PEQUEÑOS de secundaria? ¿En serio?».
La pregunta suele ir acompañada por un gesto compungido y una mirada de lástima.

Sí, en serio. Paso ocho horas al día feliz y contenta con un montón de «preadolescentes», un segmento de la población incomprendido y difamado en gran medida, y muy versado en los fracasos académicos y sociales del día a día. Incluso entre mis compañeros —educadores que entienden las alegrías y las recompensas inherentes a la enseñanza— la primera etapa de secundaria suele considerarse un purgatorio desde el punto de vista educativo y profesional. Cuando pedí a los padres que compartieran conmigo sus sentimientos positivos sobre esta etapa educativa, una madre habló en nombre de todo el grupo: «Creo que necesito que pase algo de tiempo para poder contar anécdotas divertidas de esta época».

---

* Según el sistema educativo estadounidense, la educación secundaria se divide en dos etapas. La primera, llamada Middle School, comprende normalmente los cursos 7º y 8º (edades 12 a 14 años), y la segunda, conocida como High School, comprende de 9º a 12º curso (edades 14 a 18 años). Esta es la división genérica, pero puede variar de unos distritos escolares a otros. En el texto se menciona primera y segunda etapa de secundaria por no existir una correspondencia directa en español. (N. de la T.)

No comparto su opinión en absoluto.

No digo que los alumnos que están en esta primera etapa de la educación secundaria no sean difíciles. Son personas en fase pupa cuya apariencia externa en sexto curso no se parece en nada a la que tendrán cuando lleguen a octavo. En ese momento no puedo imaginar siquiera que esos niños puedan llegar a estar preparados para salir al mundo; son exigentes, curiosos, impulsivos y volubles, y pueden volver loco a cualquiera. Pero justamente ahí encontrarán las herramientas para atravesar las turbulentas aguas de la primera etapa de secundaria y llegar a la otra orilla como personas totalmente formadas.

Esta es la verdad fea y maravillosa a la vez sobre los primeros años de secundaria: es una trampa. Los profesores piden a sus alumnos que hagan bien tareas que sus cerebros adolescentes a medio hacer aún no dominan y, como consecuencia, el fracaso no es una proposición *condicional* que depende de que se cumpla una condición, sino más bien una afirmación en la que lo único que falta es saber cuándo ocurrirá exactamente. Esta es una de las primeras verdades que les contamos a los padres de nuestros alumnos el día que comienzan las clases porque cuanto antes lo acepten, más fácil será la vida para todos los próximos dos o tres años. Hay niños que realmente disfrutan con este desafío y se enfrentan a ello como si llevaran esperándolo toda la vida, una oportunidad de tener por fin un poco de autonomía y responsabilidad en sus actos.

Lo mejor de empezar la educación secundaria era la idea de ser responsable de tus propios actos. En primaria, los profesores siempre te estaban recordando que tenías que entregar los deberes, que colgaras el abrigo, que prestaras atención y que ordenaras tus cosas. En cierta manera, quinto y los cursos anteriores están ahí para prepararnos para la abrumadora perspectiva de llegar algún día a secundaria, y el hecho de hacerlo era una recompensa en sí mismo.

Para otros chicos como este, que ya están preparados, la oportunidad de tener el control sobre sus vidas es emocionante. Para otros, la transición no es tan fácil. La primera etapa de la educación secundaria exige importantes dosis de organización, planificación, gestión del tiempo y capacidad para cambiar el foco de atención que los jóvenes adolescentes no dominan, al menos no de repente. Algunos chicos manejan una o dos de estas habilidades parte del tiempo, pero la mayoría no llega a dominarlas todas hasta que entran en la segunda etapa de secundaria. Pensemos en ello de esta forma: los bebés no hablan porque sus cerebros aún no están lo bastante desarrollados como para realizar una tarea compleja como es la formación del lenguaje; cuando empiezan a andar no son capaces de planificar y ejecutar proyectos a largo plazo porque sus cerebros aún no han realizado las conexiones neurológicas que les permitan planificar y ejecutar tareas complejas de forma secuencial a largo plazo. No esperamos que los niños pequeños sean capaces de hacer todas estas cosas, pero sí esperamos que al llegar a la primera etapa de la secundaria sean capaces de gestionar todos aquellos aspectos complejos de esa etapa, pese a que ellos también carecen de las conexiones neurológicas que les permitan gestionar todas nuestras exigencias.

A veces nos cuesta recordar esto de la vida al comienzo de la secundaria, sobre todo cuando, gracias a los caprichos de la pubertad, algunos alumnos tienen el aspecto de adultos por su descomunal tamaño cuando terminan octavo. He dado clase a grupos en los que se mezclan prepúberes con cara de niños con chicos del tamaño de hombres adultos que tienen que afeitarse a diario. Pese a lo que pueda parecer, esos niños físicamente avanzados siguen siendo niños en lo que respecta al desarrollo de sus cerebros, y conviene recordarlo mientras esperamos con paciencia que sus neuronas alcancen a su barba incipiente al final del día.

El primer día de sexto curso, el personal docente está preparado para su llegada. Dedicamos los primeros dos meses a observar cómo meten de cualquier manera sus papeles en las taquillas, a ayudarlos a recoger las hojas desperdigadas que no han podido aguantar más en el archivador de anillas demasiado lleno ya y a aconsejarles formas de recordar qué clase tienen a continuación de inglés y qué materiales tienen que llevar a clase de ciencias. Una madre explica el caos que supone esta fase de la educación de la siguiente forma: «Temo por mis manos cada vez que meto la mano en su mochila. No sé qué me voy a encontrar. Ni siquiera él lo sabe».

Aprender a organizarse, a planificarse y a imponerse a lo «qué hay ahí dentro» conlleva un esfuerzo conjunto de alumnos, padres y profesores, y hasta yo tengo mis momentos de duda. Me preocupo por su futuro. Me preocupa tener tan poco y precioso tiempo para prepararlos para la parte más complicada y exigente de la secundaria, y no creo que sea suficiente para prepararlos, pero casi siempre lo es. De alguna manera, el chico de sexto curso que siempre llega tarde y no consigue organizarse, que es incapaz de llevar una agenda dos días seguidos es capaz de gestionar su vida académica cuando me despido de él antes de que pase a la primera etapa de secundaria.

Así que no hay nada que temer. El fracaso es una realidad en esta etapa académica, hay que aceptarlo. Todo el mundo lo hace, incluso los chicos más populares. Incluso los que parecen que lo tienen todo claro. Por el momento no hay mucho en juego, el índice de fracaso es alto y los profesores entendemos que los pequeños desastres ocurren a cada momento, así que, venga, aprovecha todas las experiencias de aprendizaje disfrazadas de fracasos en el día a día que salpican el paisaje de la primera etapa de la educación secundaria.

EL JUEGO SE LLAMA FUNCIÓN EJECUTIVA

Las escurridizas habilidades que necesitarán para sobrevivir en la segunda etapa de secundaria y en la vida son parte integrante de lo que los psicólogos llaman *función ejecutiva*, o conjunto de habilidades y procesos mentales que nos permiten gestionar nuestro tiempo, recursos y atención con el fin de lograr un objetivo. Son muchas las habilidades que conforman la función ejecutiva y me parece discutible que el diagnóstico del «déficit en la función ejecutiva» sea simplemente un sinónimo de «adolescencia temprana». No saber emplear o acceder a las habilidades de la función ejecutiva es la causa de la mayoría de los desastres que tienen lugar durante la primera etapa de secundaria, como entregar los trabajos tarde, olvidar los deberes en casa y perder los libros. Comprenderlo es el primer paso si queremos mantener algo de perspectiva sobre este periodo por todo lo demás frustrante y enloquecedor en la vida académica de tu hijo. Además, comprenderlo te dará ventaja sobre todos esos otros padres frustrados que revuelven cielo y tierra en busca de la respuesta a qué han hecho mal. Lo mejor de todo es que serás capaz de responder a los fracasos inevitables que tu hijo tendrá que afrontar a consecuencia de ese déficit en la función ejecutiva y que le enseñará los métodos alternativos que le harán falta si quiere evitar volver a cometer los mismos errores.

Aunque pudiera resultar tentador culpar de la falta de inteligencia al déficit en la función ejecutiva, no lo hagas; no están relacionados. Las habilidades de la función ejecutiva se desarrollan a medida que se desarrolla el cerebro del adolescente, y lo único que podemos hacer profesores y padres es apoyarlos en su aprendizaje de los errores. El ritmo de desarrollo de estas habilidades varía y mientras que algunos chicos las adquieren rápidamente, otros siguen teniendo dificultades en la segunda etapa de secundaria y después. No es una coincidencia que los alumnos cuyos padres les sacan las castañas del fuego y no dejan que se enfrenten a las consecuencias de sus fracasos desarrollan estas habilidades más despacio. La clave para ayudar a que los chicos creen los sistemas necesarios para dominar la función ejecutiva es dejar que se equivoquen, dejar que sufran y se sientan incómodos por haberse equivocado y prestarles apoyo cuando intenten superar las trabas. Intentarlo, fallar, sufrir un poco, poner remedio y volver a intentarlo. Una y otra vez hasta que aprenden. Perderse unos días la comida o un cero en los deberes por habérselos dejado en la mesa de la cocina reforzará esas habilidades más que tus sermones y tu atosigamiento. Necesitan cada minuto de su tiempo, cada oportunidad de aprender inherente a sus fracasos que podamos facilitarles antes de enfrentarse a desafíos y consecuencias mucho mayores, y que están esperando a la vuelta de la esquina.

Mientras esperas a que se desarrolle el cerebro de tu hijo, aquí tienes el resumen sobre la colección de habilidades y hábitos que constituyen la definición paraguas de la función ejecutiva, además de unas pistas para fortalecer esas habilidades y apoyar a tu hijo mientras se esfuerza por dar con las soluciones y fracasa en su ejecución.

APRENDER A CONTROLARSE

Un precioso día de primavera, mientras ordenaba las notas para mi clase de inglés y los alumnos se iban sentando, algo pasó zumbando junto a mi cabeza y golpeó la pizarra que tenía detrás. Me di la vuelta tratando de imaginar por qué me estaban atacando y me di cuenta de que me habían tirado un portaminas. Un vistazo a la clase me bastó para saber quién había sido. Tenía los ojos como platos, la boca abierta e intentaba evitarme la mirada a toda costa. Después de clase, hablé con él y le pregunté en qué estaba pensando.

—No quería *darle* en la cabeza —dijo—. Estaba apuntando a la papelera de reciclaje.

—Pero si un portaminas no es reciclable... No. Espera. Espera. Retrocedamos un poco más. ¿En qué estabas *pensando* justo antes de lanzarme ese portaminas?

Él se miró los pies y los movió un poco a un lado y otro.

—En nada —contestó. Me miró y se encogió de hombros—. No sabía que iba a tirarlo hasta que lo hice y entonces ya era demasiado tarde.

Fue una respuesta sincera. La clave para ayudar a los chicos a dominar sus impulsos es enseñarles a comprender sus patrones de conducta y el lenguaje corporal que normalmente precede a esos comportamientos impulsivos. Tenemos que cazarlos *antes* de que lancen el portaminas o el avión de papel, y señalar esas piernas que se sacuden o esos dedos que se retuercen para poder enseñarles a reconocer esos signos que preceden a un comportamiento problemático. Es bien sabido que los adolescentes son unos inconscientes, pero si les señalamos repetidamente el gesto que precede a un comportamiento, aprenderán a reconocer las señales ellos solos para poder evitarlo. No es fácil; es uno de los mayores desafíos a los que nos enfrentamos los profesores cuando tenemos que hacer malabares con las necesidades de veinte chicos o más al mismo tiempo, pero enseñarles a ser conscientes de sí mismos forma parte de ayudarlos a controlar su propio comportamiento.

Incluso para ese chico que me lanzó un portaminas a la cabeza. Necesitó la etapa entera, pero pasó a la segunda parte de la secundaria con un buen dominio del autocontrol y siendo capaz de reconocer cuando lo estaba perdiendo. Sufrió muchos fracasos por el camino, pero me gusta pensar que sus profesores y sus padres lo ayudaron a aprender la lección implícita en cada uno.

Estas son algunas técnicas que pueden ayudar a los chicos a tener mayor autocontrol y consciencia de esos patrones de conducta que puedan resultar perjudiciales o molestas.

- Acuerden una señal: a algunos alumnos les basta con un suave toque en el hombro para recuperar el control. Antes de clase, cuando el ambiente está relajado y el alumno en cuestión se siente positivo, me lo llevo aparte y le propongo que acordemos una señal. Puede ser una palabra, un toque en el hombro o la cabeza, o una mirada, lo que quiera el alumno. Cuando veo que está perdiendo el control y siento que está a punto de comportarse de manera impulsiva, me acerco y hago la señal. Es una estrategia asombrosamente eficaz, y también se puede utilizar en casa. Le ahorra al chico la vergüenza y puede ser una forma de comunicarse sin gritar ni atosigar.

- El juego del lápiz: el psicólogo infantil William Hudenko me enseñó una técnica que puede servir para que los niños aprendan a reconocer los signos de conducta impulsiva inminente, y puedan ordenar a su cerebro que tienen que recuperar el control.

Dale dos o tres lápices y enséñale a cambiar de lápiz cada vez que sienta que se distrae. Lo importante no es el lápiz que utilice, sino que el cambio le dice a su cerebro: «Me estoy distrayendo, tengo que concentrarme otra vez», y se convierte en la señal que su cerebro necesita para recuperar la concentración.

Al final no necesitará los lápices porque su cerebro aprenderá a reconocer la distracción y empezará a redirigir el foco de atención, pero al principio, los lápices son una forma de ser consciente de esas sutiles señales de distracción.

- BCE: si tu hijo suele perder los lápices o se muestra reacio a llevar consigo los materiales que pueda necesitar, Hudenko sugiere otra técnica que él denomina «BCE», que significa Bandera, Contacto visual y Ensayo. «Bandera» se refiere a «busca algo que requiera tu atención»; por ejemplo, si un profesor está hablando en clase, el alumno debería estar atento a aquellos aspectos que crea que son importantes. «Contacto visual» significa, literalmente, que debería establecer contacto visual con la persona que está hablando. Y, por último, «ensayo» quiere decir repetir o ensayar los puntos importantes mentalmente, para que pasen de la memoria a corto plazo a la memoria a largo plazo. Este proceso está indicado para tratar problemas de atención, pero también proporciona al alumno algo en lo que concentrarse, lo que ayuda a detener conductas impulsivas.

Todas estas técnicas llevarán tiempo, práctica y paciencia, y habrá muchos fracasos por el camino. Lo que hay que recordar es que hablar del proceso de ser dueño de nuestros actos y tener algún plan, como el juego del lápiz o el BCE, prepara el camino para ser conscientes de este tema.

CALENTAR PARA TENER FLEXIBILIDAD MENTAL

Si entrara en la habitación de mi hijo, embelesado con la construcción de un reino imaginario, y le dijera que en cinco minutos nos vamos a un parque de atracciones, se quejaría por tener que interrumpir su juego. No es que no quiera ir al parque de atracciones; es que no oye lo que le digo. Él solo vería el cambio y no le gustaría. Tardaría un minuto o dos en cambiar el chip mental de los bloques de construcción a la montaña rusa.

A los cinco años, esta falta de flexibilidad cognitiva es de lo más normal, pero cuando ya esté en secundaria, tu hijo tendrá que aprender a cambiar el chip varias veces al día.

Una de las transiciones más difíciles para los chicos al llegar a la secundaria es el paso de casa al instituto. Los adolescentes, y sobre todo los preadolescentes, necesitan bastante tiempo por las mañanas para despertarse y prepararse para el día que tienen por delante. Que tu hijo llegue a clase por los pelos significa quedar en desventaja. Los chicos necesitan diez o quince minutos para sacar las cosas de la mochila, reorganizarla, hablar con sus amigos, arreglarse la ropa y concentrarse en que va a empezar la clase. Sin este tiempo de transición, la primera clase será una pesadilla para ellos. La desorganización reinará en sus cerebros, cuerpos y pertenencias y muchos de estos chicos no consiguen recuperar el control hasta la hora de la comida, cuando pueden disfrutar de un rato de relajación, sacar las cosas tranquilamente y reordenar las prioridades.

Una vez en el instituto, tu hijo tendrá que asistir a distintas clases y asignaturas, reorientarse mentalmente para pasar de matemáticas a francés, buscar en la taquilla los libros que necesite para cada clase y adaptarse a distintos profesores, todo según sus propias normas, expectativas y personalidades. Hace unos años, se me dio un caso que viene a ilustrar muy claramente este tipo de falta de flexibilidad mental, un día que mis alumnos de latín vinieron a mi clase directamente de la clase de francés. La conjunción «y» se escribe igual en los dos idiomas, *et,* pero la pronunciación en francés es «é» y en latín «et». Los alumnos que nunca antes la habían pronunciado mal de repente dejaban de pronunciar la «t» final cuando tenían clase de latín directamente después de la clase de francés. Fue la broma del curso, y cuando pasaron a octavo, y ya no tenían latín después de francés, dejaron de cometer el error. Como si nunca hubiera sucedido.

Y después de sobrevivir a las muchas transiciones del día escolar, los chicos tienen que seguir atentos a cambiar el chip varias veces más entre distintas actividades extracurriculares. Tienen que ir dando saltos mentales del entrenamiento de fútbol a los deberes, de los deberes a la cena, de la cena a ver la televisión y de la televisión a leer en la cama. Si no estaban ya agotados tras las clases, te aseguro que llegan muertos a la cama. El agotamiento mental de tener que concentrarse en tantas cosas diferentes, unido a la ingente cantidad de datos académicos, físicos y sociales que se supone que tienen que asimilar y procesar los adolescentes cada día, es una razón más por la que los chicos deberían dormir muchas horas.

ESTAS SON ALGUNAS PAUTAS PARA ayudar a que tu hijo gestione mejor las transiciones:

- Haz que tu hogar sea un lugar previsible. La continuidad y la previsibilidad no calman únicamente a los bebés; la estabilidad sirve también para los adolescentes.
- Apunta las cosas en un calendario y trata de recordar a tus hijos las citas y planes que tienen, sobre todo si se avecina un cambio en la rutina.
- Los chicos deberían aprender a llevar su propia agenda cuanto antes. Cuando sean conscientes de sus horarios y los organicen ellos mismos, tendrán una idea más exacta de lo que es ser autónomo, y eso los hará ser más independientes.
- Ocúpate de que tu hijo duerma siempre las mismas horas, incluso los fines de semana y en vacaciones. Estudios al respecto demuestran que tardan mucho en recuperarse de un cambio en las horas de sueño, por pequeño que sea, y dormir suficiente es esencial para el desarrollo de la función ejecutiva.
- Cuando se produce un cambio inesperado en la agenda familiar, muéstrate calmado. Los chicos absorben las señales que observan en los adultos y aprenden a manejar las situaciones de estrés a imagen de lo que han visto hacer a sus padres. Si gestionas las transiciones bien, habrá más probabilidades de que ellos también lo hagan.

MALÍSIMA MEMORIA DE TRABAJO

Si sabes algo de ordenadores, imagina que esta memoria de trabajo es la memoria RAM. O piensa en la mente de un perro. Mi labrador retriever es capaz de recordar una tarea («¡recoge el periódico!») unos dos segundos o hasta que se le mete otra tarea en la cabeza («¡busca la ardilla!»). Ella no tiene la culpa de sufrir este déficit, y no quiere decir que sea estúpida (que lo es). Simplemente tiene mala memoria de trabajo. Algo parecido ocurre cuando le pido a mi hijo que le dé de comer mientras su cerebro está ocupado ensayando con la guitarra. Llega a la cocina y me mira sin comprender, y sé que en lo que ha tardado en llegar de su habitación a la cocina se le ha olvidado lo que le he pedido. Pese a lo irritante de este comportamiento, lo cierto es que también es completamente normal. Recordárselo suavemente —mejor que hacerlo con tono irritado o moralista— bastará para hacer que retome el rumbo.

La falta de memoria de trabajo no resulta molesta solo en casa; es un verdadero problema para los chicos en clase. Los profesores tendemos a darles la información de forma oral y si los alumnos no son capaces de retenerla en la mente el tiempo suficiente para poder anotarla en sus cuadernos, la información se perderá para siempre... o hasta que el alumno pida al profesor que repita y este lo mire mal por no haber «escuchado la primera vez». Cuando pido a mis alumnos que hagan un trabajo, intento mirarlos a los ojos y esperar a que me estén prestando atención. Aun así tendré que repetir un par de veces lo que quiero que hagan, sobre todo si hay datos específicos como números de páginas. Para no perder la cordura, lo escribo en la pizarra. Entre la orden oral y la visual consigo que los detalles del trabajo queden anotados en sus cuadernos.

ESTAS SON ALGUNAS ESTRATEGIAS PRÁCTICAS para aquellos alumnos de la primera etapa de secundaria que tienen mala memoria de trabajo:

* Lleva al médico a tu hijo para que le hagan una revisión de audición. La audición y la memoria de trabajo están interrelacionadas,

pero los chicos con déficit de audición se parecen bastante a los chicos que tienen mala memoria, así que hazle la revisión para poder eliminarla de la lista.

- Sé paciente. La repetición es clave y aunque puede que te canses rápidamente, intenta recordar que estás tratando con un cerebro en proceso de desarrollo.

- Deja las tareas por escrito para que tu hijo tenga a mano las indicaciones. Sujeta con un imán en el refrigerador un cuadro con las tareas de la casa o las listas de cosas que haya que hacer. A mí me gustan mucho las listas hechas por los niños porque cuando las crean ellos mismos, el hecho de que escriban las tareas manualmente hace que el concepto quede más anclado a su memoria. Si te gustan los juegos de palabras y tienes tiempo, crea reglas nemotécnicas para ayudar a que los chicos recuerden información, como el orden de los pasos que hay que seguir para lavar la ropa o meter los platos en el lavavajillas. Pide a tu hijo que te ayude a inventar estas reglas. Es más divertido cuando se hace así y te repito que cuanto más se involucre, más propiedad y autonomía tendrá sobre la tarea en cuestión.

- Si la escuela de tu hijo lo permite, mira si puedes grabar un documento de audio de las clases, especialmente de los días de examen o de aquellas clases en las que tengan que hacer presentaciones orales.

- Da indicaciones sencillas. Si estás intentando que tu hijo aprenda a poner la lavadora, dedica una sesión a clasificar la ropa y a los ciclos de la lavadora, y deja la lección de buscar las manchas para después. Si hace falta, cuelga una hoja con los pasos a seguir en la pared junto a la lavadora para que los consulte.

- Enseña a tu hijo habilidades para la comprensión oral crítica. Parte de mejorar la memoria de trabajo consiste en ignorar todas las cosas que no hace falta que los chicos recuerden. Si escuchas las noticias en la radio de camino al colegio, pregúntale: «¿Cuáles crees que eran las dos ideas principales de la noticia que acabamos de escuchar?». Esta habilidad se verá recompensada más adelante cuando tu hijo sea mayor y tenga que procesar mayores cantidades de información.

DESPIERTO NO SIGNIFICA NECESARIAMENTE CONSCIENTE

A los adolescentes les cuesta mucho observar sus esfuerzos y evaluar los resultados en respuesta a lo que se les exige. Los profesores sabemos que para obtener los resultados que queremos de nuestros alumnos, tenemos que dejarles bien claro lo que esperamos de ellos. Repetidamente. Yo intento ser clara y expresar con todo lujo de detalles lo que espero de ellos, porque si no, me arriesgo a provocar frustración que culminará al final con colapso mental en mitad del caos del día de entrega de trabajos. Cuando me dan trabajos que no cumplen mis indicaciones explícitas, me siento con el alumno en cuestión y le pongo ejemplos de dónde y por qué no ha cumplido lo que se le pedía. Soy muy concreta sobre el modo en que quiero que comprendan lo que espero de ellos, como también lo soy sobre el modo en que voy a evaluar la manera en que expresen lo que espero de ellos.

En casa, es posible que el déficit de conciencia de uno mismo y supervisión tenga el aspecto de limpieza chapucera del baño o tarteras en las que no hay mucho más que Cheetos. En mi casa, los mayores problemas los tenemos con la tarea de apilar la leña, algo tan frustrante que dio lugar a la norma de que si la pila de leña se caía, la persona que la hubiera apilado tendría que volver a hacerlo. Apilar leña es agotador y corres el riesgo de clavarte alguna astilla, así que a mi hijo mayor no le hizo falta que se le cayera la leña más de una o dos veces para perfeccionar su técnica de apilamiento. Pero lo repito: los adolescentes necesitan que se les den indicaciones precisas y detalladas para que ejecuten una tarea. Yo no me limité a mandar a mi hijo a apilar la leña con un paquete de instrucciones a lo IKEA y unas indicaciones verbales, sino que apilé la leña con él. Le enseñé a formar torres de apoyo en la base de la pila, a tener en cuenta la inclinación del suelo que había debajo de la pila y a compensar entre trozos de leña desiguales. Él recibió formación sobre cómo apilar la madera y yo obtuve un día con mi hijo, observándolo realizar de forma competente una tarea compleja y exigente.

Lo siguiente son algunos trucos para apuntalar la conciencia de sí mismos de los adolescentes y su capacidad de evaluar su progreso en las tareas que se les encomiendan:

- Deja claro qué es lo que esperas de ellos desde el principio. Lo ideal es que tú hagas con ellos la tarea la primera vez y les cuentes trucos e ideas para que lo hagan bien.
- Cuando los chicos te digan que han terminado, ayúdalos a comparar lo que tú esperabas que hicieran con lo que han hecho realmente. Esto es válido también con lo que esperaba el profesor y lo que han hecho.
- Si se equivocan, enséñalos a remediar la situación paso a paso. La forma de sacar provecho de los errores es convertirlos en una lección de resolución y remedio. A veces, el fracaso se convierte en una lección en sí mismo y en otra habilidad. Déjate llevar y enseña las lecciones según vayan sucediendo con paciencia y buen humor.
- Elogia el esfuerzo al tiempo que apoyas futuras mejoras y considera los errores como oportunidades para el aprendizaje. Cuanto mejor aprendan los chicos a revisar su propio trabajo y a compararlo con lo que se espera de ellos, mejor evaluarán su progreso y mejor preparados estarán para cumplir con esas expectativas.

INCAPACIDAD DE PONER EN MARCHA UN PLAN

Dominar la habilidad de ponerse manos a la obra con una nueva tarea es algo que cuesta a todas las edades, y si bien es posible confundir este dar vueltas con procrastinar, los psicólogos lo llaman «iniciación», y es una habilidad esencial dentro de la función ejecutiva. Iniciar significa comenzar, vencer a la entropía, poner en marcha un plan y ponerse manos a la obra. Nada de esto es nuevo para padres con hijos adolescentes, pero los preadolescentes pueden tener problemas en el momento de producir una idea, idear un plan para desarrollarla y ponerse manos a la obra con él, capacidades que forman parte de la función ejecutiva. Parece que atosigando solo se consigue el efecto contrario y esta incapacidad de iniciar tareas ha retrasado más de un trabajo de clase. A veces se trata de no ser capaz de reconocer cuánto tiempo llevará una determinada tarea en relación con el tiempo que queda para terminar. Otras, se trata simplemente de una cuestión de inercia.

La mayoría de los niños pequeños no inician tareas hasta que se lo ordena un adulto, pero cuando crezcan será importante guiarlos hacia una independencia que les permita iniciar y completar las tareas ellos solos.

ESTOS SON ALGUNOS TRUCOS PRÁCTICOS para ayudar a los chicos a iniciar y llevar adelante diferentes tareas:

- Llevar un calendario clara y cuidadosamente establecido diaria, semanal y mensualmente es esencial. Aprender a gestionar el tiempo depende en gran medida de tener una idea clara de cuánto tiempo tiene el día y cómo encaja cada tarea dentro de una agenda, donde hay fechas que cumplir y el tiempo apremia de verdad.
- Hablar sobre cómo gestionar el tiempo. Si tu hijo tiene que realizar tres tareas antes de irse a la cama, habla con él sobre lo que podría tardar en realizar cada una de ellas y cuánto tiempo del día queda.
- Los temporizadores y los despertadores pueden hacer milagros. Pon un temporizador para marcar el término de una tarea y el comienzo de otra. De esa forma será este aparato y no los padres los que «atosigarán». Ver que el tiempo corre también ayudará a tu hijo a comprender que el tiempo es algo real, no un concepto abstracto.

- Repito, haz tú primero lo que intentas enseñar a tus hijos. Enséñales cómo te organizas el tiempo. Deja que vean al mago que está detrás del telón y que entiendan cómo es llevar una casa y tener una vida laboral. Ayúdales a entender que las comidas no surgen de la nada media hora antes de cenar. Explícales el proceso, cuánto tiempo se tarda en planificar, comprar, descongelar, preparar y cocinar una comida, y después invítalos a participar.

ORGANIZARSE PARA APRENDER Y PARA VIVIR

Vale, esto sí es gordo. La mayoría de los estudiantes llegan a secundaria con los hábitos organizativos sin formar y recurren a lo que una madre explica de la siguiente manera: «Para mi hijo, que está en séptimo curso, organizar sus papeles de clase significa meterlos de cualquier manera en la taquilla o en la mochila. De vez en cuando pierde algo importante y tiene que excavar como un arqueólogo entre montones de papeles y exámenes arrugados, rotos y destrozados que más valdría utilizar para hacer manualidades de papel maché».

Existen algunas estrategias prácticas para ayudar a tu hijo adolescente a organizarse mejor, pero aunque seas un organizador profesional, dominar esta habilidad de la función ejecutiva es un proceso, no un punto de una lista que se pueda realizar a corto plazo. Muchas de estas habilidades se aprenden a lo largo de la vida, así que lo más probable es que los adolescentes solo consigan captar los rudimentos al principio. El objetivo que perseguimos no es la perfección, sino la adquisición de unas habilidades y unas estrategias básicas que les permitan tener sus cosas en orden, saber dónde han puesto la revisión del examen y entender cuánto tiempo tienen que estudiar para el examen de latín sobre el tiempo imperfecto del viernes siguiente. Esto ocurre a fuerza de ensayo y error, y hago hincapié en esto último.

Si en el instituto de tu hijo no enseñan a estudiar, tendrá que aprender esta parte esencial de currículo en casa. Ayuda a tu hijo que acaba de empezar la secundaria a desarrollar un método de organización y planificación. Por ejemplo, todos los miércoles pido a mis alumnos que vacíen sus taquillas, que organicen sus papeles y que pasen revista a la taquilla. A algunos de los alumnos más desorganizados les pido que se lleven las carpetas a la tutoría y dediquen diez o quince minutos a archivar los papeles sueltos y reciclar lo que no sirve pero parece acumularse en el bolsillo delantero de la carpeta. Es habitual que se encuentren con tres copias de un trabajo, el original y las dos que se le volvieron a dar porque estaban totalmente *seguros* de que habían perdido el original porque lo habían buscado por *todas partes*. Si el centro en el que estudia tu hijo no fomenta esta práctica, haz que ordene sus cosas y archive los papeles sueltos una vez a la semana durante quince minutos. Cuando aprenda a organizar sus cosas, dejará de necesitar estos quince minutos extra, pero al principio está bien. Una alumna me dijo que esta revisión semanal es una parte importante de su rutina organizativa.

> Lo que más me ayudó a organizarme fue la revisión de la taquilla que hacíamos semanalmente. Era el momento de la semana en el que no tenías más remedio que organizar tus cosas de la taquilla y la mochila. Me resultó muy útil porque durante ese rato limpiabas de verdad la taquilla, tirabas a la basura todos los papeles que ya no te servían y encontrabas aquellos deberes que nunca entregaste al profesor. En condiciones normales no habríamos sido tan disciplinados como para buscar tiempo para ordenar.

Además de la limpieza semanal, también incluimos en la agenda semanal un momento para la planificación. Todos los lunes por la mañana dedicamos un rato a rellenar el cuadernillo y a apuntar las fechas de entrega de los trabajos de todos los profesores para la semana. El centro en el que trabajo entrega a los alumnos al comienzo del curso un cuadernillo en el que se lleva un calendario de todas las actividades del año, y a los que acaban de comenzar la secundaria se les pide que lo lleven al día, que apunten las fechas de entrega de los trabajos y los acontecimientos especiales. Pero la verdad es que vale cualquier calendario, y al principio tienes que supervisar que lo apunten todo. Yo me aseguro de que mis alumnos escriban en los recuadros correspondientes los nombres de las clases, o mejor aún, una abreviatura para que les quede espacio para anotar otras cosas, así cuando tengan que ir hasta la clase de francés del martes siguiente para anotar el trabajo que les hayan mandado, lo encuentren con facilidad. Lo más importante es que sean ellos los que se encarguen de llevar su propia agenda cuando lleguen a sexto curso. Tardarán un par de años en acostumbrarse a este proceso y les llevará tiempo probar con diferentes sistemas para ver cuál se ajusta mejor a sus necesidades, así que démosles ese tiempo. Posponer esta habilidad de gestionar el tiempo hasta la segunda etapa de secundaria o hasta la universidad es hacerle un flaco favor a tu hijo. No se trata de una habilidad que aparezca por arte de magia cuando la necesite para gestionar su propia vida, sino que requiere práctica, ensayo y error, y paciencia.

Tanto si el centro al que acude tu hijo tiene una estrategia para enseñarla como si te estás ocupando tú en casa de que la aprenda, elige un momento de la semana para dedicarlo a organizar. En casos graves de incapacidad de organización he hecho revisión de carpetas dos veces a la semana, pero una revisión en casa una vez a la semana debería ser suficiente. Aunque esto pueda suponer una oportunidad de conflicto, intenta plantearlo como una manera de ver en qué se ha estado ocupando tu hijo durante la semana. Si todo lo demás falla, déjale claro que solo tienen que hacer esta molesta tarea juntos hasta que aprenda a organizarse solo. Si conseguir que mamá no meta las narices en los asuntos de un adolescente no es una recompensa efectiva para asentar hábitos positivos, no sé qué más puede ser.

El sentido del humor es esencial para llevar a cabo esta tarea. Tengo un alumno que me pide que hagamos revisión de taquilla todas las semanas porque está seguro de que le daré el visto bueno a la primera y podrá irse a jugar al baloncesto. No sé de dónde saca esta falsa sensación de confianza en sí mismo porque cada miércoles a lo largo de los últimos dos años su taquilla ha sido un absoluto desastre. Yo señalo con el dedo y digo: «¿Qué son esos papeles? ¿Y esos otros?» o saco la carpeta de ciencias de la taquilla, la tomo por el lomo, la agito y del interior sale un papel doblado que cae suavemente al suelo. Y así todos los miércoles. Él *sabe* que voy a sujetar la carpeta por el lomo y dejar que la gravedad saque a la luz qué papeles están bien sujetos y cuáles no, pero todas las semanas él está seguro de tener la situación bajo control. Lo creas o no, esta cita semanal con sus carpetas se ha convertido en uno de los momentos favoritos de mi semana. Encontramos papeles hechos un gurruño, nos damos cuenta de que eran deberes que tenía que haber entregado el día antes y los dos juntos buscamos la manera de que no vuelva a hacer lo mismo la semana siguiente. Durante este lento proceso consistente en aprender, fracasar y reaprender lo que se espera de él nos hemos reído y puesto los ojos en blanco con resignación. Aunque me emocionará comprobar que un día tendrá por fin sus carpetas bajo control, echaré mucho de menos el vínculo que hemos ido forjando con estas revisiones semanales.

Las expectativas no son las mismas en todos los centros, como es natural, ni siquiera las de todos los profesores, pero eso también forma parte de la educación. La mayoría de los profesores especificarán si quieren que sus alumnos tengan una carpeta para cada asignatura o un par de carpetas de anillas más grandes divididas en asignaturas troncales y «especiales», como música o dibujo, pero después de mucho ensayo y error, mis alumnos han llegado a la conclusión de que una carpeta más pequeña para cada asignatura les va bien. Al final de cada evaluación, las carpetas se vacían y todos aquellos papeles importantes se archivan en caso de que los necesiten para el examen final. Alison Gorman, profesora de matemáticas en New Hampshire, tiene un método excelente para archivar lo importante. Tiene una caja grande de las que se utilizan para almacenar botellas de leche con cada una de las clases que da y la deja en el aula donde los alumnos pueden dejar sus archivadores personales y también controles, hojas de laboratorio o exámenes importantes hasta que los vayan a necesitar para el examen final. Si el profesor no está dispuesto a llevar este sistema porque ocupa espacio, ocúpate de que tu hijo tenga un archivador de este tipo en casa y anímalo a que haga limpieza de vez en cuando para dejar espacio para material nuevo.

Utiliza separadores con pestaña dentro de la carpeta de cada asignatura para separar «notas», «deberes», «entregas», «exámenes/tests» y papeles sueltos. El recambio encolado para carpetas de anillas es uno de los mayores inventos del mundo. Si te puedes permitir pasar de recambios normales a los encolados, hazte con un par de paquetes y los profesores de tus hijos estarán encantados. Uno de los problemas principales que me encuentro el miércoles de revisión de taquilla son las hojas con cosas importantes que no se pueden archivar correctamente en su carpeta de anillas porque los taladros están rotos y se salen. Los chicos recurren a taladrar los agujeros en el margen opuesto o recubren con cinta el borde para volver a taladrar. No me cansaré de repetirlo: insten a los alumnos en esta etapa a que incluyan papel encolado en el primer lugar de la lista de material para la vuelta a clase.

La clave para aprender a organizar el material escolar y la vida es buscar una estrategia y comprobar si funciona. En caso afirmativo, genial; quédate con aquello que te funciona. Pero si no, si pierdes los papeles, se te pasan las fechas de entrega y pierdes oportunidades por culpa de una estrategia organizativa fallida, es fundamental que sientan el escozor del fracaso. Ese escozor, ya sea de frustración, decepción, tristeza o rabia es lo que genera el cambio y el crecimiento. Es lo que genera también la formación de una nueva estrategia y el aprendizaje. No me gusta ver a mis alumnos o a mis hijos disgustados, pero en el otro lado de ese disgusto está la promesa de mejora, un paso más hacia el día en que serán capaces de gestionar con éxito sus vidas. Si lo vemos desde esa perspectiva, fracasar es progresar.

LA EDUCACIÓN DE LA FUNCIÓN ejecutiva puede llevar años en el caso de algunos adolescentes (en general, las chicas suelen dominarla antes que los chicos). Conozco a adultos que todavía tienen problemas con estas habilidades y se valen de las notificaciones de la agenda y las listas para no perder el trabajo y la cabeza. Para eso están los fracasos al comienzo de la secundaria, pruebas en las que no te juegas mucho aún y la posibilidad de experimentar con distintas herramientas para elegir las que mejor te funcionen la próxima vez. Cómo adquirir habilidades organizativas es una tarea tan divertida como ir al dentista, conviene que los chicos empiecen organizando los materiales y los calendarios de las actividades que más les importan.

Los padres y los profesores pueden ayudar a los adolescentes a desarrollar habilidades que les ayuden a lidiar con los déficits que tengan en estas áreas, pero lo que se necesita durante esta primera etapa de secundaria es paciencia y ganas de dejar que los chicos se enfrenten solos a sus fracasos y a las consecuencias de sus errores, ya sea un castigo por haberse olvidado los deberes, quedarse en el banquillo en el partido de fútbol por haberse olvidado el protector bucal o una sanción por haber llegado tarde mientras aprenden a organizarse y a salir de casa a tiempo. Deja que se equivoquen. Deja que se disgusten cuando cometen un error y no corras a salvarlos cuando sucede. Cada consecuencia que experimenten personalmente acelerará la adquisición de estas habilidades. Por el contrario, cada vez que acudas a rescatarlos, alargarás su incapacidad un día más. Recuerda el poco tiempo del que disponen los chicos a esta edad para equivocarse antes de pasar a la segunda etapa de secundaria, donde ya se estarán jugando más.

Cada vez que tengas la tentación de llevarle a clase los deberes olvidados en casa o hacerle la comida, imagina lo siguiente: tu hijo se prepara la bolsa para ir a clase y al fútbol, se acuerda de hacerse la comida y llevarla a clase, toma nota mental de que tiene que entregar el formulario que le firmaste la noche anterior, apunta algo relacionado con un proyecto a largo plazo en su calendario y mete todas sus cosas en el coche sin que tengas que recordárselo ni pedírselo. ¿A que suena bien? Tus hijos llegarán y es maravilloso cuando lo hacen.

9

DE LA SEGUNDA ETAPA DE SECUNDARIA EN ADELANTE: HACIA LA VERDADERA INDEPENDENCIA

URANTE EL TURNO DE PREGUNTAS de los padres después de una presentación sobre motivación intrínseca en la segunda etapa de secundaria, una madre revoloteaba al fondo del grupo, esperando pacientemente a que los otros padres hicieran sus preguntas. Cuando el último hubo salido de la sala, se me acercó y me susurró:

—Mi hijo tiene diecisiete años y yo le hago *todo*.

Guardó silencio y me miró a los ojos, me tocó el brazo y repitió una vez más marcando el énfasis:

—*Todo*.

Yo asentí y esperé.

—No dejo que se equivoque, quiero hacerlo... Bueno, ya tiene diecisiete años. Si dejo de hacerlo ahora... ¿será demasiado tarde?

Cuando terminó la pregunta me apretaba con desesperación el brazo y tuve la seguridad casi absoluta de que se iba a poner a llorar. Pero vi que estaba decidida, así que nos sentamos y elaboramos un plan para sacar el máximo provecho del último año de la infancia de su hijo.

ANTES SOLÍAMOS CELEBRAR EL FIN de la infancia al cumplir los dieciocho, la tradicional mayoría de edad, en la que los hijos se soltaban de nuestras faldas y salían al mundo real en busca de su independencia y el propósito de sus vidas. A lo largo de las últimas dos generaciones, sin embargo, la infancia se ha alargado en una adolescencia extendida y, como consecuencia, los vínculos de la infancia se amplían mucho más que antes. El resultado es que muchos jóvenes no saben comportarse en un mundo que espera que sepan hablar y actuar por sí mismos, y ese mundo está empezando a darse cuenta. La psicóloga experta en adolescentes, Jennifer Hartstein, afirma que cada vez tiene más casos en su consulta de chicos con padres así que se esfuerzan en encontrar su camino como jóvenes adultos.

> Al no dejar que estos chicos se caigan y vuelvan a levantarse, nunca aprenderán a tolerar la decepción, a gestionar sus relaciones, a hacerse responsables de sí mismos o a lidiar con el estrés de conseguir lo que quieren. Normalmente les hago esta pregunta a los padres que tienen miedo de soltar las riendas de sus hijos: «¿Cómo esperan que su hijo se convierta en una persona adulta si nunca permiten que aprenda a serlo?».

Los padres acompañan a sus hijos a la universidad, a entrevistas de trabajo y a negociar el sueldo. Tal como leía en un artículo de la revista sobre adolescencia, *Journal of Adolescence*, «los intentos de control [por parte de los padres] están relacionados con que los hijos salgan al mundo adulto con resultados negativos». Los autores del artículo llegan a la siguiente conclusión:

> Parece lógico pensar que los jóvenes que asoman a la edad adulta deberían implicarse personalmente en su crecimiento y desarrollo solucionando sus problemas con sus compañeros de piso, tomando sus propias decisiones laborales y pidiendo ayuda a los profesores cuando la necesiten. Al no hacerlo, es posible que esos jóvenes adultos se estén privando a sí mismos de experiencias y prácticas necesarias

para desarrollar habilidades esenciales para tener éxito en el matrimonio, la carrera profesional o las relaciones sociales.

En otras palabras, hasta que no demos un paso atrás y dejemos que los adolescentes vivan sus propias vidas, sobreviviendo a sus propios fracasos y ganándose sus propios triunfos, no tendrán la oportunidad de saber lo que es la competencia, algo que necesitarán para tener éxito en el trabajo, la familia, y sí, incluso en el matrimonio. Cuando pregunté a algunos padres que ya tenían hijos mayores por sus experiencias, muchos reconocieron que les había resultado muy difícil aflojar las riendas.

Fue muy difícil para mí dejar que mis hijos se equivocaran. Hasta el punto de que mi hijo (que tiene ahora treinta y cinco años) me dijo muy sabiamente cuando era un preadolescente que tenía que dejar que cometiera sus propios errores. Y para él significaba que yo debía dejar de encogerme de dolor cada vez que ocurría, porque entonces sentía que sus errores eran señal de que no había estado a la altura de nuestras expectativas, en vez de ser señal de que estaba sobrepasando demasiado sus límites. Creció creyendo que debería ser «perfecto» y «perfecto» significaba no hacerse un rasguño en la rodilla o sudar siquiera.

Para nuestros hijos, el proceso de separarse de nosotros comenzó en el momento en que los dejamos en el suelo de la cocina y empezaron a dar sus primeros pasos. Cada hito superado —primer paso, primera palabra, primer día de colegio, primera cita— marca las etapas de un viaje hacia una vida independiente. Nuestro trabajo no es protegerlos de los fracasos que sufrirán por el camino, sino ayudarlos a lidiar con los reveses cuando sucedan, porque cuando salgan del hogar de su infancia y empiecen a labrarse su propio camino, necesitarán todos los recursos y herramientas que podamos facilitarles. El camino que tienen por delante es su camino, no el nuestro, y por tentador que nos resulte alisarlo para que podamos vivir sus éxitos indirectamente a través de ellos, es hora de dejar que vivan sus propias vidas, que desliguemos nuestras prioridades y nuestras necesidades de las suyas. Una madre muy sincera admitía de esta manera lo duro que puede ser: «Soy una mujer que ha conseguido mucho. Pertenezco a una generación que ha conseguido muchas cosas. Somos los *baby boomers*. Cuando mis hijos consiguen algo, siento la gloria reflejada a través de ellos. No distingo bien dónde terminan ellos y dónde empiezo yo».

La segunda etapa de la secundaria y la universidad después ofrecen a los padres una última oportunidad para romper esas ligaduras que atan a nuestros hijos a la incapacidad, pero no pretendo suavizar la dificultad implícita en cambiar de rumbo a estas alturas del juego. Si has sido un padre implacable y controlador tanto tiempo, tu hijo y tú están acostumbrados a esa dinámica, y te costará deshacer los años de rutinas y expectativas dependientes. Los adolescentes, como los bebés, tienen que entender bien lo que se espera de ellos y qué límites tienen, y puede ser complicado mover la línea marcada en la arena. Cuando los padres empiecen a pedirles más a sus hijos mayores, y dejen de rescatarlos de las consecuencias de sus errores, estos se agarrarán una pataleta, se enfadarán y se indignarán. La buena noticia es que una vez pasen la negativa y la sorpresa iniciales, es fácil devolver la responsabilidad y las consecuencias a los hijos mayores porque son capaces de muchas cosas. Cuesta trabajo saber las tareas que puede llevar a cabo un niño de cinco años o uno de diez, pero los adolescentes pueden hacer casi lo mismo que tú, y a veces mejor incluso, si les das la oportunidad.

La adolescencia puede resultar una fase complicada de la vida para los padres desde el punto de vista hormonal y emocional, pero en lo que a aprendizaje y desarrollo cognitivo se refiere, es momento de crecer mental y físicamente, el momento ideal para darles un empujón hacia la competencia adulta. Los adolescentes están inmersos en lo que se conoce como «fase de las operaciones formales», que es cuando desarrollan la capacidad de pensar con más lógica, deducir resultados basándose en experiencias pasadas y relacionar conceptos abstractos con la realidad que les atañe de una manera que unos años antes no podían hacer. Lo que es aún más importante, sus habilidades de la función ejecutiva están ahora más desarrolladas, de forma que poseen una habilidad nueva para planificar el futuro y elaborar sistemas y métodos a través de los cuales alcanzar los objetivos deseados. Lo realmente divertido de observar durante esta etapa de la vida es la transición del método de ensayo y error de chicos más pequeños para conseguir un objetivo hacia una forma de pensar más estratégica. Los adolescentes pueden retener múltiples posibilidades e ideas en el cerebro a la vez y decidir cómo podrían desarrollarse esas ideas antes de poner en marcha un plan de cualquier manera. Como explica David Bainbridge en su libro *Adolescentes: Una historia natural*, «Puede que los niños sean personitas encantadoras capaces de hablar y pensar un poco, pero no nos convertimos en seres plenamente desarrollados mentalmente hasta que no alcanzamos la adolescencia».

Cuando hablo con los padres de dar a los hijos el espacio necesario para que fracasen en la segunda etapa de la educación secundaria, me dicen que quieren hacerlo pero no pueden. Afirman que resulta totalmente imposible hoy día. Que se juegan demasiado: «La situación es realmente intensa. ¡Todas las notas cuentan!» o «No puedo dejar que se equivoque porque solo tiene una oportunidad en esta etapa y se juega mucho». Estos padres afirman que un solo fracaso podría echar a perder la oportunidad de una beca, perderse el cuadro de honor, la mancha imborrable de un castigo, un periodo de prueba académico o la suspensión. Sí, digo yo con la cabeza, es cierto, pero el mayor riesgo reside en proteger a los chicos de los fracasos mientras todavía viven en casa porque los fracasos que ocurren ahí fuera, en el mundo real, conllevan riesgos mayores. Una mujer cuyos hijos son ya mayores y tienen la vida hecha señalaba que a veces los padres tienen que dar un paso atrás y pararse a pensar en la clase de «éxito» que realmente quieren para sus hijos.

Lo irónico del caso es que existe todo tipo de maneras de tener éxito y la mayoría se reducen a ser feliz. Si privamos a nuestros hijos de la oportunidad de equivocarse, les estamos privando de la oportunidad de ser felices al final, pese a las realidades del mundo económico y político en el que vivimos porque no serán capaces de desarrollar la confianza en sí mismos y la resiliencia necesarios para encontrar soluciones creativas a los desafíos de sus propias vidas, con sus propias realidades.

Hace poco, en una conferencia para orientadores escolares independientes, un orientadora pidió consejo para hacer comprender a uno de los estudiantes a los que orientaba por qué le habían puesto mala nota en un trabajo de ciencias que había plagiado. El alumno estaba enfadado con el profesor y también con su orientadora, y consideraba que la mala nota que le habían puesto era un castigo injusto que ponía en peligro su beca. Sus padres estaban furiosos y habían amenazado con demandar al centro por la situación.

«No entiendo esta mentalidad», les dijo a todos. «Todo el mundo me está culpando, su profesor, y el centro, y nadie parece querer ver que ha sido él quien ha hecho trampa. A nadie parece importarle que esto que ha ocurrido deba servirle de lección. Ese chico quiere ser científico. Imagínense que dentro de diez años está dentro del mundo científico y plagia una publicación científica; sería el fin de su carrera. ¿No es mejor que aprenda ahora que aún está en secundaria que el plagio tiene consecuencias?».

La orientadora tenía toda la razón. Si no enseñamos a nuestros hijos estas lecciones ahora, es más probable que vuelvan a cometer los mismos errores. Cuando sean adultos, las consecuencias serán mucho más graves que una mala nota o quedarse castigado una tarde. La segunda etapa de secundaria es la última oportunidad que tenemos antes de que nuestros hijos salgan al mundo real, con consecuencias reales.

Cuando los chicos llegan a la última etapa de secundaria y poseen ya la capacidad cognitiva y de razonamiento de un adulto, es el momento de depositar en ellos la confianza, la fe y la responsabilidad que merecen. Según un profesor de esta etapa y coordinador educativo:

La responsabilidad se adquiere mejor cuando los padres cuyos hijos están en la segunda etapa de la secundaria dan un paso atrás y dejan que sean ellos, mediante ensayo y error, los que se defiendan, motiven y activen por sí mismos. Un estudiante en esta etapa de la secundaria debería tener un nivel entre relativamente moderado y alto de autonomía que le permita encontrar la forma de vivir y elegir experiencias, y también de experimentar las consecuencias de sus actos de una forma segura. Lo importante es que papá y mamá están cerca para apoyarlo, pero no para dirigir el asesoramiento. Cuando los padres adoptan el papel de dar apoyo, pero lo equilibran con la capacidad de hacerse a un lado y observar, acoger y esperar que su hijo escoja su propio camino (habilidad que los padres tienen que aprender), parece que los chicos toman mejores decisiones relativamente rápido, cuando no automáticamente. Los chicos quieren hacer bien las cosas. Quieren tomar la decisión correcta... pero también quieren tener la capacidad de elegir.

Y con este sabio consejo, es hora de hacerse a un lado, soltar las ataduras y dejar que los chicos superen los obstáculos que encuentren a lo largo de estos cuatro años finales de la infancia. Cada año de esta segunda etapa de secundaria presenta sus propias dificultades y oportunidades, y es importante animar a tu hijo a que las aproveche.

NOVENO CURSO: COMO UN CIERVO ASUSTADO POR LOS FAROS DE UN COCHE

El primer año de esta segunda etapa de secundaria resulta absolutamente aterrador a muchos estudiantes. Solo unos pocos meses antes eran los reyes del colegio, en la primera etapa de secundaria, pero entonces llegó el otoño y con él descendieron al peldaño más bajo de la vida social al comenzar la segunda etapa: estudiantes de primer año. Siempre me ha parecido terriblemente difícil dar clase a este curso porque el miedo a sobresalir o cometer un error es una fuerza realmente poderosa a la hora de tomar decisiones. En una ocasión, un alumno que acababa de terminar este primer curso me confesó: «El curso no ha sido tan aterrador como intenso. Estaba nervioso todo el tiempo, preocupado porque pudiera ocurrir alguna cosa, no sé muy bien qué».

Esa ansiedad generalizada ante lo que perciben como desastres que acechan a la vuelta de la esquina en la vida diaria del alumno de primer curso de la segunda etapa de secundaria puede intensificar el miedo al fracaso en esta etapa educativa. Sin embargo, como la mayoría de los profesores son conscientes de ello, este primer año puede ser también el momento perfecto para dar un paso al frente y agarrar la etapa por los cuernos como dice el refrán. Procura que tu hijo comprenda que sus profesores, sobre todo los que ya llevan con él un tiempo, entienden que los alumnos de primer curso pasan el año en un estado perpetuo de ansiedad y desconcierto, y que es muy probable que metan la pata en numerosas ocasiones. Saben que ese primer año requiere paciencia, flexibilidad y comprensión, y están ahí para ayudar a los alumnos a entender qué es lo que se espera de ellos en toda la etapa y cuando la completen. El profesor David B. Cohen está de acuerdo.

> Elaboramos una expectativa basada en errores o también podríamos decir que no asumimos gran cosa del conocimiento o las habilidades de los estudiantes. Definitivamente es hora ya de que encuentren su camino. Mi objetivo en parte consiste en ayudarlos a que aprendan a trabajar con sus profesores, que no se limiten a aprender el contenido del curso.

Anima a tus hijos a que aprovechen esta comprensión y esas potenciales fuentes de apoyo hablando con sus profesores siempre que tengan la posibilidad. Diles que les pidan que les aclaren aquello que no entiendan. Que lo admitan cuando un trabajo les resulte confuso. Que busquen a los profesores para pedirles ayuda adicional. Que forjen relaciones positivas. A los profesores les encanta que los alumnos tomen la iniciativa. Para el siguiente profesor, estas oportunidades que ayudan a moldear la educación de los estudiantes es lo que más le gusta de su trabajo: «La razón por la que me dedico a la enseñanza es que me encanta el desafío de buscar la manera de que ese alumno que tengo delante saque provecho de la escuela». Los profesores pueden convertirse en aliados importantes y tranquilizadores en el confuso mundo de la segunda etapa de la secundaria, y estas relaciones pueden traducirse en cartas de recomendación significativas y emocionalmente influyentes cuando llegue el momento de solicitar el acceso a la universidad o una beca.

Para muchos alumnos de noveno, los exámenes, controles y trabajos escritos serán un brusco despertar tras la relativa calma de la etapa anterior, y es realmente importante que los padres se muestren tranquilos y dispuestos a apoyar en vez de dejarse llevar por el pánico. Plantéale a tu hijo este curso como un periodo para conocerte. Los profesores y el resto del personal del centro esperan que los alumnos de primer año de esta etapa se equivoquen y busquen su ayuda para entender en qué se han equivocado, qué sí han hecho bien y cómo comportarse en consecuencia. Si una nota baja es una experiencia de aprendizaje, la experiencia no es un fracaso. Mientras que si no se aprende nada de esa nota baja, si para lo único que sirve es para que los padres se asusten y aprieten las tuercas a sus hijos, haciendo que aumente la ansiedad y esa sensación generalizada de fracaso, se puede considerar una oportunidad perdida.

La confusión y la ansiedad darán paso a la comodidad y la rutina a medida que avance el año, pero cuanto antes aprendan los alumnos cómo sacar provecho del sistema de apoyo desarrollado para ellos en la figura de los profesores, los orientadores y estudiantes mayores, mejor. Estos mentores saben bien cómo darle la vuelta a los distintos tipos de fracasos que puede sufrir un estudiante de primer año y convertirlos en brillantes éxitos, por eso debes animar a tu hijo a que busque la manera de aprovechar la ayuda de estas personas y este valioso año.

DÉCIMO CURSO: MI CURSO FAVORITO

Cuando empecé a dar clase a alumnos en la segunda etapa de la secundaria, me asignaron a los de segundo curso, y no saben lo feliz que me hicieron. El miedo y la ansiedad del primer año de la etapa se han atenuado y gran parte de la conocida obsesión del tercer año aún no ha dado comienzo. Décimo curso es el momento de instalarse cómodamente y disfrutar de la segunda etapa antes de que llegue el momento de acelerar el ritmo y sacrificar el amor por aprender en el altar de las pruebas de aptitud que realizan las universidades para la admisión de los alumnos.

En la mayoría de los centros educativos, el segundo año incluye la opción de asignaturas optativas, la primera oportunidad para los estudiantes de poner en práctica su derecho a elegir qué aprender y cuándo hacerlo. Recordemos que el primer paso hacia la motivación intrínseca es la autonomía, y esta es la primera vez que tendrán autonomía sobre el contenido académico. No invadas esta independencia recién estrenada: deja que tus hijos elijan sus asignaturas. Si no se sienten preparados para cursar asignaturas del nivel de honores, más exigente desde el punto de vista académico y también más prestigioso, escúchalos. Si quieren estudiar una asignatura más exigente porque es la que más les gusta, escúchalos también.

Una madre me contó lo impresionada que se quedó durante la reunión de padres el día que su hija comenzaba décimo curso. Los padres estaban reunidos en una clase de inglés del nivel de honores y sin presentarse siquiera, el profesor dijo:

> Esta es una clase realmente exigente y sus hijos están en ella porque quieren; será un año estupendo. Tendrán que esforzarse mucho y aprenderán mucho. Sin embargo, si sus hijos están aquí porque son *ustedes* los que quieren que estén, entonces será un año muy difícil para ellos.

El profesor explicó después que los alumnos que escogen seguir asignaturas de nivel avanzado serán capaces de manejar la crítica constructiva y los fracasos vinculados al desafío del curso, mientras que los chicos que han sido obligados a matricularse no se implicarán del mismo modo en la clase ni en su contenido. Después de treinta años dando la misma asignatura de inglés de nivel avanzado de preparación para ir a la universidad, había visto la diferencia según la implicación personal del alumno, tanto en las notas como en los resultados de los exámenes o la calidad de vida de sus alumnos. Del mismo modo que los chicos disfrutan más leyendo un libro elegido por ellos mismos que uno que les han mandado a leer, es mucho más probable que muestren mayor interés si el curso lo han elegido ellos. Deja que elijan su idioma, su instrumento musical, su deporte. Si quieren cambiar y probar algo nuevo, estupendo. Sí, hay que dejar que los chicos abandonen una actividad o un deporte si no les gusta porque dejarlo los liberará (¡y también a ti!) y podrán buscar otra cosa que les guste, algo que tal vez sirva para modelar sus personalidades y sus pasiones. El hecho de que lleven estudiando francés desde cuarto de primaria y hayan invertido cinco años en ello no es razón de peso para vetar su deseo de cambio. Por lo tanto, diez años tocando el piano solo impulsará su éxito si les da por cambiar a la guitarra, la trompeta o el ukelele. El conocimiento de una disciplina impulsa la facilidad con otra, así que deja que amplíen su conocimiento de francés o de piano aplicando lo que saben a otras disciplinas si es lo que quieren. La clave aquí es tener elección. Y la elección debería ser suya si quieres que se sientan dueños y orgullosos de lo que aprenden y de su crecimiento.

UNDÉCIMO CURSO: EL MOMENTO DE LA VERDAD

El tercer año se pasa volando debido normalmente a la percepción habitual y repetida con frecuencia de que el tiempo se va en rellenar el expediente académico y prepararse para la universidad. De todos mis alumnos, los del tercer año de esta segunda etapa han sido siempre los que más se han dejado llevar por la ansiedad y el pánico, porque la presión está presente desde el primer día. A profesores y orientadores les gusta recordar a los estudiantes que las «calificaciones que cuentan» son las de tercer curso y si quieren tener alguna posibilidad de entrar en la universidad de su elección, *este es el año más importante de todas sus vidas.* Tonterías. Todos los años previos son importantes, y sí, este curso es importante, pero no porque sea la última oportunidad que tienen para añadir que pertenecen al club de debate a su CV. Me encanta el punto de vista de la presidenta de Barnard College, Debora L. Spar, sobre lo mucho que se esfuerzan los padres en meter todas las asignaturas avanzadas y todos los grupos de servicios a la comunidad y todas las actividades extracurriculares de sus hijos en sus expedientes académicos de la secundaria:

Como presidenta [...] que supervisa la revisión anual de aproximadamente seis mil solicitudes cuidadosamente elaboradas, les prometo una cosa: *No nos importa*. Muéstrenme lo buena que es su hija en matemáticas o lo mucho que le gusta tocar el violonchelo. Díganme que es la editora de la revista de literatura del instituto y que posee una amplia colección de novelas rusas del siglo xix. ¿Pero los viajes caros para conocer la pobreza al otro lado del mundo? ¿Cincuenta y dos actividades repartidas a lo largo de los siete días de la semana? Sinceramente, no sirve de nada. Denme una chica que tenga pasión por aprender, una chica que haya demostrado tener autonomía y motivación. Denme una chica que sepa lo que quiere. Pero es difícil que tengan esto cuando se les ha monitorizado y llevado de la mano desde que nacieron.

¿Qué aprendemos de estas palabras? Que hay que decir un no rotundo a llevar a los hijos de la mano y un sí entusiasta a todas las oportunidades posibles de cultivar la autonomía y la motivación. Afortunadamente, este tercer año ofrece gran variedad de oportunidades para ambas. Sí, los estudiantes que se están preparando para ir a la universidad tendrán que hacer los exámenes oficiales necesarios durante este año. Y sí, las asignaturas son difíciles, sobre todo para aquellos que han decidido (o cuyos padres han decidido por ellos) forzar al máximo el límite espacio-tiempo y matricularse en diez asignaturas cuando el día escolar tiene nueve horas. Sin embargo, el tercer curso de esta etapa es también momento para la autonomía académica, y la capacidad de probar con optativas en el ámbito de las artes, las ciencias y la literatura que puedan encender la pasión o remover el alma del alumno. Algunos centros ofrecen a sus estudiantes la oportunidad de seguir estudios independientes, disfrutar de más horas libres y la libertad de aventurarse fuera del recinto escolar bajo su propia responsabilidad.

El tercer año marca también el momento en que muchos chicos optarán por su primer trabajo, y he conocido a muchos que han adquirido autonomía y motivación precisamente a través del empleo. Está la chica que trabaja como voluntaria en el museo local ayudando en lo que la necesiten entre pinturas y esculturas que adora. Otro hace prácticas en el acuario como instructor en el tanque donde se puede tocar a los animales marinos, enseñando a niños más pequeños cosas sobre las estrellas de mar y los erizos al tiempo que dedica su tiempo a su pasión, la biología marina. Otro trabaja como aprendiz en el taller de un carpintero después de clase y está aprendiendo el arte de la construcción de grandes estructuras de madera. Todos estos estudiantes no están aprendiendo a rellenar sus expedientes para la universidad o a ganar algo de dinero; han encontrado la manera de transformar el aprendizaje en un propósito y una identidad propios. Una alumna que trabaja en un laboratorio después de clase describe lo feliz que es. «Para mí es como una sala de meditación. Una vez que me adentro en mis experimentos, lo demás deja de importar. Se crea un ritmo tranquilo y el estrés y las preocupaciones desaparecen. En el laboratorio me siento importante, siento que tengo una misión. Por primera vez en mi vida he sentido que podría utilizar todo lo que he estudiado y hacerlo bien».

Experiencias como estas son el lugar perfecto para arriesgarse a equivocarse. Armados con una identidad y una sensación de tener un propósito más fuertes, los chicos pueden gestionar la decepción a corto plazo que acompaña al fracaso personal, y salir fortalecidos. Anima a tu hijo a intentar cosas que no normalmente no haría: unas prácticas, publicar en una revista o en un periódico, participar en una obra de teatro. Ínstalo a correr riesgos porque aunque es posible que lo rechacen el noventa y nueve por ciento de las veces, la aceptación, o la oportunidad o el camino restante podría ser justamente el que marque su pasión para toda la vida.

El tercer año de esta etapa pasa muy rápido y como la universidad y la vida laboral están cada vez más cerca, es más importante que nunca que lo animes a aprovechar todas las oportunidades de poner a prueba sus límites y zona de confort pero quedándote cerca para darle apoyo.

DUODÉCIMO CURSO: LA ÚLTIMA FRONTERA

Desde el primer día de este último curso, todo el mundo sabe lo que le espera. Si tanto tú como tu hijo adolescente aguardan el día de la graduación con pavor, emoción o el nerviosismo habitual, solo ciento ochenta días los separan de ese momento. Está en la mente de alumnos y profesores todos los días; sé de alumnos que tienen dentro de la taquilla un calendario en el que van tachando los días que quedan para el gran día.

El último año ofrece cotas de independencia desconocidas hasta ahora, y ninguno de los alumnos de este curso que he tenido ha desaprovechado la oportunidad de recordarme la necesidad que tienen. Echan de su lado a los profesores al tiempo que se pegan a nosotros en busca de apoyo, y esta danza se prolonga hasta el último día. Los hay que se ponen serios y cortan toda relación en los meses previos a la graduación para poder terminar la danza, y otro se sujetan con fuerza hasta que llega el momento de salir con sus capas y birretes. Sé que esta danza se repite en casa porque sus padres se lamentan de esta alternancia entre desentenderse de la familia y buscar apoyo y amor por su parte.

Un momento importante para comenzar a ceder algo de control es cuando tu hijo busca universidad. La elección de universidad es la primera decisión y se podría decir que la más importante que tendrá que tomar en su estrenada edad adulta. Intenta resistir la tentación de ensalzar las universidades a las que te habría gustado ir a ti o esa a la que han ido todos los miembros de tu familia en las últimas tres generaciones. La elección de universidad es un asunto personal, y por personal me refiero a tu hijo, no a ti. Abre tu mente, anima a tu hijo a que también abra la suya y busque más allá de la lista de las cincuenta universidades más importantes publicada en páginas web y en revistas. Concédele a tu hijo el poder de elegir y es más probable que invierta su tiempo, energía e intelecto de buen grado.

Cuando pedí al subdirector de un instituto de segunda etapa de secundaria que me hablara de las diferencias que encontraba él entre los alumnos a los que han animado a ser autónomos y aquellos a los que se les ha negado la posibilidad, esto es lo que me respondió:

> Al terminar la secundaria, el alumno autónomo está mejor preparado para el mundo. Es un individuo más fuerte y posee unas habilidades sociales y una capacidad de enfrentarse a las cosas fortalecidas. Al terminar la secundaria, un alumno más autónomo comprende perfectamente qué le funciona como estudiante y también como miembro

de una comunidad dentro del mundo en general. Tiene una estrategia para moverse por el mundo. Mientras que el estudiante que es dependiente aun después de terminar la secundaria está mucho menos preparado para enfrentarse al mundo en general.

Hacia el final del curso, los estudiantes tienen una maravillosa oportunidad de disfrutar del proceso de aprender. Al darse cuenta del poco tiempo de clase que les queda y de que el esfuerzo está a punto de terminar, pueden relajarse y desprenderse de algunos de sus miedos. Ahora que los resultados ya están ahí, permite a tu hijo disfrutar de los frutos del trabajo antes de que comience la siguiente fase de su viaje.

DESPUÉS DE TANTA POMPA Y CIRCUNSTANCIA

La graduación, y la vida que viene después, ya sea la universidad o un empleo, marca un antes y un después. Sin embargo, a medida que los hijos abandonan la niñez para entrar en la edad adulta, muchos padres no saben muy bien cómo hacer para quedarse a su lado de la línea divisoria. La respuesta fácil es que son muy pocas las esferas de la vida universitaria en las que tienen cabida los padres. Tu hijo es legalmente un adulto y aunque le estés pagando los estudios, es hora de dejar de intervenir y permitir que sufra las consecuencias de sus decisiones y sus fracasos. Sí puedes llamar a la oficina de préstamos o al administrador para consultarle detalles sobre una factura pendiente de pago, pero ya está. Todo lo demás —selección de asignaturas, hablar con los profesores sobre las calificaciones, resolver desencuentros con los compañeros de habitación y manejar pequeños líos cotidianos— es cosa de tu hijo. Si no ha tenido que ocuparse de nada de esto antes, es el momento de que empiece.

Cuando pedí al profesor de la universidad de California, Santa Cruz, Michael Chemers, que me hablara de su experiencia con estudiantes que han estado siempre sobreprotegidos frente al fracaso y como consecuencia no están preparados para afrontar solos las exigencias de la vida, me respondió lo siguiente:

Sé que todos hemos oído terroríficas historias sobre chicos que llegan a la universidad sin haber puesto una lavadora en su vida. Una vez se me echó a llorar un estudiante en mi despacho precisamente por este motivo. Pero ese no es el problema en realidad: no se tarda mucho en aprender a lavar la ropa. El verdadero problema reside en la mentalidad del estudiante que escribe un correo electrónico a su profesor a medianoche con exigencias y se pone furioso cuando comprueba al día siguiente a las 8:30 de la mañana, hora de comienzo de la clase, que no se ha ocupado del tema en cuestión. Es cuando un estudiante cree que repetir que arde en deseos de hacer el trabajo debería valerle la misma nota que hacer el trabajo en realidad. Es cuando un profesor recibe una llamada de un padre furioso que le exige saber por qué a su hijo no le va bien con las clases. Estamos ante un sonoro toque de atención, pero no para el profesor, porque si tu hijo no es capaz de realizar un trabajo argumentado basado en una labor de investigación previa de diez páginas en su primer año de universidad, es demasiado tarde. Los docentes de primaria y secundaria son *profesores* profesionales. Los profesores de universidad son *investigadores* profesionales en cuyo caso las clases forman parte del convenio de trabajo acordado con la universidad, pero el resto de su tiempo lo dedican a investigar y a servir a la universidad y a su profesión. Un profesor universitario que tiene trescientos alumnos en una clase no puede dedicar una hora a la semana a ayudar a un alumno, como tampoco es razonable esperar que tenga que rendir cuentas a unos padres cada vez que su hijo tiene un problema o necesita alguna cosa. De hecho, nos está expresamente prohibido por ley hacerlo sin consentimiento expreso del alumno. Siempre que me llama un padre furioso, y han sido muchas veces, me limito a decir «su hijo es mi cliente, usted no. Tendrá que hablar con él».

Para poder atender la ingente cantidad de peticiones de padres que están preocupados por sus hijos, muchas universidades y escuelas universitarias han incluido en la web del decanato páginas de recursos para padres, y muchas otras ofrecen programas de orientación familiar para padres dentro del propio campus. Pero que exista este tipo de programas no quiere decir que haya que aprovechar que están ahí. Piensa en el mensaje que quieres trasladar a tu hijo que está empezando a enfrentarse al mundo: «No hice contigo el trabajo que se suponía que tenía que hacer cuando vivías en casa, y por eso voy a acompañarte durante tu vida adulta para asegurarme de que no metes la pata» o «Ahora eres una persona adulta y confío en que sabrás manejarte en la universidad».

Las universidades y las escuelas universitarias están tratando de localizar activamente a esos padres para pedirles que trasladen a sus hijos este mensaje con rotunda claridad antes de que lleguen al campus. La página web para padres de la Northwestern University ofrece este recordatorio sobre lo que realmente necesitan los chicos de sus padres durante los años que estén en la universidad:

- Necesitan libertad.
- Tienen que poder cometer errores.
- Tienen que saber que creen en ellos.
- Tienen que saber que se interesan, pero sin entrometerse.

Espero que empezaras a fomentar la autonomía y la competencia de tu hijo bastante antes de que se fuera a la universidad, pero en caso de que vayas tarde, a continuación te propongo algunas conversaciones de apoyo a la autonomía para que mantengas con tu hijo en los meses previos al comienzo de las clases en otoño, discusiones que pueden contribuir a que los estudiantes sientan que tienen el control de su experiencia universitaria.

Establecer unos objetivos para el primer año.
Pregúntale a tu hijo cómo se imagina que será su primer año de universidad y después pregúntale cómo cree que podría transformar ese sueño perfecto en una realidad. A continuación, reduce esos objetivos. ¿Qué cosas concretas podría hacer en el primer mes en el campus que le allanen el camino durante el primer año? No olvides que es una conversación

para mostrarle tu apoyo y servirle de guía con esta conversación, no para mostrarte dictatorial y controlador.

Identificar aliados en el campus.

Si no está seguro de cómo alcanzar sus objetivos, recomiéndale que hable con alguien que pueda asesorarle. Ayúdalo a identificar a los orientadores, profesores de las áreas que le interesen y personal administrativo que puedan ayudarle. Asegúrate de que comprenda los beneficios de conocer a sus profesores. Intenta reunir a una serie de personas clave para esto que estén dentro del campus a las que pueda pedir consejo y ayuda para que no te llame asustado en noviembre justo antes de que salgan las notas. Si es religioso, averigua quién es Newman Center o Hillel House, o la organización que se ajuste mejor a sus necesidades espirituales. Averigua el correo electrónico de sus profesores, su orientador o el jefe del departamento, y busca en el mapa del campus dónde está su despacho. Marca con un círculo rojo los servicios sanitarios y también los de salud mental. Entre el caos que suponen los primeros meses de universidad, a tu hijo le vendrá bien tener una idea general de las personas clave a las que podría acudir en caso de necesidad.

Llegada.

Repasa la conversación durante las vacaciones. ¿Está este primer año satisfaciendo sus expectativas? ¿Por qué o por qué no? ¿Qué podría haber hecho de otra manera? Podrías incluir también a los hermanos pequeños en la conversación porque así les ahorrarás quebraderos de cabeza cuando les toque el turno a ellos.

No digas nada.

Guárdate para ti lo que crees que debería proporcionarle la universidad. Se trata de enseñarle a resolver sus propios problemas y cómo tejer un plan y ponerlo en marcha. Si el primer año no se parece a lo que había imaginado, piensa en lo orgulloso que se sentirá cuando consiga que lo sea. Si tomas las riendas tú, convertirás la universidad de tu hijo en una victoria tuya, no suya, y de nuevo contribuirás a socavar su autonomía y competencia, y como consecuencia, tardará más en entrar en la edad adulta. Está en una carrera contrarreloj y en menos de cuatro años tendrá que enfrentarse solo a un mundo grande y malo. No puede permitirse que le quiten estas experiencias formativas.

Los problemas con los compañeros de habitación no te conciernen.
Tal como ya hemos visto, aprender a lidiar con personas con ideas, educación y costumbres diferentes a las nuestras constituye una estupenda oportunidad para aprender. Una vez que tu hijo haya elegido (o le hayan asignado) un compañero de habitación, no vayas a llamarlo, mandarle un mensaje o añadirlo a tus «amigos» de Facebook o Google. No eres tú quien va a compartir habitación con él, sino tu hijo.

Los profesores no quieren que los padres se inmiscuyan.
No te involucres en disputas sobre notas, asiento en clase, calendarios o trabajos incompletos. Jamás. No lo hagas aunque tu hijo sea tímido o esté sacando malas notas, y desde luego no lo hagas porque tu hijo está demasiado ocupado para hacerlo personalmente porque está de vacaciones. No solo le estarás privando de una valiosa oportunidad de aprender a valérselas él solo y argumentar con otros adultos de forma madura y competente, sino que los profesores os perderán el respeto a tu hijo y a ti por interferir.

Los chicos pedirán ayuda cuando la necesiten.
Créeme, tus hijo te llamará (o te escribirá un mensaje) para pedirte ayuda cuando la necesite, pero tal vez no sea tan a menudo como a ti te gustaría. No olvides que te llamará más si sabe que no vas a empezar a preguntarle por las notas, los trabajos o si ha reunido con el profesor de economía como le pediste que hiciera la semana pasada.

En estos cuatro años harán amistades y contactos, aprenderán lecciones y vivirán experiencias que forjarán su vida adulta. Apoya a tu hijo, pero sabiendo cuándo retroceder y dejar que se embarque en su propia vida. Una de las pacientes de la psicóloga Jennifer Hartstein, una mujer de treinta años cuyos padres han manejado todos y cada uno de los aspectos de su vida y ahora se siente, en palabras de la propia psicóloga, «incapaz de llevar su vida sola», les da este consejo a padres como los suyos: «Dar demasiado apoyo no es bueno. No enseña nada, no enseña a sobrevivir en el mundo. Puede hacerle un flaco favor a los hijos».

Dale a tu hijo la oportunidad de triunfar. Mándalo a la universidad con un botiquín de primeros auxilios y algo de dinero para casos de emergencia, y confianza en todo lo que va a aprender. Dale la libertad de crear a la persona que quiere ser y comprende qué caminos e influencias no quiere seguir. Si se equivoca, que lo hará, tendrá la prueba de que la experiencia era un callejón sin salida y aprenderá que no debe volver a repetirlo. Sin embargo, si vas y le muestras cómo salir del callejón, no aprenderá nada. Tú has vivido tu vida y aprendido las lecciones que te has encontrado en el camino. Ahora le toca a él.

Parte III

El éxito académico: aprender del fracaso es un trabajo de equipo

10

COLABORACIÓN ENTRE PADRES Y PROFESORES: POR QUÉ NUESTRO MIEDO AL FRACASO DEBILITA LA EDUCACIÓN

N MI TRABAJO DOCENTE ME comunico frecuentemente con los padres de mis alumnos, por ejemplo para notificarles que sus hijos me han entregado tarde un trabajo, para darles la enhorabuena por victorias que han exigido mucho esfuerzo o para informar sobre problemas de conducta. Cada vez que escribo o llamo a una casa, me esfuerzo en preparar lo que quiero decir, sobre todo cuando son malas noticias o una crítica, y trato de expresarme de forma amable y contenida pero firme. Intento dar con el tono adecuado y que mi comunicación señale el comienzo de una buena colaboración, un esfuerzo conjunto entre padres y educador que trabajan juntos para lograr lo que una persona sola no puede hacer. Algunas veces ha ido bien y otras... no.

El ejemplo que en mi opinión constituye el epítome de excelente colaboración entre la familia y el colegio tuvo lugar una tarde cuando un alumno escribió algo inapropiado sobre otro alumno en la red en horario escolar. Profesores y coordinadores investigaron lo ocurrido, averiguaron quién había sido el responsable y contactaron con los padres a las pocas horas para informar de que el centro iba a tomar las medidas disciplinarias apropiadas en respuesta a los actos de su hijo. Los padres nos dieron las gracias por actuar de forma equitativa y rápida, y por identificar a los culpables de la situación, y nos aseguraron que tratarían el asunto en casa ese mismo día. Todo salió según el plan: nosotros sentimos que contábamos con el apoyo de los padres, los padres sintieron que contaban con el apoyo del colegio, y los alumnos comprendieron que familia y colegio se habían unido para formar un frente común. Este resultado es el mejor que se puede dar y cuando sucede, es una verdadera maravilla. Todo el mundo saca provecho del trabajo conjunto y se hace responsables a los alumnos, a la vez que se permite que aprendan de sus errores.

Sin embargo, las comunicaciones entre la familia y el colegio también pueden ir mal, y el conflicto resultante puede ser desastroso para la colaboración entre padres y profesores y para la educación del alumno que todos nos esforzamos en apoyar. A continuación te contaré la triste y humillante historia de lo bajo que pueden caer profesores y padres cuando su relación se degrada.

Son las 8:11 de la mañana y llego tarde a mi primera hora de clase. Tengo latín con los alumnos de séptimo, pero estoy atrapada en el despacho de mi jefe con una madre furiosa bloqueando la puerta. Considero fugazmente la posibilidad de saltar por la ventana, pero el terreno que rodea el edificio está inclinado y podría matarme en la caída. Me doy cuenta de que estoy decidida a correr el riesgo cuando miro por la ranura entre la puerta del despacho y el marco. La madre no sabe que estoy en el despacho; podría esperar a que se fuera. Pero a lo mejor puedo librarme de ella si agarro carrera y salgo mirando el suelo sin hacerle caso. Miro el reloj: las 8:12. Maldita sea. Inspiro profundamente, recuerdo que mis alumnos me están esperando para que les enseñe a declinar el verbo amar (*amo, amas, amat*) y salgo de detrás de la puerta. Entre mi prisión que yo misma me he impuesto y la libertad hay una madre leona furiosa, tensa y dispuesta a sacarle las tripas a cualquiera que se interponga entre su cachorro y un instituto de excelencia para cursar la segunda etapa de secundaria. Lamentablemente, yo soy su presa ese día porque soy yo la profesora que le envió un correo electrónico media hora antes para contarle que su hijo había sacado una nota muy baja en inglés.

¿Cómo han llegado padres y profesores a esta situación? ¿Cómo he podido yo, una persona segura de sí misma en cualquier otra situación, una profesional con más de una década de experiencia docente a sus espaldas, sentirme obligada a esconderme de una mujer que debería ser mi aliada en la misión de educar a su hijo? Por otra parte, no puedo ni creer que esta madre esté disfrutando mucho con el año escolar de su hijo. Toda esa preocupación y ansiedad por cada pequeño detalle de lo que hace su hijo en el colegio, toda la frustración y la rabia contra los profesores por lo que para ellos son fallos y defectos; tiene que ser agotador. Desde luego nunca parece contenta. De hecho, muchos de los padres de mis alumnos parecen estresados y al borde de un ataque de nervios.

PERO YA BASTA DE HABLAR de nosotros. No somos más que meros daños colaterales. Las víctimas reales de esta situación son los estudiantes. Muchos de los míos dicen sentirse tensos y terriblemente aterrados durante semanas antes de que les demos las notas y también en los días previos a las reuniones de padres y profesores que se celebran regularmente, cualquiera diría que los llevan a la horca. Aun adorando a sus padres y respetando a sus profesores, la lealtad a uno se interpone en la relación con el otro, es algo así como una pareja que está negociando su divorcio. Mis alumnos no pueden confiar en mí por completo cuando me encuentro atrapada en una batalla con sus padres.

Pese a las tensiones entre padres y profesores, décadas de investigación muestran que las relaciones positivas entre la familia y el colegio son vitales para el éxito del alumno. Las colaboraciones positivas entre padres y profesores no benefician únicamente a los estudiantes; resultan ventajosas para todos los implicados. Los profesores que fomentan la implicación de los padres en la vida escolar están mejor valorados que los que no lo hacen, aunque sea en áreas que no guardan relación como la eficacia educativa. Los estudiantes aprenden más cuando sus familias se implican en su educación, y los padres se sienten más involucrados en la educación de su hijo cuando los profesores los invitan a participar en el proceso.

Pero si esto es así, ¿por qué son tantos los profesores que citan el problema de tratar con los padres de sus alumnos como razón principal para abandonar la profesión? Educadores e investigadores en el área de la educación defienden la colaboración entre la familia y el colegio, y elogian el valor de la implicación familiar en la educación; sin embargo, en conversaciones con otros profesores, no tienen reparos en admitir su escepticismo sobre el supuesto éxito de dicha implicación. Yo no soy la única educadora que tiene miedo, aunque haya sido la única que se ha visto obligada a esconderse en un despacho a oscuras. Sin embargo, basándome en cientos de conversaciones con otros profesores y también con coordinadores sobre el tema, puede que no haya sido la única.

Un profesor con más de cuarenta años en la profesión explica de esta forma el cambio que se ha producido en la relación entre padres y profesores:

> Cuando empecé a dar clase, los padres, los colegios y los cuerpos encargados de hacer que se cumpliera la ley estaban del mismo lado. La autoridad estaba alineada y unida. No se cuestionaba. Entonces llegaron los años sesenta y la estela que dejaron a su paso. Para los niños de los sesenta, sobre todo aquellos que vivieron su adolescencia dentro de la década, la relación entre ciudadano y autoridad se hizo mucho menos segura. La autoridad se cuestionaba. Las diferencias se celebraban y aceptaban. Al final, los niños de los sesenta tuvieron hijos. Y aquellos que en su momento cuestionaron la autoridad se convirtieron en la autoridad que cuestionaba.

Incluso antes de que la contracultura de los sesenta se cuestionara la autoridad, las relaciones entre el colegio y la familia ya eran complejas. La historia de la educación en Estados Unidos revela el precario equilibrio de poder entre familia y colegio, estatal y federal, público y privado.

Durante la era colonial, la educación que recibían los estudiantes provenía de la familia, la iglesia y el colegio. La educación era un trabajo colaborativo, y ninguna organización o individuo se llevaba el mérito. Cuando todo el mundo trabajaba hombro con hombro, resultaba mucho más fácil cooperar y trabajar por un fin común. Hacia 1840, el gobierno federal comenzó a imponer normas y regulaciones relativas al sistema educativo del país con las que se creó una división ideológica entre la familia, la iglesia y colegio. En los comienzos de la evolución de nuestro sistema educativo, la abierta discusión entre profesores y padres era la norma, y los estudiantes pasaban de una habilidad a otra, en vez de un curso a otro. Sin embargo, al entrar en un sistema estandarizado de diferenciación por edad, en el que las cartillas de notas reemplazaron la comunicación interpersonal, la división entre la familia y el colegio se amplió. Los profesores ya no eran simplemente miembros leídos de la comunidad, sino profesionales formalmente educados, formados y certificados, llegados de fuera, a los que se encargaba la educación y el crecimiento personal de toda una comunidad.

Los colegios y los padres comenzaron a chocar sobre temas relacionados con la enseñanza de lenguas, religión, tradiciones culturales y ética. Los padres tenían la percepción de que los colegios trataban de usurpar la autoridad de la familia, y algunas de estas familias llevaron al colegio a juicio para poder conseguir el derecho legal de educar a sus hijos según las tradiciones y los valores de su comunidad. Cuando Jonas Yoder llevó al estado de Wisconsin hasta la Corte Suprema en 1972 por el derecho de los Amish a sacar a sus hijos del colegio después de octavo curso, Estados Unidos defendió su derecho a hacerlo, y con tal precedente en los libros, se hizo cada vez más frecuente el conflicto a causa de las prioridades dispares para la familia y el colegio.

Paralelamente, el respeto hacia los profesores y la profesión de la enseñanza seguían cayendo y en 1983 la empresa demoscópica Gallup llegó a la conclusión de que «menos de la mitad de los encuestados en 1983 querían que un hijo suyo se dedicara a la enseñanza, menos que el resultado de tres cuartas partes de los encuestados catorce años antes». Enseñar antes era una profesión noble, que infundía respeto y generaba orgullo. En la medida que los profesores empiezan a dejarla en cifras récord citan la frustración con los legisladores, administradores, miembros de grupos de presión y todas aquellas personas que intentan forzar los planes educativos en el día a día del trabajo de educar a los niños.

La escabrosa transición hacia el sistema de estándares estatales en materias generales (Common Core State Standards) solo ha servido para poner de manifiesto el gran distanciamiento entre padres, colegios y legisladores, y como los medios se ocupan de agitar la insatisfacción hasta el punto de exaltar los ánimos de todo el mundo, a los estudiantes les resulta muy difícil escuchar (o aprender) mucho con tantos gritos. Los profesores están enfadados porque nadie los consultó cuando se crearon los estándares, los coordinadores escolares sienten que tienen las manos atadas ante la forma tan grosera en que se introdujeron dichos estándares en la vida educativa y los padres están frustrados por el hecho de que la educación de sus hijos sea la que se vea más afectada durante la transición hacia estos nuevos estándares. Que los padres desafiaran los procedimientos y las prácticas empleadas por los profesores se había convertido en algo habitual antes de que se implantaran los estándares estatales, pero los problemas que salieron a la luz con esta implantación han dado a los padres motivos para cuestionar prácticamente cualquier aspecto de la educación de sus hijos.

Pero lo que se ha perdido principalmente en todo este conflicto es la confianza que debemos tener los unos en los otros para ayudar a los chicos a superar sus errores y terminar educados. Ellos necesitan espacio para equivocarse, y los profesores, tiempo y el beneficio de la duda para dejar que el fracaso se transforme en aprendizaje. Un profesor y coordinador con una larga carrera a sus espaldas en un centro de secundaria público de gran tamaño resume de esta forma las oportunidades que pierden los profesores cuando son expulsados del fértil territorio educativo que se abre cuando los estudiantes se equivocan:

> Cuando los padres salen a defender la decisión equivocada, el error o el fracaso de su hijo para evitarle las «consecuencias» de dicha acción, suelen perder de vista el hecho de que si un alumno no tiene la experiencia de cometer los errores y de vivir y aprender de las consecuencias de dichos errores, la universidad puede ser un momento vital muy complicado a muchos kilómetros de distancia de la seguridad de papá y mamá cuando llegue el momento de lidiar solo con una

determinada experiencia. Los errores son oportunidades de crecer, igual que los fracasos o los intentos infructuosos, y los estudiantes tienen que vivir todas esas experiencias para desarrollar mecanismos que les permitan lidiar con ellas y seguir adelante.

Esos mecanismos, las habilidades que han ido acumulando los estudiantes a través de sus fracasos, adaptaciones y crecimiento, son más importantes que cualquier fórmula matemática o cualquier regla gramatical, y este es el motivo por el que los profesores se sienten frustrados cuando no se les permite ayudar a sus alumnos a acumular y perfeccionar estas estrategias. Esta madre de tres hijos me explicaba así su estrategia de apoyo a la autonomía: «Si supieras que hay algo que puedes hacer para ayudar a tu hijo, que le proporcionará las "herramientas" que necesitará más adelante en la vida, algo que le ayudará a hacer frente al futuro con más fuerza y a afrontar los desafíos de la vida con más madurez, ¿no lo harías?».

De modo que si estás preparado para colaborar de verdad con los profesores de tu hijo y proporcionarle las herramientas que le servirán de ayuda más adelante, aquí tienes algunas pautas sobre cómo crear colaboraciones positivas con profesores y coordinadores desde el primer día.

PRESENTARSE EN EL COLEGIO CON ACTITUD OPTIMISTA Y CONFIADA

Tu hijo está escuchando y mirando, sobre todo el primer día de clase. Si te muestras confiado y relajado, él también lo estará. Si estás nervioso y esperando a que el profesor meta la pata, él también se pondrá nervioso y observará a su profesor esperando que meta la pata. Mis mejores relaciones profesora-alumno siempre han sido con aquellos chicos cuyos padres asumen que cuidaré bien de su hijo y le daré la educación que merece, y las peores, con alumnos cuyos padres desconfiaron de mí desde el principio. No tienes que amar al profesor de tu hijo ni ignorar los rumores negativos, pero si le das el beneficio de la duda, hay muchas más probabilidades de que él haga lo mismo con tu hijo.

SER PUNTUAL

Hace poco vi la película de Judd Apatow, *Si fuera fácil,* y me llamó la atención una escena en la que la madre deja a su hija en el colegio y la profesora a la que le tocaba vigilar ese día le dice:

Profesora: Hola. Verá... Charlotte tiene que llegar aquí puntual porque necesita tiempo para organizarse antes de empezar la clase.

Madre: [perpleja] Pero si hemos llegado puntuales.

Profesora: [impávida] Puntual quiere decir pronto.

Judd Apatow tiene toda la razón. Llegar puntual significa llegar pronto porque los chicos necesitan por lo menos quince minutos para que sus adormilados cerebros entiendan que están en clase. En la guardería, los niños tienen que saludar a sus amiguitos y guardar sus tarteras, y los chicos mayores tienen que sacar los libros de las mochilas, entregar trabajos, preparar los utensilios que vayan a utilizar y prepararse mentalmente para su primera clase. He visto a alumnos de secundaria parados delante de las taquillas, el pelo aplastado de dormir, mirando los libros durante sus buenos cinco minutos hasta que por fin se despiertan y son capaces de sacar lo que necesitan. A los adolescentes les resulta especialmente difícil todo a primera hora de la mañana debido a que los ciclos del sueño están siempre en «fase de retraso», o de liberación retrasada de melatonina. Para que todo el mundo lo entienda, los adolescentes se duermen unas dos horas más tarde que los adultos y como consecuencia suelen despertarse más tarde también. Piensa en cómo funcionaría tu cuerpo si te levantas tras pocas horas de sueño, aparcas el coche y te metes directamente en una presentación ante la dirección general de la empresa sin haber tomado café, sin haber tenido tiempo de quitarte el abrigo y sin haber podido prepararte para lo que te espera. Los chicos que llegan corriendo a clase en el último minuto están hechos polvo prácticamente toda la mañana. Los alumnos que llegan a tiempo —quiero decir, pronto— y tienen oportunidad de estudiar lo que les espera ese día preparan mejor lo que van a necesitar en clase y también se preparan mejor ellos desde un punto de vista emocional.

Si llegar tarde se convierte en una costumbre, no le eches la culpa al chico. Tú eres el padre; haz que la puntualidad se convierta en una prioridad. Darle media hora más para hacer todo lo que tenga que hacer por la mañana si es necesario. He sido la encargada de bajar la nota a los alumnos que llegaban tarde los últimos cinco años y puedo afirmar que los chicos que llegan tarde se sienten inevitablemente estresados, sobre todo cuando no han tenido ellos la culpa de la tardanza. Los chicos tienen un aguzado sentido de la justicia y comprenden que llegar tarde es injusto y una falta de respeto hacia sus profesores y los otros chicos, que se distraen cuando ellos llegan tarde, por eso debemos intentar no aumentar la ansiedad que ya sienten permitiendo que la culpa de llegar tarde caiga sobre sus hombros.

LEER LAS NORMAS DE ASISTENCIA A CLASE Y CUMPLIRLAS

No hay nada tan frustrante para un profesor que un alumno te diga que va a faltar una semana empezando mañana y quiera saber qué tiene que hacer para llevar la clase al día. Los chicos sufren cuando sus padres no planifican con suficiente antelación las ausencias, tanto porque no tienen tiempo para hacer los trabajos antes de tener que ausentarse y también porque los profesores se molestan cuando la ausencia inesperada de un alumno trunca la planificación perfecta que tenía para una determinada clase. No organices unas vacaciones que coincidan con la primera o la última semana del curso. Intenta no alargar los viajes saliendo un día antes o llegando un día más tarde. Entiende que los últimos días de un trimestre o las clases que empiezan justo después de las vacaciones son cruciales porque los profesores suelen tenerlo todo organizado al milímetro ya que tienen el tiempo justo y deben terminar una unidad en el tiempo establecido. Como se espera que los profesores vean en clase más material incluso del establecido para compensar el tiempo que se les va en los exámenes, resulta aún más importante que los alumnos estén presentes y den cuentas de lo que vean en clase. Siempre puede haber imprevistos, por supuesto que sí, y cuando ocurren, los profesores intentamos ser todo lo comprensivos que nos sea posible, solo pedimos que se tenga la misma consideración con nosotros.

SER AMABLE Y EDUCADO

Solemos dejar de lado la amabilidad y la cordialidad tradicionales cuando nuestras vidas se vuelven caóticas y las cosas nos sobrepasan. La amabilidad no solo permite que el día fluya con más suavidad, sino que realmente marca la diferencia en la percepción que los profesores tenemos de los padres y sus hijos. Me encantaría decir que los profesores podemos separar mentalmente a los niños más maravillosos de sus hoscos padres, pero no siempre es posible. Puede que Alice fuera mi alumna favorita, la chica más increíble, carismática, amable y generosa a la que he dado clase en mi vida, pero si su madre es una persona grosera o poco razonable, nuestra relación se ve empañada. Por mucho que yo quiera separar a Alice de su madre, el recuerdo de cómo esta llegó al colegio y me insultó delante de toda la clase señalándome con el dedo está siempre ahí, manchando mi relación y mis comunicaciones con su hija. Y aunque pudiera borrar a la madre de Alice de mi cerebro y mantenerlas separadas, te aseguro que no quiero tener contacto con alguien que me humilló delante de mis alumnos.

Es más, cuando llegue el momento de hablar de lo que me preocupa o lo que quiero elogiar de Alice, me mostraré reticente a levantar el teléfono o enviar un correo electrónico a su madre si ha sido grosera conmigo. Es propio de la naturaleza humana. Cuando el ratón aprende que recibirá una descarga cuando agarre esa golosina tan apetitosa, puedes apostar que el ratón dejará de ir por ella, aunque tenga hambre. Freud se dio cuenta de que «buscar el placer y evitar el dolor» está en la naturaleza humana, y la humillación, la desconfianza, la comunicación pasivo-agresiva y la falta de respeto resultan tremendamente dolorosas a los profesores. Como consecuencia de ello, si humillas, desconfías o tienes una relación pasivo-agresiva con el profesor de tu hijo, prepárate para que este te responda con el silencio absoluto. Seguiremos educando a tu hijo y lo evaluaremos según los mismos estándares, pero te aseguro que evitaremos hablar de ello contigo a menos que sea totalmente necesario.

PROYECTAR UNA ACTITUD DE RESPETO A LA EDUCACIÓN

Si tu actitud hacia los profesores es de respeto al proceso educativo, es mucho más probable que tu hijo también respete, disfrute y se implique en su educación, y nosotros estaremos deseando contártelo. Nada me gusta más que encontrarme con un padre o madre que va a dejar o a recoger a su hijo y contarle lo bien que ha respondido su hijo en clase ese día o que mientras leía su último trabajo he visto lo mucho que ha mejorado su destreza escrita en el último año. Los profesores apreciamos las buenas relaciones con los padres y nos agrada mucho tener este tipo de conversaciones. También es mucho menos probable que los profesores nos molestemos ante una crítica constructiva o por recibir retroalimentación positiva de un padre que nos cae bien o que admiramos. Algunos de los ejemplos de retroalimentación más eficaces que he recibido sobre defectos en mi forma de enseñar los he recibido de padres. Sin embargo, si la hubiera recibido de un padre al que no respeto o uno que se presenta dando una falsa alarma vez que su hijo llega a casa con una queja sobre algo, habría habido muchas menos probabilidades de que la aceptara como un ejemplo de retroalimentación útil o válida.

MOSTRAR ENTUSIASMO POR APRENDER

La actitud que tú tengas hacia la educación será la que tenga tu hijo. Por esa misma razón, el entusiasmo que demuestres por el proceso de aprender por el mero hecho de hacerlo es vital si se lo quieres inculcar a tu hijo. Que tu hijo vea que lees porque te gusta. Toma un libro sobre un tema del que no sepas nada y conviértete en el experto residente sobre algo, por ejemplo, los dioses griegos, el arte del Renacimiento o la botánica. Aprende a tocar un instrumento. Ve a la biblioteca y hojea libros sobre temas que no conoces o busca algún curso de nivel universitario que ofrece la plataforma The Great Courses y asiste a clases de algo que no pudieras estudiar cuando estabas en el instituto o en la universidad. Averigua qué está leyendo tu hijo en clase y busca la versión en audiolibro para ir escuchándola en el coche. Habla del libro, de las ideas principales y de lo que traman los personajes. Tendrás la oportunidad de comprender mejor lo que lee y aprende tu hijo, lo cual te dejará abierta la puerta a conversaciones sobre qué hará salir a Boo Radley de su refugio o por qué Holden Caulfield lleva puesto siempre ese ridículo sombrero de caza.

ASEGURARSE DE QUE LA PRIMERA COMUNICACIÓN CON UN PROFESOR SEA POSITIVA

Uno de mis consejos favoritos como docente va dirigido a los padres y es una forma estupenda de asegurar una relación positiva desde el primer momento con el profesor de tu hijo. En su libro *The Essential 55*, el educador Ron Clark aconseja a los profesores que se aseguren de que su primera interacción con los padres sea positiva. Lo mismo se puede aplicar a los padres. Toma contacto en el primer mes de clase y di algo agradable. Menciona una conversación interesante que hayas tenido con tu hijo a la hora de la cena sobre un libro que está leyendo en clase. «La semana pasada estuvimos hablando del poema "Frost" que le ha enseñado a Kevin», por ejemplo. Si es sincero, el intercambio de opiniones marcará el comienzo de un vínculo productivo. Este tipo de comunicación es una forma sólida de colocar a los padres en el equipo de los profesores y allana el camino para la confianza, tanto si los alumnos progresan como si se equivocan. Mientras que no es muy probable que esos padres que se sientan al fondo de la sala en la reunión con los padres el día que comienza el curso, cruzados de brazos y dejando ver su insatisfacción vayan a entrar a formar parte del equipo. Los participantes dispuestos, ansiosos y educados son la opción correcta para formar parte del equipo de padres y profesores, y los profesores harán todo lo que esté en sus manos para asegurarse de jugar con los padres que tienen una actitud amable y positiva.

FOMENTAR LA RETROALIMENTACIÓN CON EL PROFESOR

La retroalimentación del profesor es valiosa, por eso conviene fomentarla desde el primer momento. Que los profesores sepan que tienes observaciones positivas y negativas que hacer es una parte vital de la educación de tu hijo y de la colaboración entre padres y profesores. Desde un punto de vista práctico conviene informar al profesor sobre cómo contactar contigo. Si prefieres el correo electrónico, díselo. Lo mismo si trabajas muchas horas, tienes turno de noche o si prefieres que te llame al trabajo. Por tu parte, es bueno también saber cómo prefiere el profesor que los padres se pongan en contacto con él y respetar su preferencia. Ten en cuenta cuando escribas que la mayoría de los profesores no puede o decide no consultar su correo electrónico durante el día. Se supone que están dando clase a tus hijos. Pregúntale si prefiere el correo electrónico o el teléfono y adáptate a sus preferencias. Asegúrate de que el profesor sepa que no dices con la boca pequeña que tienes interés en intercambiar opiniones con él sobre la educación de tu hijo. Que sepa que estás preparado y dispuesto a escuchar.

ESPERAR UN DÍA ANTES DE ESCRIBIR A UN PROFESOR
SOBRE UNA SUPUESTA CRISIS O EMERGENCIA

Si bien es cierto que debes informar a los profesores de cualquier emergencia que suceda en casa lo antes posible, conviene que esperes un día antes de quejarte sobre deberes, trabajos, acciones disciplinarias y otras cosas por el estilo. Puede que en su momento se te antojen crisis, pero si dejas pasar un tiempo, es muy posible que te des cuenta de que no lo son. Además, como se supone que estás enseñando a tu hijo a tener una mayor responsabilidad a la hora de discutir problemas con sus profesores, estas veinticuatro horas suponen el intervalo perfecto para elaborar un plan de acción con tu hijo. Inspira profundamente y cálmate. Una vez que tomado tu hijo y tú hayan tomado distancia emocional del incidente, siéntense a hablar de ello. Pregúntale qué ocurrió antes, durante y después del incidente, y deja que se explique.

QUE LOS PROFESORES ESTÉN AL TANTO DE LAS SITUACIONES GRAVES QUE ESTÁN SUCEDIENDO EN CASA

No esperes a que el divorcio o la batalla por la custodia de los hijos o las pesadillas crónicas o los trastornos alimenticios se conviertan en una crisis de gran tamaño para poner al tanto de ello al profesor. Si lo mantienes informado desde el principio, será más fácil adaptar las cosas en el colegio y ayudar a tu hijo a lidiar con la situación. Para muchos estudiantes, el colegio es un refugio frente a los problemas que tienen en casa, y que los profesores puedan crear esta sensación de refugio y seguridad para ellos es lo mejor. Pide cita para hablar con el profesor si crees que necesitas tratar cara a cara el tema o si la situación es demasiado delicada para tratarla por escrito. Decidas lo que decidas, el objetivo es comunicarse con el profesor para que pueda ayudar a tu hijo.

EXPRESAR INTERÉS EN LO QUE ENSEÑAN A TU HIJO

Que el profesor vea que te interesa lo que pasa en el colegio y busca la manera de investigar en casa sobre lo que tus hijos aprenden fuera. Aprovecha la oportunidad y pídele a tu hijo que te explique algo que esté aprendiendo en el colegio. Finge no saber por qué se forma la lava o cómo funciona una polea, y deja que te lo explique él. Pídele que te dé detalles sobre lo que hace en clase y no aceptes un «No me acuerdo» por respuesta. Cuando los padres me hicieron llegar la queja de que esa era la respuesta que recibían de mis alumnos, empecé a enviar a sus casas semanalmente una lista con los grandes temas que habíamos tratado en clase, desde las lecciones diarias sobre etimología o cultura hasta los resúmenes cápsula sobre autores e historias que veíamos en clase. Cuando sabes un poco sobre lo que tus hijos hacen en clase, puedes abrir la puerta a conversaciones sobre eso que estudian y cómo se puede relacionar con el mundo que nos rodea.

BUSCAR MOMENTOS PARA EXPRESAR GRATITUD

Los profesores reciben quejas a diario, pero no es tan habitual escuchar gratitud por haber hecho algo bien. No estoy sugiriendo que te inventes elogios o cumplidos cuando no existen motivos para ellos, pero cuando las cosas van bien o si tu hijo llega emocionado por algo que hemos visto en clase, dale las gracias al profesor. Mejor aún, mándale una nota de agradecimiento. Te garantizo que la nota terminará clavada en la pared de su despacho o guardada en una carpeta especial que tiene en un cajón de la mesa. Yo tengo una carpeta de esas en el cajón de mi mesa y llevo conmigo algunas de esas notas desde que empecé a trabajar como profesora. El valor de las notas de agradecimiento nunca es demasiado, y es bueno que tus hijos vean que tú sabes expresar gratitud. Que tu hijo lleve una nota de agradecimiento a su profesor, a su despacho o que se la deje en el buzón, y asegúrate de que él esté presente en el gesto. Si no eres de los que expresan sus emociones por escrito, pide a otra persona que te la redacte. La frase que siempre utilizo cuando no estoy segura de qué más decir es del doctor Albert Schweitzer: «Algunas veces se nos apaga la luz y la chispa de otra persona la vuelve a encender. Todos nosotros tenemos motivos para sentir gratitud hacia aquellos que encendieron la llama en nuestro interior». Mis alumnos han provocado esa chispa en mi interior incontables veces, y trato de que no se me olvide darles las gracias por ello siempre que puedo. Para dar ejemplo de esa expresión de gratitud, les enseño a escribir a mano notas de agradecimiento (en vez de enviarlas por correo electrónico) a esas personas a las que aprecian, y recibimos con frecuencia notas de agradecimiento por ellas. En una época en la que el correo electrónico, los mensajes de móvil y los tuits dominan nuestras vidas, una nota de agradecimiento como es debido es un verdadero regalo. Si queremos sentirnos realmente conectados, tenemos que sentir que nos aprecian, y los niños deberían aprender a expresar ese aprecio desde pequeños.

EMPEZAR POR ASUMIR QUE TENEMOS UN INTERÉS COMÚN: EL ALUMNO

La gran mayoría de los profesores empiezan en la profesión porque les preocupa la educación de los chicos y les encanta la asignatura que enseñan. Lo que no dejó de sorprenderme en todas las entrevistas que realicé a otros profesores fue el interés y el amor sinceros que sienten la mayoría de ellos hacia sus alumnos; recuérdalo cuando sientas la tentación de dar por sentado que un profesor le está ajustando las cuentas a tu hijo. Un profesor de inglés de secundaria aconseja lo siguiente para un buen entendimiento entre padres y profesores: «Empezar por temas comunes, el hecho de que tanto los padres como los profesores se preocupan por el bienestar del alumno en cuestión. Se supone que todos persiguen aquello que es mejor para el alumno». Esta suposición no siempre se cumple, claro está, pero si llegas con esta mentalidad, hay muchas más posibilidades de que el profesor se ponga de tu lado.

PROTEGER EL DERECHO DE TU HIJO A EQUIVOCARSE

Tienes que estar preparado emocionalmente para los desafíos que tu hijo tendrá que encarar durante el nuevo curso escolar, sobre todo porque tendrá que superar transiciones y subir peldaños. Tu hija aprovechará las señales que le dejes ver, por eso debes proyectar confianza en ella y en tu capacidad de contenerte y no acudir a rescatarla de las complicaciones que puedan surgir en esas transiciones y esos peldaños. No pierdas de vista el premio en forma de autonomía y competencia que conseguirá, y recuerda que el fracaso será vital en su educación, tanto como las clases de inglés o de ciencias.

Por ello debes proteger su derecho a equivocarse. Dale el tiempo y el espacio que necesite para decepcionarse consigo mismo. Por último, anímalo a perseverar cuando se levante y se sacuda el polvo tras la caída y aprenda de la experiencia que es capaz de resurgir después de fracasar. Estas pautas no cambian mucho con el tiempo entre la guardería y el último día de secundaria. Cada primer día de clase alberga la promesa de un nuevo comienzo, una oportunidad de ser comprendidos por lo que somos y una oportunidad de aprender de los errores que cometemos por el camino.

DARLE VOZ A TU HIJO

Es vital que los niños aprendan a defenderse solos desde el primer día de guardería. Según una profesora de guardería, «la comunicación con los profesores y los compañeros es una de las principales funciones de la guardería». Hablaba con gran frustración de los padres que le decían el primer día de clase que como sus hijos no sabían hablar todavía, tendría que «intuir» esas cosas que pedían. Cuando le pregunté sobre qué capacidades de los niños le gustaría informar a los padres que no sabían que los pequeños poseyeran, sacudió la cabeza, se rio y me dijo: «Estos niños son capaces de hacer *muchas más* cosas de las que sus padres creerían, y saben defenderse solos».

Esta profesora espera que sus alumnos le hablen desde el primer día de guardería, y pide educadamente a los padres que no hablen por sus pequeños. Explica que quiere que los alumnos sientan que los oímos y comprendemos, y para ello deben ser capaces de comunicarse con ella. Es más, espera que sus alumnos hablen entre sí antes de acudir a ella. «Tienen que dedicarse a probar cosas y meter la pata, a aprender a hacerse oír y a cometer errores cuando se comunican, o nunca alcanzarán la independencia. Los niños no nacen sabiendo negociar, lleva tiempo», dice.

A medida que las interacciones sociales van ganando complejidad con la edad y la madurez, los profesores esperarán mejorías en la capacidad de los alumnos para comunicarse y que desarrollen la capacidad de razonar y pensar de forma crítica. Los profesores respetan a esos alumnos que son capaces de defender sus intereses y a sí mismos. Si tu hijo está descontento con algo que le ha ocurrido en el colegio, una nota o creer que un profesor ha sido injusto con él, deberías animarlo siempre a hablar con el profesor. Cuando llegan a la secundaria, los alumnos deberían ser responsables ya de saber ocuparse de detalles relacionados con su educación y agenda, como entregar permisos de ausencia, solicitar permiso o cumplir las fechas de entrega. Lo que está claro es que una vez que llegan a la segunda etapa de secundaria deberían saber llevar en un calendario todas sus actividades y cumplir con todas las obligaciones y aspectos que les requiera el colegio.

Si te preocupa que tu hijo sea capaz de tener esas conversaciones más delicadas que tienen lugar en cualquiera de las dos etapas de secundaria, ayúdale a prepararlas. Ensaya con él como si tú fueras el profesor. Si se trata de un conflicto relacionado con un trabajo, pídele que te explique por qué cree que no se lo han evaluado de forma justa. Si tienes claro por qué no ha sacado la nota que quería, explícale dónde ves tú los defectos. Si le cuesta oír la verdad, imagina lo que el profesor debió pensar del trabajo y enfoca la respuesta desde ese punto.

Si aun así tu hijo sigue sintiéndose incomprendido y que lo han tratado injustamente, ínstalo a que prepare una defensa. Yo le digo a mis alumnos que la habilidad que más respeto es la de calmarse, pensar de forma lógica en la situación y entablar una conversación equilibrada y racional sobre el conflicto. Siempre estaré más dispuesta a cambiar de idea —o de nota, en este caso— si el alumno se dirige a mí con una argumentación razonada para ese cambio. Dile que lo ponga por escrito a modo de guion si se pone tan nervioso ante la idea de enfrentarse al profesor que no piensa a derechas.

RECORDAR QUE LA VERDAD SUELE ESTAR
EN EL TÉRMINO MEDIO

Confío en mis hijos, y pese a ello soy consciente de que la verdad es un concepto resbaladizo, una bestia subjetiva y esquiva. La verdad está sujeta a la fragilidad humana y los fallos de la percepción, y esto es aplicable incluso a los chicos más íntegros y dignos de confianza. Si acudes al profesor de tu hijo o a otro padre afirmando que tu hijo está totalmente libre de toda culpa, perderás credibilidad antes de empezar siquiera a defender a tu hijo. Ten la mente abierta y confía en que los demás actúen igual.

Tras hablar con muchos padres sobre la conducta de su hijo en el colegio frente a la que presentan en casa, me ha quedado claro que el chico que conoces en casa tal vez no sea el mismo que conocen sus profesores y compañeros. Es algo absolutamente normal y comprensible. Los amigos, la presión académica, la química entre profesor y alumno y un millón de factores más afectan a la persona en cada situación. Cuando un profesor te informe de algo relacionado con tu hijo, considera la posibilidad de que el profesor tenga razón. Rechazar sus observaciones sin pensarlo dos veces es un movimiento defensivo común, movimiento que yo misma he cometido, pero daña las relaciones y demora la oportunidad de encontrar la ayuda académica, psicológica o médica que requiera tu hijo.

SI TE PREOCUPA LO QUE HAYA PODIDO HACER
UN PROFESOR, HABLA CON ÉL

Resiste la tentación de pasar por encima del profesor y acudir al director del centro a la primera de cambio. El director se encuentra en una situación muy complicada cuando un padre acude directamente a él porque se ve forzado a responder de alguna manera y es muy improbable que estuviera presente cuando se produjo el altercado o el conflicto que se esté tratando. Pide cita para hablar con el profesor lo antes posible porque con el tiempo, aumenta el resentimiento, los detalles se olvidan y se pierde la oportunidad de arreglar las cosas.

LO MEJOR ES CONCERTAR UNA CITA PARA
UNA REUNIÓN CON UN PROFESOR

Tal vez te parezca que el profesor está libre a primera hora de la mañana cuando vas a dejar a tu hijo, pero no es así. Está haciendo una parte esencial de su trabajo: ayudar a sus alumnos a acomodarse y a organizar sus pensamientos antes de empezar con la primera clase del día. El principio y el final del día suelen ser los más caóticos para los profesores, y para poder tener una conversación razonada sobre un alumno, tienen que saber con tiempo cuando se va a celebrar para poder prepararla. Aunque se ofrezca a salir al pasillo o a ir a su despacho para hablar en ese mismo momento, no cedas a la tentación. Y para tu información, una fiesta, la sección de productos frescos del supermercado o la consulta del médico no son lugares apropiados para una reunión espontánea entre padre y profesor. Los tres son ejemplos que me han ocurrido y los tres resultan raros de una manera u otra.

LEER EL MANUAL Y LAS NORMAS DE ASISTENCIA DEL COLEGIO

Son demasiados los padres que no saben nada de los castigos sin recreo, las expulsiones o las revocaciones de privilegios hasta que no ocurren, y resulta complicado hablar con tu hijo sobre acciones y consecuencias cuando desconoces la política del colegio sobre ellas. Si las normas del colegio difieren de las que hay en tu casa, también tendrás que saberlo. Y, por último, recuerda que si estás furioso o molesto por algo que ha hecho un profesor o por la disciplina que ha ejercido, habla con él sobre el tema y no hables mal de él delante de tu hijo. Resulta muy confuso para los chicos, sobre todo para los más pequeños, ver que sus padres y sus profesores, las figuras de autoridad que conocen, chocan.

No intervengas en las medidas disciplinarias del centro a menos que se haya cometido un malentendido atroz o se trate de algo que atenta contra la integridad física o de algo verdaderamente poco razonable. Puede que las normas del colegio no sean tus normas y puede que tú no impusieras las mismas medidas disciplinarias, pero tu hijo tiene que entender que en el mundo real, todos debemos cumplir normas con las que no siempre estamos de acuerdo. Tu hijo tiene que aceptar las consecuencias de incumplir una norma del colegio y recuperarse de ello para seguir con su educación.

Educar a los hijos pasando por las crisis que se producen en el colegio es un proceso emocional y doloroso. Yo también he sentido que perdía el control con los profesores, frustrada, me hubiera gustado incluso tomar represalias con algún pequeño por no hacerle caso a mi precioso hijo y tirarle arena a los ojos en el arenero del parque. Cuando me siento así, intento recordar que estoy siendo una buena madre cada vez que no intervengo en los momentos duros a los que mi hijo tiene que enfrentarse en clase o en el parque. La vida de mi hijo va a ser cada vez más difícil, más complicada emocionalmente, más frustrante. Esos profesores malos del colegio serán después profesores malos en la universidad y jefes malos en el trabajo y vecinos malos en la vida, y si evito que sienta la frustración y el malestar ahora que es un niño, solo conseguiré que sea más desgraciado de mayor. Cuando empiece a jugarse más con sus actos y los episodios dolorosos sean más dolorosos, tendrá que saber cómo resistir y buscar recursos para enfrentarse a ello sin acudir a mí. No salves a tus hijos. Deja que aprendan desde la guardería a enfrentarse con alguien que no los ha entendido bien o que no los ha tratado bien, deja que aprendan a defenderse, deja que aprendan a hacerse oír.

APOYAR LA COLABORACIÓN ENTRE ALUMNO Y PROFESOR, AUN CUANDO PAREZCA COMPLICADA

Las relaciones que los chicos forjan con sus profesores pueden llegar a ser de las más importantes de sus vidas. No conozco a nadie que no tenga recuerdos agradables e inolvidables de, al menos, un profesor, y cuando pedí a diferentes personas que compartieran conmigo los recuerdos más cálidos que tuvieran de sus profesores y por qué significaban tanto para ellos, las respuestas no se hicieron esperar.

Sinceramente, los más duros eran los mejores, los que parecían tener un interés personal y trabajaban contigo para que triunfaras.

La hermana John Andre, mi profesora de inglés en sexto curso adoraba también la gramática. Se apartaba de la pizarra en mitad del análisis sintáctico de una frase y se ponía a dar palmas de contento. Me inculcó su amor por el aprendizaje y fue la primera persona que dijo que yo sabía escribir.

La señorita Peters, mi profesora de inglés en la segunda etapa de secundaria. Me puso Muy deficiente en un examen y no volví a ir a su clase sin estudiar.

Mi profesor favorito se preocupaba por mí. Es así de sencillo. Se tomó el tiempo necesario para conocerme y gracias a aquello adquirí una especie de compromiso con él. Yo sabía que se preocupaba por mí y sería capaz de atravesar un muro por él.

Un niño tendrá diferentes profesores a lo largo de su educación. Algunos serán estupendos, otros, buenos, y otros serán malos, y tu hijo tendrá que aprender a lidiar con todos ellos. Con suerte, uno o dos de estos profesores serán recordados con cariño, como ejemplos que cambiaron su vida. Pero en algún punto del camino le tocarán en suerte profesores que no le gusten. Tendrá profesores con los que no sepa cómo hablar, otros tremendamente exigentes, profesores a los que no comprenda del todo y también profesores que no sepan dejar claras sus expectativas sobre sus alumnos. Y esto, queridos padres, es *bueno*. Esos profesores serán los que enseñarán a tu hijo cómo tratar con esas personas complicadas, desagradables, tercas y exigentes que se encontrará a lo largo de su vida. Tendrá jefes, empleados, amigos, novias, parejas y vecinos problemáticos, y tendrá que saber cómo tratar con ellos. Como madre sé lo doloroso que puede ser ver a tu hijo sufrir y sentirse incómodo con una relación mala. Cuando mi hijo sufre, cuando se frustra o se siente decepcionado con sus intentos de jugar según las extravagantes normas de un profesor, mi primera reacción es la de poner el grito en el cielo, agarrar a mi hijo y largarme. Pero el juego seguirá adelante con o sin mi hijo. Cuanto antes aprenda a adaptarse, mejor preparado estará cuando llegue el momento de jugar, independientemente de la versión de las normas que se siga.

11

DEBERES PARA CASA: AYUDAR SIN HACERLOS TÚ

LOS DEBERES PARA CASA PUEDEN adoptar muchas formas, desde una práctica hasta una preparación, algo inútil o algo útil, algo interesante o una verdadera tortura. Sea como sea, e independientemente de cuál sea tu opinión en cuanto al propósito y la utilidad de los deberes para casa, es tu *hijo* quien debe hacerlos, no tú. *Tu* trabajo consiste en apoyar, animar y redirigir a tus hijos desde que son pequeños, dejando claro lo que esperas de ellos pero quitándote de su camino.

Sí, sí, lo sé, es mucho más fácil decirlo que hacerlo. Es fácil hacerse a un lado y dar a tu hijo autonomía cuando se trata del repaso de datos matemáticos sencillos o de trabajos cuya entrega a largo plazo queda aún muy lejos. Sin embargo, cuando comienzan los llantos y las quejas, y los «¡No *quiero* hacer los deberes!» y «¡Es que son muy difíciles!» alcanzan el nivel de grito en toda regla, resulta tentador hacerlos tú o darle las respuestas correctas para que la tortura pueda terminar y la familia pueda seguir con lo que quiera que estuviera haciendo. No sucumbas. En estos momentos de estrés en los que la frustración de tu hijo llega a lo más alto se ocultan las oportunidades más valiosas de fomentar la diligencia, la perseverancia y la determinación de tu hijo. Los niños aprenden mejor lo que es perseverar en una tarea cuando les cuesta, cuando saben que no van a ser capaces de encontrar la respuesta o cuando sufren las consecuencias de la procrastinación o de una planificación chapucera. Y lo que es más importante, los deberes que les suponen un reto por la dificultad son más valiosos desde el punto de vista del aprendizaje que los que son fáciles, por eso te aconsejo que mantengas en tus trece. Sé fuerte. Cuando veas que el póster para el festival de las ciencias es una chapuza con pegotones de pegamento por todas partes y que hace ya rato que tu hijo debería estar en la cama, es precisamente cuando debes dar un paso atrás y apartarte.

Tal vez te parezca inofensivo el hecho de intervenir un poco, pero el daño es acumulativo. Cada vez que haces tú lo que le corresponde a él y le evitas el esfuerzo con un problema de matemáticas difícil o le redactas el principal argumento de una redacción, lo que consigues es socavar el sentido de la confianza y la autonomía de tu hijo. Terminar su tarea es su propio incentivo, una recompensa infinitamente mayor que las notas o las puntuaciones. Piensa en objetivos a largo plazo. Cuando ya se le pase el estrés de ese trabajo, puede que no se acuerde siquiera del póster o del problema de matemáticas al que tantas vueltas tuvo que darle o del argumento principal de aquella redacción que no le salía. Lo que sí se le quedará grabado, sin embargo, serán los beneficios que obtendrá a largo plazo cuando resuelva ella sola el problema de matemáticas o eche el resto con este experimento de ciencias hasta que llegue ella sola a la solución. Puede que se sienta decepcionada con su trabajo o su capacidad, o tal vez sienta vergüenza al día siguiente cuando tenga que enfrentarse a su profesora y a la clase con una respuesta que no es la correcta, pero tiene que aprender estas lecciones. Tu trabajo no consiste en ahorrarle la decepción o la vergüenza, sino comprenderla, apoyarla y ayudarla a encontrar la fuerza y la capacidad que necesitará para hacer los deberes del día siguiente. Deja que averigüe ella sola lo que averiguó su compañera cuando se enfrentó a su problema de matemáticas y a lo que le decía su ángel bueno una noche haciendo los deberes:

Un día por la noche, cuando estaba haciendo el último problema de matemáticas de una tanda especialmente difícil, se me ocurrió lo siguiente: «¿Y si no hiciera este último problema? ¿Y si lo dejara aquí?».

Yo sabía que podía resolver el problema, pero que me llevaría tiempo y no me apetecía. Lo estuve pensando un buen rato. Llegué a guardarlo todo y me fui a la cama, pero me desperté al cabo de varias horas decidida a terminarlo. Me levanté a la una de la mañana y lo terminé. Pese a la fatiga siguiente, me sentía bien. Sabía que lo había hecho lo mejor que sabía. Hacía mucho que no me sentía tan bien conmigo misma y con los deberes del colegio.

Si bien esta estudiante salió claramente beneficiada de su lucha con los deberes de matemáticas, padres, profesores y hasta los medios se han enzarzado en un acalorado debate sobre el efecto positivo desde el punto de vista educativo de mandar deberes para casa. La idea de «crisis de los deberes para casa» en Estados Unidos está explicada con todo detalle en el documental *Race to Nowhere* y ha ganado terreno en los medios populares. Aunque la Asociación Nacional de Educación (NEA por sus siglas en inglés) apuntaba en su trabajo «El foco de atención del estudio sobre los deberes para casa», que «la carga de trabajo para casa es la excepción más que la norma». Es más, afirman que «la mayoría de los estudiantes estadounidenses dedican menos de una hora diaria a hacer deberes, independientemente del curso, hecho que no ha variado en los últimos cincuenta años». La realidad de la «crisis de los deberes para casa» es que en la actualidad se mandan más deberes para casa, pero solo a dos grupos: los estudiantes más jóvenes (a los que tradicionalmente no se mandaban deberes) y los que se están preparando para entrar en la universidad. Por el contrario, la carga de deberes en los cursos medios y superiores de la mayoría de los colegios, sobre todo en aquellos con un menor rendimiento académico, se ha mantenido estable desde los años cincuenta, y en el caso de los colegios con el menor rendimiento de zonas marginales no tienen deberes en absoluto. Las recomendaciones de la Asociación Nacional de Padres y Profesores (PTA por sus siglas en inglés) configuran la vara de medir los niveles de deberes para casa para muchos centros, y dichas recomendaciones son el resultado del mejor trabajo de investigación disponible sobre la eficacia de los deberes para casa: de diez a veinte minutos al día en primer curso a lo que habría que sumar diez minutos según avancemos de curso. Dicho esto, si a tu hijo le mandan cantidades poco razonables de deberes para casa, sobre todo antes de la secundaria, es hora de hablar con los profesores y la dirección del centro para intentar que adapten la cantidad a las recomendaciones de la Asociación Nacional de Padres y Profesores.

Cuando los padres vean que su hijo se pasa horas con los deberes y se queja de que no le da tiempo a terminar, sugiero que echen un vistazo rápido a esta lista antes de ir a quejarse al profesor.

- Revisa la vista y la audición. Los problemas de vista y audición pueden ser la causa de que un niño no comprenda las cosas o de que sufra cambios en su rendimiento académico, causa que pasa desapercibida fácilmente a menos que los centros o los médicos realicen reconocimientos con regularidad.

- Asegúrate de que tu hijo duerma lo suficiente. Según la Asociación Estadounidense de Centros para el Control y la Prevención de Enfermedades, los preescolares necesitan entre 11 y 13 horas, los niños entre cinco y diez años, de 10 a 11, y los adolescentes una media entre 8,5 y 9,25. Menos causa estragos en la concentración, la memoria, el aprendizaje, la atención, la función ejecutiva y la conducta.

- Medir la dificultad. Si crees que tu hijo no puede manejar el trabajo que se le encarga, habla con el profesor. Y a la inversa; que el trabajo sea demasiado fácil también es un problema. Los trabajos de investigación sobre el tema demuestran que los chicos se desconcentran y pierden el interés cuando la tarea es demasiado simple y, por lo tanto, no sienten interés alguno. Ese *hilo* mágico que te lleva a perderte cuando realizas una tarea solo está cuando la tarea supone un reto. Esto y las dificultades beneficiosas desencadenan la codificación y si el alumno persevera, el dominio.

Tras comprobar objetivamente la visión, el oído, el sueño de tu hijo, y el nivel de dificultad que se le presenta, observa *cómo* hace los deberes.

Cuando oigo decir a los padres que un alumno se pasa horas haciendo los deberes, me gusta observar a ese alumno sin que se dé cuenta cuando trabaja en la hora de estudio o cuando trabaja en una tarea individual en clase. Algunos parece que trabajan, pero cuando me acerco, veo que en realidad pierden mucho tiempo dando vueltas de una cosa a otra, parándose y volviendo a empezar, haciendo dibujitos, y todo eso sin acceso a un ordenador, móvil o cualquier otra distracción obvia. Otros, los que se ponen manos a la obra y van tachando cosas de la lista según las terminan y antes de pasar a la siguiente, hacen el doble o el triple del trabajo que los que se distraen. Con frecuencia, los padres de los alumnos que pierden el tiempo mencionan la gran cantidad de deberes que tienen sus hijos cada día, a lo que nosotros respondemos que podrían completar gran parte en las horas de estudio, que los alumnos que aprovechan ese tiempo llevan mucho menos trabajo a casa que los que no lo hacen. Si los deberes parecen excesivos, prueba a hacer lo siguiente en casa. Observa a tu hijo cuando los hace y toma nota de cuándo trabaja de verdad y cuando se dedica a marear la perdiz con otras cosas. Si tras evaluar objetivamente el tiempo de «trabajo real» de tu hijo la cantidad de deberes te sigue pareciendo excesiva, entonces no hay duda: comprueba en qué asignaturas se mandan más deberes y habla con los profesores sobre el tema.

Si los profesores afirman que tu hijo está en minoría y que el resto de sus compañeros emplean una cantidad de tiempo razonable en hacer esos mismos deberes, intenta la cura del temporizador, en honor a uno de mis personajes favoritos de literatura infantil, la señorita Piggle-Wiggle, que tenía cura para todo tipo de mala conducta. La idea de esta cura del temporizador es de la profesora de matemáticas de secundaria, Alison Gorman, que se dio cuenta de que algunos de sus alumnos tardaban mucho en resolver los problemas que mandaba para casa, mientras que en la hora de estudio, sin distracciones y con un límite de tiempo para hacerlos, los mismos alumnos terminaban el trabajo y aún les quedaba tiempo muchas veces.

La mecánica de la cura del temporizador es la siguiente: observa en qué tema se demora más el alumno a la hora de los deberes y averigua cuánto tiempo tarda cada día. Imaginemos que es el álgebra. Si el alumno dedica noventa minutos solo al álgebra, redúcelo. Pon un temporizador que avise a los cuarenta y cinco minutos y deja claro que una vez pasados, ya no podrá seguir trabajando con álgebra, sino que tendrá que cambiar de asignatura. Asegúrate de que tu hijo vea el temporizador para que sepa cuándo se le va acabando el tiempo. Recuérdale que no puede dedicar media hora a un problema y esperar terminarlo todo en el tiempo asignado, de manera que tendrá que administrar el tiempo. Nueve de cada diez veces, el alumno termina dentro de la hora prevista.

Habla con el profesor antes para avisar que vas a realizar el ejercicio en casa. Con frecuencia, este dará al alumno un poquito de margen durante un par de días. Al menos sabrá por qué un problema o dos se han quedado sin hacer, lo que también significará una valiosa información para él, que podrá afirmar qué conceptos le cuestan más a tu hijo y podrá reforzar el ejercicio por su parte.

Veamos ahora detalles prácticos: cuándo debes ayudar y cómo, cuándo es hora de hacerse a un lado y cómo ayudar a tus hijos a encontrar el lado bueno de equivocarse en los deberes para casa. La clave consiste en concentrarse en el desenlace en vez de en las jugadas minuto a minuto, y no perder de vista los objetivos a largo plazo de una mentalidad de crecimiento, la autonomía, la competencia, el dominio y la diligencia.

Los siguientes son algunos pasos prácticos que puedes seguir para ayudar a chicos de todas las edades a aprender a organizarse, elaborar una estrategia y hacerse responsables de sus deberes. Los padres tendrán que enseñar estos pasos al principio a los niños pequeños para que desarrollen buenas costumbres, pero con el tiempo, tu hijo debería poder hacerlo solo. Si tu hijo es mayor y nunca ha dado el paso de hacerse cargo de su propio aprendizaje, darle el control de estos primeros pasos puede ser un punto de partida ideal.

- Repostar energía. Nuestro cerebro no puede funcionar en condiciones a menos que esté bien nutrido e hidratado. Prepara una buena merienda y agua —o anima a tu hijo a que se lo prepare él— para tener la energía que el cerebro necesita para estar alerta y despierto.

- Fuera distracciones. Hasta las más pequeñas, como el cambio entre tareas o un lapso de concentración momentáneo, pueden conducir a errores. Hace poco, un estudio demostró que incluso una distracción de tres segundos puede llevar a que se cometan el doble de errores, probablemente porque al distraerse, los detalles importantes de las tareas que se estuvieran realizando escaparon de la memoria a corto plazo. Busca un lugar tranquilo y sin distracciones para hacer los deberes.

- Entender las expectativas. Procura conocer lo que los profesores esperan de tu hijo. Muchos profesores envían a casa o publican en línea los planes semanales para que los padres estén al tanto de los trabajos que deben realizar sus hijos; aprovecha estos planes para aclarar lo que esperan los profesores y planifica el resto de la semana. Los profesores de primaria suelen enviar una carta a la familia en la que explican los conceptos que están viendo sus hijos en el colegio. Si los chicos mayores no tienen claro lo que se espera de ellos, anímalos a que hagan un seguimiento con sus profesores.

- Organización y estrategia. En las horas de estudio en el colegio, pido a mis alumnos que escriban una lista de puntos en la pizarra para poder seguir lo que tienen que hacer. Esto les sirve también para recordar a los compañeros no olvidar que tienen deberes de matemáticas o francés. En casa podrías preguntar a tu hijo: «¿Qué tal en inglés? ¿No revisas la gramática los lunes?» y ayudarlo de esta forma a priorizar las tareas.

- Sugiere a tu hijo que haga primero lo más difícil. Trabajos de investigación demuestran que el autocontrol es un bien limitado en el cerebro humano y hay más probabilidades de que las reservas estén en sus niveles más altos al empezar a hacer los deberes.

- Evaluar el producto final. Enseña a los chicos a hacer una pausa cuando terminan de hacer un trabajo y al final de la hora de deberes, y valora si el trabajo se ha terminado según las indicaciones. Algunos profesores piden a los padres que firmen los deberes de sus hijos, pero es mejor enseñar a los chicos a que sean capaces de valorar ellos si el trabajo cumple o no las expectativas. Una vez que sea capaz, informa al profesor de que ya no seguirás firmando los deberes, que tu hijo es responsable de firmar su propio trabajo.

- Completar lo que se pueda completar. Si tras repetidos intentos, tu hijo no consigue terminar, sugiérele que divida el trabajo en partes y que haga lo que pueda. Aquí es importante hablar con los profesores de primaria sobre sus expectativas. A algunos profesores les gustaría que los padres de sus alumnos los ayudaran con el trabajo y otros prefieren que los chicos dejen en blanco lo que no han podido hacer para comprobar qué sabe y qué no sabe hacer. En mi caso prefiero que el chico haga *algo* aunque no pueda completar la tarea completa. En una traducción complicada de latín, por ejemplo, yo le pido a mis alumnos que busquen las palabras que no saben en el diccionario o que marquen las categorías gramaticales de las palabras, aunque no sepan la traducción exacta al inglés. Cuantas más pruebas tenga de dónde se equivocan, mejor podré ayudarlos.
- Buscar el aprendizaje, no la perfección. Intenta concentrarte en qué es lo realmente importante de los deberes. No se trata únicamente de encontrar las respuestas acertadas, sino de dar a los chicos la oportunidad de practicar y ampliar sus habilidades con lo que han aprendido ese día, y prepararlos para las habilidades que aprendan mañana.

APOYO, ÁNIMO Y REORIENTACIÓN

Cuando tus hijos son pequeños, tu trabajo a la hora de los deberes consiste en estar cerca pero ocupado haciendo otras cosas, mientras que ellos hacen sus deberes. Estás presente pero sin agobiar. Prestas apoyo pero sin entrometerte. Suelo preparar la cena mientras mi hijo pequeño hace sus deberes en la mesa de la cocina. De esa forma estoy ahí si necesita apoyo, ánimo o reorientación, pero estoy haciendo otra cosa y no siento la tentación de intervenir cada vez que vacila o emite gemidos de queja para llamar la atención. Hasta los nueve o diez años, solía comprobar sus progresos cada diez minutos o así, para asegurarme de que lo estaba haciendo bien, pero ahora que ya es capaz de diferenciar él solo cuando se encuentra en un verdadero atasco y cuando se trata de un parón momentáneo con un concepto o indicación, me pide ayuda.

Es verdaderamente importante que los chicos sepan que tenemos que hacer otras cosas que sentarnos con ellos a esperar a que se atasquen con una duda. He hablado con muchos padres que admiten que eso es justo lo que ocurre en su casa todos los días a la hora de los deberes. Una mujer, madre de dos chicos de seis y nueve años, me dijo: «Nos sentamos todos juntos a la hora de los deberes, de manera que mi marido y yo podamos estar para ayudarlos cuando se atascan con algo». Otro padre pintaba una escena similar en la que explicaba que toda la familia se sentaba a resolver las rabietas y ataques de ansiedad de sus hijas a la hora de hacer los deberes. Su mujer y él pasaban horas todas las noches intentando ayudar a sus hijas de ocho y diez años con sus trabajos. En ambos casos, los padres querían estar presentes *cuando* sus hijos se atascaran con una duda, alimentando un ciclo de dependencia y expectativa en el que sus hijos acabarán, tarde o temprano, atascándose y necesitando la ayuda de los adultos.

Algunos libros de educación parental aconsejan que los hijos hagan los deberes primero y que luego reciban una recompensa en forma de libertad para jugar, mientras que otros recomiendan que primero se les dé la «recompensa» para evitar que hagan los deberes deprisa y corriendo para poder irse a jugar. A mí me gustaría proponer un concepto nuevo: pregúntale a tu hijo dónde y cuándo le gustaría hacer los deberes. Si la hora de los deberes es una batalla nocturna, pregúntale algo que tal vez esté deseando contestarte: «¿Cómo te gustaría hacer los deberes?». Cada niño es diferente. Algunos necesitan jugar un poco después de clase y gastar energía, y otros prefieren ponerse directamente con los deberes. Vicki Hoefle, experta en educación parental y autora del libro *Cinta aislante para padres,* cuenta una historia en sus presentaciones y en su libro sobre las batallas diarias a las que su marido y ella solían tener que enfrentarse con su hija de segundo curso. Vicki y su marido querían que su hija hiciera los deberes, y ella se negaba en redondo. Al final, en palabras de Vicki, «se me encendió la bombilla».

A la mañana siguiente, durante el desayuno, le hice la pregunta mágica.

—K, en un mundo perfecto, en un día perfecto, ¿cómo te gustaría ocuparte del asunto de los deberes? —No vaciló. Llevaba tiempo esperando que la escucháramos.

—Me levantaría a las 4:30 de la mañana. No puedo por la noche. Mi cerebro no da.

—De acuerdo. ¿Qué te parece si probamos a hacerlo como tú dices la próxima semana. Papá y yo no nos entrometeremos. Pero debes tener una cosa en cuenta. Tenemos que salir de casa a las 7:15. Sin excepción. ¿Podrás hacerlo?

Puede que lo pensara diez segundos antes de decir:

—SÍ.

Vicki y su marido estaban preparados para que el plan fallase, pero no falló. Su hija puso el despertador y se levantó a hacer sus deberes no solo la mañana siguiente de la conversación, sino que sigue levantándose temprano, y según Vicki, siguió haciendo los deberes a las cuatro y media de la mañana durante la universidad.

Cuando tu hijo haya elegido el momento y el lugar, dale tiempo y espacio para hacer su trabajo. Deja claro que estás haciendo otras cosas por allí cerca mientras él se ocupa de las suyas. Si has estado ayudándolo a hacer los deberes hasta este momento, el cambio será todo un reto, pero igual que cuando era pequeño te mantuviste en tus trece cuando tenía una rabieta hasta que se le pasaba, la rabieta de los deberes también pasará y tu hijo será más independiente y tendrá más seguridad en sí mismo.

Si bien hay estudios sobre la efectividad de los deberes que revelan que antes de la secundaria su valor académico es pequeño, sí conllevan beneficios no académicos. La capacidad de iniciar, retrasar la gratificación, ocuparse de terminar una tarea y perseverar a pesar de la frustración y la dificultad son habilidades de la función ejecutiva extremadamente importantes, y los deberes fomentan su desarrollo.

Aunque los estudios afirman que hay pocas pruebas que vinculen los deberes durante la educación primaria y los logros, particularmente apoyo un beneficio claro de los deberes: sirve para que los profesores sepamos cómo progresan los alumnos. Sin embargo, cuando los padres se inmiscuyen y «ayudan», los profesores se hacen una idea inexacta de ese progreso. Una profesora de matemáticas de secundaria me contó la historia de un alumno suyo de séptimo curso cuyos padres lo «ayudaban» hasta tal punto con los deberes que aunque las respuestas en el cuaderno eran siempre correctas, el trabajo contenía conceptos avanzados de matemática, ideas que el alumno rara vez conseguía explicar en clase cuando salía a la pizarra. Esta profesora lamentaba que así nunca sabría realmente el nivel de conocimientos logrados por ese alumno, pero bromeaba diciendo que «andaría entre su brillantez y sus deberes sospechosamente por encima de su nivel y su irregular trabajo en clase por debajo de la media».

Según van aprendiendo a hacerse responsables de sus deberes y a perseverar aunque les cueste, los chicos empiezan a recoger los verdaderos frutos de su perseverancia: orgullo y confianza. Kay Wills Wyma relata una historia sobre su hija Snopes en su libro *Cleaning House: A Mom's 12-Month Experiment to Rid Her Home of Youth Entitlement.*

En una ocasión, Snopes, que estaba en quinto, me pidió que la ayudara con un trabajo de inglés, y no pude evitar involucrarme más y más. Yo intenté guiarla para que consiguiera tener un lenguaje descriptivo, pero tardaba mucho. No tenía tiempo para soportar los balbuceos y buscar palabras. Sus hermanos competían a gritos por mi atención. Así que en vez de quedarme detrás de mi hija y dejar que escribiera en el teclado (tan despacio como tuviera que ser), animarla a elegir las palabras adecuadas y a corregir sus errores, la aparté de un empujón literalmente y me puse yo delante del ordenador. Corregí todos los errores gramaticales, incluí detalles que faltaban y añadí un toque creativo que atrajera la atención del lector. Su redacción sobre la novela de Brian Jacques, *Redwall,* salió del capullo convertido en una hermosa mariposa, nada que ver con la oruga peluda que me había enseñado un poco antes.

Cuando llegó del colegio con la redacción y un enorme «97» escrito con rotulador rojo (rodeado con fuegos artificiales), acompañada además de una nota de la profesora diciendo lo orgullosa que estaba de su trabajo, Snopes me miró avergonzada, no orgullosa. No era su trabajo el que habían elogiado, y lo sabía.

Snopes terminó perdiendo algo más que elogios sinceros y merecidos. Se perdió todas esas dificultades beneficiosas que habrían contribuido a solidificar las habilidades que se suponía que iba a aprender con la redacción. Piensa en el ejemplo clásico del proyecto de ciencias con la ayuda excesiva de los padres. No hay área académica en la que se vea más claro el carácter beneficioso y productivo que en la investigación científica. Que el proyecto sea un absoluto fracaso, que parta de una hipótesis errónea, es bueno. En ciencia, los resultados negativos no se ven como fracasos, sino como datos útiles.

Cuando apoyas a tus hijos con los deberes, su necesidad de encontrarse con dificultades beneficiosas debe estar en el número uno de tu lista de prioridades. Cuando se sienten frustrados, los niños se quejan, lloriquean y gritan porque se han quedado atascados con algo, y amenazan con dejarlo para que intervengas y los ayudes. En esos momentos debes resistir la tentación. El psicólogo, autor y orientador escolar, Michael Thompson, sugiere que los intentos de los niños se vuelven más manejables cuando les prestamos apoyo. «Los niños necesitan que reconozcamos su esfuerzo y que les prestemos atención. Eso no significa intervenir de inmediato, o empezar a gritar y dejar que cunda el pánico, o sacar conclusiones apresuradas». Reconoce su esfuerzo y empatiza con tu hijo, mantén una actitud de soporte de la autonomía y reorienta cuando sea necesario. Si de verdad se ha atascado, sugiérele que observe el problema desde otro punto de vista, pero no entres a solucionárselo tú.

Está claro que hay una delgada línea entre los esfuerzos que conducen al aprendizaje y los que condenan el aprendizaje y la motivación intrínseca. En su primer año de latín, los alumnos no pueden traducir *La Eneida*, y si les pidiéramos que lo hicieran, no conseguiríamos que aprendieran nada, solo que se frustraran y se enfadaran. Igual que tenemos que aprender a diferenciar entre el lloriqueo de dolor sincero por algo y el que indica una frustración momentánea o una llamada de atención, tenemos que aprender a oír las súplicas de ayuda con los deberes porque no es lo mismo que tengan dificultades que son incapaces de superar solos a que se encuentren con dificultades beneficiosas y transitorias. No es tarea fácil, y el objetivo se encuentra en movimiento constante. Las habilidades y necesidades diversas de los niños pequeños van cambiando, y algunos son más independientes que otros. Según vayan saliendo a la luz sus talentos y sus déficits cognitivos y emocionales idiosincrásicos, tu papel tendrá que fluir para adaptarse a sus necesidades. Tu papel en los deberes no será el mismo cuando tus hijos están en primero que cuando están en quinto curso, pero debes poner la vista en el futuro. Estás ahí para ayudar a tus hijos a convertirse en personas independientes, que pueden confiar en sus habilidades en desarrollo.

Por último, cuando la sesión dedicada a los deberes esté a punto de terminar, recuerda las lecciones de Carol Dweck y la mentalidad de crecimiento. Elogia a tu hijo por esforzarse tanto con sus trabajos, sobre todo cuando se encontró alguna dificultad en el camino que lo llevó al límite de sus capacidades. Déjale bien claro que valoras su perseverancia tanto, si no más, que las respuestas a cada problema que puso en su cuadernillo. Siempre que sea posible, reitera el concepto de que cuanto más nos esforzamos en nuestro trabajo, más ensanchamos la capacidad de nuestro cerebro y somos más inteligentes.

EXPECTATIVAS CLARAS Y ESPACIO PARA APRENDER

Cuando las habilidades de la función ejecutiva empiezan a desarrollarse al comenzar la secundaria, es hora de dejar que tu hijo se ocupe de sus responsabilidades. Al comienzo de la primera etapa de secundaria, cuando según los trabajos de investigación los deberes para casa empiezan a tener beneficios desde el punto de vista académico, es cuando estas tareas adquieren una relevancia académica que irá aumentando. Los deberes, cuando se planifican y preparan adecuadamente, no son trabajo improductivo. La calidad de las tareas apuntala el conocimiento que ya ha sido codificado, e insta a los estudiantes a aplicarlo en contextos nuevos. Este último aspecto del aprendizaje, en el que los estudiantes crean respuestas en vez de limitarse a memorizarlas, se conoce como *aprendizaje generativo*. Los deberes que promueven este aprendizaje ofrecen a los estudiantes la oportunidad de jugar con sus habilidades, de practicar el método de ensayo y error, y de crear sus propias respuestas. Si bien el aprendizaje generativo es vital para alcanzar un dominio, también es *duro*. El aprendizaje generativo no llega con facilidad, y cuando se ponga en marcha, ya puedes esperar sangre, sudor y lágrimas, por muy valioso y preciado que sea. No se parecerá a los deberes que ponían en primaria, en los que cada respuesta iba en su cuadrito correspondiente del cuadernillo de matemáticas. El aprendizaje generativo, cuando se hace bien, requiere salirse de la línea, no hacer caso de las fronteras que delimitan una asignatura y requiere que los estudiantes lleven sus habilidades al límite.

Hace poco tuve la oportunidad de presenciar una exhibición de aprendizaje generativo especialmente desastrosa mientras participaba como jurado durante los ensayos de un equipo de secundaria con el proyecto con el que iban a participar en el desafío FIRST Lego League. FIRST Lego League es un programa educativo de robótica en el que los equipos formados por niños inventan una solución a un determinado problema relacionado con el mundo real. Cuando le tocó el turno de hacer su presentación a mis estudiantes, me revolví inquieta en mi asiento mordiéndome la lengua mientras ellos intentaban comunicar soluciones a los problemas identificados, pero se equivocaban y volvían a intentarlo. Tuve que esforzarme mucho para no echarme las manos a la cabeza de exasperación cuando sus prototipos no funcionaron como debían y se pusieron a discutir sobre soluciones alternativas e improvisaciones de último minuto provocadas por dichos fallos. Me preocupaba el papel que pudieran hacer al día siguiente en la competición real, porque estaba claro que los prototipos no iban a funcionar en el mundo real, y mucho menos delante de un jurado. Al día siguiente, recibí un correo electrónico del padre que hacía de entrenador del equipo para darme las gracias y para decirme que los chicos habían recibido un premio por su trabajo. El premio distinguía especialmente el enfoque que le habían dado al desafío presentado y por encarnar tan bien los valores primordiales de la competición. Esos valores afirman muy especialmente: «Lo que descubrimos es más importante que lo que ganamos». Todos los fallos, que habían estado a punto de provocarme una úlcera, terminaron en una espléndida oportunidad de aprendizaje para los estudiantes.

Para poder sacar provecho del aprendizaje generativo complejo en los trabajos que deben realizar los estudiantes a lo largo de toda la secundaria, puede que algunos estudiantes sigan necesitando orientación cuando las habilidades de la función ejecutiva entran en juego, como en lo relativo a la planificación a largo plazo y el manejo del tiempo. Sin embargo, estos estudiantes en proceso de maduración deberían llevar su propia agenda o calendario y empezar a hacerse responsables de su trabajo y sus fechas de entrega. Lo que está claro es que una vez que empiecen la segunda etapa de secundaria, los alumnos tienen que tener el tema de los deberes absolutamente bajo control, y a menos que quieran explicarte en detalle un determinado trabajo o quieran tu opinión sobre una idea, los padres no deberían involucrarse para nada en el asunto.

RECUERDA CUANDO ERAS PEQUEÑO, LOS días en los que te sentías preparado para ir al colegio después de haber hecho tus deberes, sabiendo que los llevabas bien, *seguro* de ti mismo. ¿Te acuerdas de cuando ibas al colegio andando o en el autobús por la mañana, ansioso para que empezara la clase porque no solo querías que te sacaran a la pizarra, sino que te morías de ganas de pavonearte por lo bien que lo habías hecho? Ten en mente esa sensación cuando sientas la tentación de hacerle los deberes a tu hijo. No le prives de vivir esa sensación de competencia. Permítele que experimente tanto los fracasos como los triunfos y deja que sienta que su trabajo y sus habilidades son verdaderamente suyos, y que está orgulloso de ello. Dale ánimos, pero no te sientes a su lado dándole la mano toda la vida. Este es su viaje, su aventura contra los dragones en busca de recompensas justas.

12

LAS NOTAS: EL VERDADERO VALOR
DE UNA BAJA PUNTUACIÓN

E L AÑO PASADO RECIBÍ UN correo electrónico de Maggie, una madre desesperada que escribía para pedirme consejo sobre su hijo, John, que estaba a punto de ser expulsado del centro especializado para chicos inteligentes por culpa de sus malas notas. Como los otros colegios del distrito en el que vivían eran horribles (tanto que habían despedido al director y a muchos de los profesores), necesitaba desesperadamente que no lo echaran del centro en el que estaba matriculado. Los profesores de John se reunían a la mañana siguiente para decidir su futuro.

Admito que he cometido todo tipo de errores de sobreprotección, como satisfacer todos los caprichos de mi hijo con la comida o llevarle la comida al colegio cuando se le olvida. Las estanterías de su cuarto están llenas de trofeos y tiene varias medallas por haber sacado la puntación máxima en los exámenes finales FCAT y en competiciones de matemáticas. No ha tenido que estudiar nunca ni que esforzarse para sacar buenas notas o para ganar los premios PRIDE de su colegio (a la mejor nota). Estar en este colegio está obligándolo a trabajar como no ha tenido que trabajar en su vida y ha sacado malas notas en las materias que son su fuerte, las matemáticas y la lengua. Creo que he hecho todo lo que he podido, solo me queda ir con él a clase y ver cómo se comporta. Lo atosigo y presiono, y cruzo los dedos. Ahora que ha sacado unas notas malas y que se arriesga a que lo expulsen, afirma que quiere quedarse en el colegio. Jamás había dicho nada de querer ir al colegio, a ninguno, así que creo que es una buena señal.

Le sugerí a Maggie que hiciera lo siguiente:

Lo primero, mantener una charla seria con John para saber si estaba decidido de verdad a no perder su plaza en el colegio. Le dije que fuera sincera, que le explicara la complicada situación en la que se encontraba y que le describiera cómo eran los otros colegios del distrito. Por último tenía que decirle a su hijo que tenía un plan, pero que solo funcionaría si él estaba dispuesto a hacer lo que fuera necesario para reclamar su puesto legítimamente en aquel colegio.

Si John dice que sí, que está listo para hacer lo que haga falta para quedarse en el colegio, es hora de mostrarle a Maggie las que deberán ser sus nuevas expectativas para él.

- El colegio y todo lo que implica será responsabilidad de John: los deberes, la organización, la planificación, todo.
- Maggie no atosigará, no recordará, no persuadirá ni se entrometerá de ninguna manera en lo que John haga para conseguir el éxito.

John aceptó las nuevas expectativas y firmaron el pacto. Al día siguiente, Maggie se reunió con los profesores de John, les describió su determinación a ganarse un puesto legítimo en el colegio y propuso que lo tuvieran a prueba un trimestre, tres meses más para que John demostrara su valía y su compromiso. Los profesores, al notar la desesperación de Maggie, aceptaron. Maggie prometió estar en contacto y me quedé a la espera de los resultados de los tres meses de prueba.

SEGÚN MI EXPERIENCIA, INCLUSO LOS padres más entusiastas con respecto a la promoción de la autonomía de sus hijos se ponen nerviosos y empiezan a cuestionarse a sí mismos cuando están en juego las malas notas. Incluso los padres más incondicionales del método de soporte de la autonomía pueden sentir la tentación de retomar conductas controladoras y dominantes cuando aparecen las malas notas para manchar los expedientes de sus hijos. Sin embargo, esos insuficientes y sí, incluso los horribles muy deficientes, pueden despertar a un alumno y conseguir proporcionarle el impulso necesario para hacerse cargo. Estos malos momentos son con frecuencia los dos caminos metafóricos que se bifurcan, oportunidades para decidir qué es lo que les importa y si quieren implicarse en el aprendizaje o no.

Voy a ser yo la que mencione el enorme elefante rosa en mitad de este capítulo. Las notas. No hay forma de suavizar esta desafortunada realidad, así que lo diré sin rodeos. Las notas son las recompensas extrínsecas para premiar el rendimiento académico. Las recompensas extrínsecas socavan la motivación y el aprendizaje a largo plazo. Por lo tanto, las notas socavan la motivación y el aprendizaje a largo plazo. Ya está. Identificado el elefante. Me encantaría poder llevármelo de la habitación y sustituirlo por algo más manejable y más atractivo, pero como nuestro sistema de educación actual se basa en notas a cambio de un rendimiento, no tengo otro remedio que hablar sobre cómo reciclar nuestro cerebro y a nuestros hijos para que sean capaces de no hacer caso a la bestia y fijarse en las otras recompensas más significativas que la gran sombra de las notas oculta.

Con los años, mis alumnos han compartido conmigo sus muchas frustraciones relacionadas con las notas y el impacto que estas tienen sobre el aprendizaje y la motivación, y con frecuencia también en sus redacciones y trabajos escritos. Sus frustraciones colectivas están muy bien resumidas en esta redacción de una alumna que explicaba así su experiencia en primaria y la primera etapa de secundaria.

Antes de tercero, cuando las puntuaciones y los porcentajes no tenían todavía importancia, escribía libre y sinceramente sobre aquello que me hacía feliz. Pero luego empezaron a aparecer aquellos números extraños en mis ejercicios, números que representaban la aprobación o el desdén de otras personas. Al principio, esos números eran figuritas incómodas que obstaculizaban mi capacidad de escribir sin preocupaciones. Pero enseguida empecé a confiar en ellos. Me volví adicta a los sobresalientes, deseaba que me los pusieran a la primera señal de elogio. Y empecé a alejarme de lo que escribía cuando era más pequeña. Antes de que me diera cuenta, escribía solo para conseguir aquellas marcas retorcidas de color negro y rojo.

Los estudiantes no son los únicos que reconocen el efecto negativo de las calificaciones. Los profesores escriben y hablan cada vez más del daño que hacen las notas al aprendizaje de sus alumnos y al frágil vínculo entre profesor y alumno. El profesor de inglés de secundaria K. C. Potts repite el siguiente discurso a sus alumnos al empezar el curso cada año:

> Muchas veces les diré que las notas son lo peor que le ha podido suceder al aprendizaje, y que hasta que encuentren la manera de establecer una relación sana con ellas los atormentarán y frustrarán, les causarán preocupación y estrés, y harán que a veces no se sientan demasiado bien con ustedes mismos. Una de las tareas de la educación es ayudaros a reconocer sus puntos fuertes y sus puntos débiles. Intenten evitar el juego de las comparaciones en el que juzgan su rendimiento comparándolo con el de sus compañeros. Hacerlo es inevitable y contraproducente. El problema no es lo que los otros pueden hacer, sino lo que puedes hacer *tú*.
>
> Muchos de ustedes aspiran a obtener notas altas porque les parece que es el billete a la universidad que elijan. Y sí, las notas importan. ¿Pero son un indicativo de lo que pueden hacer? La mejor motivación es la de aprender a hacer las cosas bien. Un sobresaliente indica que el estudiante «sabe jugar al juego que le plantea el colegio». Pero la experiencia nos dice que NO siempre demuestra un verdadero dominio del contenido.

Incluso los padres admiten que las notas se interponen en su relación con sus hijos. «Nunca pensé que sería ese tipo de madre, pero aquí estoy. Las notas me están matando. Pienso en las notas de mis hijos a todas horas, todos los días. Sé que no está bien, que es una estupidez, y sé que los chicos se enfadan conmigo cuando lo hago, pero no puedo evitarlo, y últimamente tengo la sensación de que es de lo único que hablo con ellos».

Las notas, o cualquier otro intento de clasificar a los alumnos según su rendimiento, lleva siendo una espinosa realidad dentro de la vida académica desde los primeros días de la educación en Estados Unidos. Los primeros ejemplos de boletines de notas datan de 1817 y se centran principalmente en lo atentos, ordenados y preparados que estaban los alumnos en clase, y no contenían mención alguna al rendimiento académico. Esto se juzgaba basándose en los exámenes finales o como los denominó el presidente de Harvard en 1857, «test de conocimientos». Eran exámenes escritos, pruebas orales individuales con un instructor o ante un tribunal de examinadores, muy parecidos a las defensas de las tesis actuales. Incluso en los primeros días de existencia de las notas, los profesores y los coordinadores ya tenían dudas sobre su utilidad para medir el aprendizaje y el dominio de una materia. El presidente de Yale, el reverendo Timothy Dwight V, expresó sus preocupaciones sobre las imperfecciones del sistema de examinación y calificación allá por 1898.

Hay como mínimo dos o tres males e imperfecciones en el sistema. Uno de ellos ya se ha insinuado, la impersonalidad, si se me permite la expresión, inseparablemente unida a ellos; es decir, la ausencia necesaria de comunicación personal entre la mente del examinador y la mente del que se examina.

Teniendo en cuenta que el descontento viene de lejos, es extraño que las puntuaciones en los exámenes y las notas hayan alcanzado el poder que tienen actualmente en la educación. Hablamos de ellas cada vez que nuestro hijo llega del colegio («¿Qué tal el examen de francés?»). Nos lo recuerdan por correo en forma de informes del progreso de nuestros hijos, informes de mitad del trimestre y boletines de notas. Las modernas plataformas de *software* permiten a los padres la posibilidad de comprobar las notas de sus hijos a cualquier hora del día, todos los días de la semana cómodamente desde su casa. Tenemos que hablar de ellas en las reuniones con los profesores, y aun cuando no hay nada que nosotros, o nuestros hijos, puedan hacer para mejorar esas notas, tenemos que compartirlas con las universidades y confiar en que sean lo bastante generosos como para aceptar la admisión.

Profesores, padres y alumnos confían en ellas y las odian al mismo tiempo, y hay abundantes pruebas que demuestran que las calificaciones son casi la peor manera de promover el aprendizaje mediante la motivación intrínseca. Un grupo de investigadores pidió a varios alumnos de quinto curso que leyeran un extracto de un libro de texto. Era uno de los ejemplos clásicos que salen en los exámenes estandarizados, algo que no es muy interesante y requiere que prestes atención. A un tercio de los chicos se les dijo que leyeran el extracto nada más, al otro tercio se les dijo que les iban a hacer un test con nota para comprobar que lo habían entendido, y al tercero se les dijo que les harían un test pero que no les pondrían nota. El test se les hizo a todos al final. Los dos grupos que no esperaban que les fueran a poner una nota lo hicieron mejor que los que sí sabían que les iban a poner nota. Es más, mostraron más interés y curiosidad por la lectura. En otro estudio realizado en Japón, un investigador entregó a un grupo de alumnos de primera etapa de secundaria una hoja de problemas matemáticos a la semana. A la mitad les dijo que las notas no contarían, que solo estaba utilizando los problemas para monitorizar su aprendizaje y su progreso. Al otro grupo le dijo que aquellos problemas influirían en su nota final. Nuevamente, los chicos que no estaban preocupados porque aquello fuera a influir en su nota final aprendieron más y mostraron más interés y curiosidad. Las diferencias siguieron siendo así con el tiempo. Cuando los investigadores regresaron más adelante para hacer el mismo estudio a los mismos chicos, los que no esperaban que los fueran a calificar retuvieron mayor cantidad de contenido que los que lo hicieron con la idea de que los iban a calificar en mente.

LAS NOTAS SON ALGO MOLESTO y agotador, y pese al debate abierto sobre otras alternativas más eficaces, no desaparecerán a corto plazo. Pero sí hay formas de promover la motivación intrínseca y el aprendizaje a largo plazo a pesar de ellas.

VER LAS NOTAS CON PERSPECTIVA

Las notas no miden la valía de nuestros hijos, y con frecuencia ni siquiera sirven para medir con exactitud sus habilidades. Los profesores lo sabemos, y aun así caemos en la trampa de equiparar a nuestros alumnos con sus notas. Si bien las notas *pueden* ser una de las herramientas de medida de la habilidad, con frecuencia son una forma de medir las destrezas de los alumnos triunfadores: habilidades de la función ejecutiva sólidas, docilidad, ganas de agradar, capacidad de seguir instrucciones y autodisciplina. Cuando escucho hablar a algunos alumnos mientras debaten sobre los méritos de las notas, me queda claro que los chicos entienden esta realidad. Si das con un profesor honesto y comunicativo en el momento justo, puede que también él admita que lo sabe. Las notas, pese a todo el peso que tienen en nuestra cultura, tienen menos importancia que el aprendizaje. El aprendizaje es la clave para comprender cómo funciona el mundo, y el universo que lo rodea; comunicarse con otras personas e innovar en nombre del futuro de la sociedad. Las notas son la llave para algunas instituciones académicas y las puertas de unos cuantos despachos. Yo preferiría que mis hijos y mis alumnos valorasen lo primero en vez de lo segundo.

Por si eso no fuera incentivo suficiente, piensa en esto: puede que tu hijo quiera pasar más tiempo contigo si dejas de hablar de las notas. En una reunión de orientación en un instituto de secundaria local, un padre preguntó a un alumno del grupo que estaba presente: «¿Qué consejo nos darías a los padres sobre cómo ayudar a nuestros hijos para que su primer año de secundaria sea bueno?». Y esta fue su respuesta:

> Yo diría que dándoles espacio y no hablando del colegio y de las notas a todas horas. Estar ahí y hablar con ellos, en la cena o en el coche, por

ejemplo, pero sobre cosas de las que quieran hablar. En mi casa todos cenamos juntos todas las noches y yo quería estar con mis padres y hablar con ellos, de verdad, pero no del colegio y de las notas, sino de mi vida y de las cosas que me estaban pasando. Cuando solo hablan de las notas, no quiero estar con ellos, y tengo la sensación de que es lo único que les importa.

A medida que mis hijos se van haciendo mayores y tengo que competir con sus amigos, con la tecnología y con todas las demás diversiones que forman parte de sus vidas por su atención y conversación, creo que el consejo de esta chica es esperanzador. Si lo único que tengo que hacer es dejar a un lado el tema de las notas para poder disfrutar de un poco más de tiempo con ellos, estoy dispuesta.

HACER ÉNFASIS EN LOS OBJETIVOS EN VEZ DE EN LAS NOTAS

Una forma de ver las notas con perspectiva y ayudar a que los chicos tengan el control de su educación es cambiar el foco de atención de sitio y en vez de centrarlo en las notas, dirigirlo hacia los objetivos. Como los objetivos los determina cada uno, no los profesores, pueden resultar mucho más útiles para medir el éxito. Cuando los chicos establecen sus propios objetivos de aprendizaje, ganan sentido de la propiedad y la competencia. Sacar mejores notas puede proporcionar una alegría temporal, sobre todo cuando el alumno ha trabajado mucho, pero conseguir un objetivo que se ha marcado uno mismo siempre trasciende la excitación de un boletín de notas lleno de sobresalientes.

Los objetivos pueden ser una excelente forma de motivar y mantener el interés en el colegio, pero para ser eficaces, los objetivos deben ser propios de tu hijo. Da igual lo pequeños o ilógicos que te puedan parecer, son sus objetivos, y deberías respetarlo. Incluso los objetivos no académicos y aparentemente frívolos son importantes, porque el proceso de establecerlos no tiene que ver con el objetivo en sí, sino con la determinación y el coraje que se necesita para ponerle nombre a una ambición y cumplirla con éxito. El mero hecho de que hables con ellos de las cosas que quieren conseguir con el tiempo les demuestra que respetamos sus necesidades y aspiraciones.

Mientras tu familia establece sus objetivos, trabaja tú en los tuyos. Cuando creas que te estás inmiscuyendo o que te estás pasando dando consejos, tómate un vaso de agua o excúsate para ir al baño. Inspira profundamente varias veces y recuérdate cuál es el objetivo: la autonomía sobre los objetivos que uno mismo se marca conduce a la motivación intrínseca, que a su vez conduce a un mejor aprendizaje y a triunfar en la vida. Y respira.

Pero entre respiraciones, no olvides elogiar el esfuerzo, la diligencia y la perseverancia. «Estoy orgulloso de ti por lo bien que te has organizado esta semana y por haber recogido todos tus papeles. Sé que es un rollazo, pero no te has echado atrás». Frases que se repiten a menudo en nuestra casa son: «Me has dejado impresionada con lo mucho que te has esforzado en mantener tu habitación limpia» y «Tiene que ser agradable poder dibujar en una mesa recogida».

PROCURAR RETROALIMENTACIÓN EN VEZ DE PUNTUACIONES

Si bien las puntuaciones y las calificaciones dan más importancia a las notas que a aprender, hay un aspecto de los boletines de notas actuales que sí resulta verdaderamente útil, sobre todo si se emplea adecuadamente. Los comentarios y la retroalimentación sobre el rendimiento de los alumnos son, según estudios de investigación realizados, «más útiles que las notas a la hora de promover la automotivación para aprender y conseguir mejores resultados». Los profesores de primaria saben cómo expresar esa retroalimentación en los boletines de notas, pero en cuanto las notas relevan a los comentarios como método de evaluación principal, estudiantes y padres salen perdiendo al final. Cuando los profesores hacen un comentario como este: «Has ordenado muy bien las ideas en este trabajo y el principal argumento está bien formulado, pero los párrafos que forman el cuerpo del trabajo no tratan la cuestión que expones en la presentación» en respuesta al borrador de un trabajo escrito, el alumno entiende que están elogiando los aspectos positivos de su trabajo, y también que le están señalando los fallos y le están dando información útil para hacerlo mejor. De esta forma, la retroalimentación informativa sirve para elogiar el esfuerzo, a la vez que impulsa la motivación intrínseca, el entusiasmo por el trabajo y el rendimiento en próximos trabajos.

Como las notas no proporcionan a los padres ni a los estudiantes información alguna sobre habilidades específicas (o como se dice en el ámbito de la educación, «competencias») que domina un alumno, muchos centros educativos están pasándose a un método de evaluación denominado «calificación según estándares» y abandonando el sistema de calificación por puntos. La calificación según estándares evalúa las habilidades o las competencias que el colegio ha establecido que deben adquirir los alumnos a lo largo del curso en cuestión. Por ejemplo, si un centro sigue la lista completa de habilidades que se describen en el sistema de estándares estatales en materias generales (Common Core State Standards), y los de las matemáticas de segundo curso exigen que un alumno debe saber cómo se representa cien en grupos de diez, el profesor podrá informar a los padres si su hijo ha llegado a dominar esa habilidad en particular o no. Mientras que una nota B no dice nada sobre el dominio de una habilidad en particular, el sistema según estándares resulta de gran ayuda a padres y también a los centros justo por esa razón: porque conlleva información específica y útil que tenemos que conocer para determinar el progreso de los alumnos hacia el dominio de las habilidades establecidas para el curso.

Si en el colegio de tu hijo las notas son el único método sumativo de evaluación que contemplan, pide más información en las reuniones con los profesores y pásasela después a tu hijo. Asegúrate de incluir también la parte crítica que ofrece la información más útil sobre la evolución de tu hijo. Explica al profesor que a tu familia le gustaría recibir *retroalimentación* constructiva en vez de unas notas numéricas, ya que les parece un método más útil, y planta la semilla de la evaluación según estándares para que el personal docente del centro lo trate en futuras reuniones. Si el movimiento actual hacia este sistema de evaluación empieza a ganar terreno, más colegios cambiarán de dirección en los próximos años. Sé que yo soy una gran seguidora de métodos en los que se da más información en lo referente al progreso, los déficits y también los puntos fuertes de los chicos.

DEJAR QUE LOS CHICOS DIRIJAN SU PROPIO CAMINO

Otra oportunidad de dar a los chicos mayor autonomía y control sobre lo que aprenden es la elección de asignaturas. Cuando le llegue el momento de elegir qué clases quiere tomar, normalmente al empezar la primera etapa de secundaria o al principio de la segunda etapa, debería ser tu hijo quien lo hiciera, no tú. Al sentarse con el catálogo de optativas y dar prioridad a la lengua, la música y las matemáticas, comienza a crearse sus propias expectativas y objetivos en su mente. Tener la posibilidad de elegir es uno de los aspectos más importantes para establecer la autonomía, y que los chicos decidan qué clases quieren tomar, a qué hora y con qué profesores, es una forma de decirles que son dueños de su educación.

Sí, sé que quieres que tu hijo entre en una buena universidad y que su orientador ha hecho mucho hincapié en que *debe* elegir las clases siguiendo un perfecto equilibrio diseñado para despertar el entusiasmo de los encargados de las admisiones en dichas universidades. Sin embargo, ¿qué prefieres: que tu hijo esté entusiasmado por ser el dueño de lo que quiere estudiar y que se esfuerce por conseguir sus propios objetivos, o que tu hijo no tenga interés en lo que estudia porque tiene la sensación de que no lo ha escogido él? El primero obtendrá mejores resultados académicos, tendrá una experiencia educativa más feliz y es mucho más probable que consiga los objetivos que él mismo se ha marcado. Puedes controlar hasta el menor de los movimientos de tu hijo o dejar que sea autónomo y que tenga motivación intrínseca, pero las dos cosas no.

Cuando veas que tu hijo trabaja para conseguir sus objetivos, asegúrate de que sepa que tu definición de éxito incluye perseverar frente al fracaso. A mí me gustaría más enseñar a un chico que corre riesgos, aunque el resultado no sea el deseado. Los estudiantes que tienen demasiado miedo a equivocarse suelen realizar un trabajo aburrido, poco creativo y mediocre. Intento empujar a mis alumnos a correr riesgos, a pensar de forma poco convencional y a enfrentarse a una tarea como si no le fueran a poner nota por ella.

BUSCAR ADORNOS ALTERNATIVOS PARA EL REFRIGERADOR

Mientras tu familia se encuentra en ese paso de la evaluación en forma de notas a la evaluación por objetivos y aprendizaje, intenta no divinizar los boletines de notas como si fueran el único árbitro posible de los logros académicos. Puede que te tiente la posibilidad de pegar ese boletín de notas lleno de sobresalientes, pero al hacerlo le estarás dando a tus hijos el mensaje que los quieres por sus notas, no por lo que son. ¿Qué piensas hacer con los boletines, trabajos y exámenes «negativos»; ¿no los pegarás también? A tu hijo le queda bien claro el mensaje cuando no paras de decirle lo orgulloso que estás de él y lo listo que es cuando saca buenas notas, y cuando frunces el ceño cuando suspende. Una manera más adecuada de enfocar el asunto de las notas y los boletines es hablar con los chicos sobre lo que les gustó del trabajo o la clase en la que sacaron tan buena nota. Pregúntales cómo prepararon tal examen de francés y qué prefirieron no estudiar. Cuando saquen mala nota, pregúntales qué aspectos cambiarían la próxima vez, pregúntales que estrategias le salieron bien y cuáles fueron mal. Las notas deberían ser una forma de medir el progreso, no un destino, por eso debemos concederles la importancia y la atención que merecen, no más.

CUIDADO CON LOS SISTEMAS INFORMÁTICOS DE CALIFICACIÓN

A medida que los colegios van adoptando sistemas informáticos de calificación para uso de profesores y personal escolar, como Power-School o iParent entre otros, deben decidir también si quieren conceder a estudiantes y padres acceso a las calificaciones y hojas de asistencia veinticuatro horas al día, siete días a la semana. Si el colegio de tu hijo lo ofrece, considera detenidamente el papel que jugará en la familia ese acceso antes de iniciar sesión. Si bien yo he utilizado estos programas en un par de colegios y me gustan mucho por la utilidad que tienen para profesores, no me gustan los portales para padres. Muchos profesores con los que he hablado tienen la sensación de que iniciar sesión en estos portales ha sustituido la conversación y alimenta tanto la dependencia por parte de los estudiantes como la implicación exagerada por parte de los padres. Como un profesor me dijo:

Cada vez piden más a los profesores que mantengan informados a los alumnos y a sus padres. Tareas que van desde proporcionar paquetes de trabajos para realizar a largo plazo, hasta actualizar por teléfono o correo electrónico las listas de trabajos y colgar las notas cada pocos días, reducen la necesidad de los alumnos de ser autónomos, y en su lugar fomentan la dependencia de un agente externo que les indica lo que tienen que hacer.

Cuando llegó la carta con el ID de usuario y la contraseña de Power-School para consultar la actividad de nuestro hijo mayor, ya sabíamos lo que íbamos a hacer con ello. Le entregamos el sobre sin abrir a cambio de que nos prometiera que hablaría con nosotros de cómo le iba en el colegio, y que no seríamos los últimos en enterarnos en caso de que tuviera problemas académicos. Mientras que nosotros optamos por hablar con nuestro hijo como forma de estar al corriente de su situación académica, muchos de nuestros amigos se quedaron sorprendidos y horrorizados incluso, como si estuviéramos descuidando nuestras obligaciones parentales.

No estoy de acuerdo. Entrar en un portal informático a consultar las notas de nuestros hijos es una forma de vigilancia, que a su vez es una forma de control que los estudios de investigación sobre el tema consideran enemiga de la autonomía y la motivación intrínseca. Solo por eso personalmente habría rechazado tener acceso al portal de notas. Sin embargo, entrar a ver las notas de tu hijo, sobre todo si no llegas a un acuerdo con él antes de hacerlo, es como decirle que no confías en él, y a mí esa situación me resulta incómoda.

Si no estás preparado para renunciar al acceso a la información académica de tu hijo en PowerSchool, hay otras formas de manejar dicho acceso que sí incluyen a tu hijo. Algunos padres deciden iniciar la sesión solo bajo estrictos parámetros e incluyen a sus hijos en la definición de dichos parámetros. Por ejemplo, podrías decirle: «Tengo intención de entrar en el portal de notas hoy. ¿Hay algo de lo que quieras hablarme?» o «Me gustaría que me hablaras personalmente de las notas que has sacado, pero entraré a consultarlas la próxima semana, a mitad del trimestre, así que ¿por qué no entras en PowerSchool y me cuentas qué has averiguado?». De esta forma, tu hijo tendrá el control de la información y aprenderá a aceptar el desafío de iniciar conversaciones difíciles (o estupendas).

Si decides renunciar al portal parental, tal vez quieras enviar una nota a los profesores para explicarles tu decisión de ceder la responsabilidad de comunicarte la información a tu hijo. Si yo sé que un alumno es responsable de hablar con sus padres sobre sus notas, me aseguraré de contactar con estos si algo va mal o si veo que las notas bajan. Si el profesor no sabe que los padres de su alumno no entran en el portal a ver las notas, no podrá animar a su alumno a hacerse responsable de informar él personalmente a sus padres.

REFORZAR EL FRACASO COMO OPORTUNIDAD

Cuando los estudiantes vienen y me dicen que les aterroriza hacer mal las cosas, puedo entenderlo.

Por supuesto que tienen miedo. La mayoría de los estudiantes lo tienen. Les han dicho que el fracaso destruirá sus sueños de ir a la universidad, encontrar trabajo y, en definitiva, alcanzar la felicidad. Soy perfectamente consciente de lo que se juegan en lo relativo al acceso a la universidad, pero sigo manteniendo que aprender por el hecho de hacerlo y la oportunidad de establecer una motivación intrínseca desde que el niño comienza su educación superan con creces el impacto de sacar algunas notas bajas, que, en realidad, constituyen una lección necesaria y beneficiosa. Sin embargo, cómo reacciona un chico y cómo se adapta a los fracasos puede marcar la diferencia entre la desesperación abrumadora y el ímpetu de acelerar el ritmo del juego. Todos los trabajos de investigación, todas las entrevistas y todas las anécdotas que he leído acerca de personas triunfadoras y sus fracasos revelan que aquellas personas que no se identifican a sí mismas como fracasos solo porque han fracasado, que se enfrentan a sus fracasos de frente y buscan la lección en cada uno de sus errores, son las que triunfan. Aquellas que equiparan los fracasos con ser un fracaso, que entran en fase de negación o buscan culpar a los demás de sus fallos están condenadas a repetir sus errores una y otra vez, sin sacar nada limpio de la experiencia. Ken Bain, autor del libro *Lo que hacen los mejores estudiantes de la universidad*, describe a aquellos que se ven como fracasos cuando se equivocan como personas con «autoestima contingente».

> Si eres de los que poseen una autoestima contingente, si tu actitud hacia ti mismo depende de si «triunfas» o «fracasas» en un campo determinado en comparación con otras personas, puedes dejar de intentarlo. En tu subconsciente decides que la mejor forma de evitar perder es salir del juego.

Enseñar a tus hijos a afrontar el fracaso y aceptarlo te proporciona una valiosa *retroalimentación*. Deja que vean que tú también corres riesgos y te equivocas, y que ves en los fracasos oportunidades de mejorar. Tim Harford, autor del libro *Adáptate,* lo explica sencillamente: «Los biólogos tienen una palabra que describe la manera en que las soluciones emergen del fracaso: evolución». Cuando se observa desde este punto de vista, la reacción apropiada ante el fracaso no consiste en negar su existencia o en matar al mensajero, sino en evolucionar en respuesta a él.

TRES MESES MÁS TARDE, MAGGIE me escribió para darme las gracias por mis consejos y para ponerme al tanto de los progresos de John. En cuanto a su acuerdo, Maggie dejó de atosigar a su hijo y de interferir, y le entregó las riendas de su educación. Consiguió obligar al colegio de John a que le permitieran quedarse un trimestre más de prueba. ¿El resultado? Maggie retrocedió y, al hacerlo, John aceptó su responsabilidad.

> Creo que John necesitaba de verdad pasar el mal año que ha pasado para aprender a estudiar y a hacer cosas por sí mismo, en vez de acostumbrarse a que se lo den todo hecho. Ni siquiera tengo que decirle que se ponga a trabajar, algo que estaba dispuesta a hacer. Lo hace todo él solo. Hasta ahora, para él había sido una lucha demostrar sus respuestas y enseñar su trabajo. Este año, por fin, está en el buen camino.
>
> Me alegra que haya pasado por este periodo de «fracaso» al principio, en vez de que ocurriera más tarde. Todos tenemos que hacerle frente en algún momento de nuestras vidas, y creo que ahora entiende de lo que es capaz.
>
> ¡Por ahora todo bien!

Al final del curso, John fue nominado al premio del colegio al «Alumno que ha sufrido un cambio radical», y sigue impresionando a sus profesores con sus ganas y su determinación. La pelea interior de John no tenía que ver en esencia con las notas. Está claro que el hecho de que bajaran precipitó su transformación, pero las notas bajas no fueron más que una consecuencia de su incapacidad para hacerse responsable de su aprendizaje. Ahora que Maggie ha aceptado mantenerse al margen, ya no es la lista de cosas pendientes, despertador, cocinera, chófer y tutora de su hijo. Simplemente es su madre.

Como le ocurre a la mayoría de los chicos, John recoge señales que ve en sus padres. Tu actitud sobre la autonomía y las notas influirá en la actitud de tu hijo. Es así de simple. Él pasa los días inmerso en una competición académica con sus compañeros, totalmente consciente de la importancia que tienen las notas en los cuadros de honor del colegio y en las universidades, entonces ¿por qué no puede ser él la única persona que no alimente el fuego de la presión académica y la inseguridad? Yo desde luego prefiero ser la persona con la que mi hijo quiera hablar durante la cena sobre algo gracioso que le ha pasado a su amigo después de la clase de matemáticas, sobre la película que quiere ver el fin de semana o sobre sus esperanzas y sueños. Ya es bastante limitado el tiempo que tenemos para vivir con nuestros hijos, así que también podríamos disfrutar de él mientras dure. De todas las opiniones sobre el valor del fracaso en la segunda etapa de secundaria, mi favorita es la que describe Jonathan Shea, profesor con muchos años de experiencia que ha visto cómo se repetía el mismo patrón (intentarlo, fracasar y volver a intentarlo) una y otra vez:

Los estudiantes se recuperan. Las personas lo hacen todo el tiempo. Y el fracaso los ayuda a aprender cosas de sí mismos. En primer lugar, aprenden que las personas quieren que les vaya bien. En segundo lugar, aprenden que pueden superar un problema, pero que el trabajo y la atención son más importantes que ser un genio y la perfección. Los estudiantes tienen que fracasar porque así es como aprenden a triunfar.

CONCLUSIÓN:
LO QUE HE APRENDIDO DE TODO ESTO

ME ENCANTAN LAS BUENAS PARÁBOLAS. Al fin y al pretendía cabo, soy profesora de inglés. Me paso la vida buscando historias que ayuden a mis alumnos a conectar sus viajes individuales con la experiencia global de ser humanos. Cuando leemos la historia de la marcha de casa de Pip y su vuelta a la redención en *Grandes esperanzas*, por ejemplo, Dickens muestra uno de los posibles caminos a través de la infancia, una ruta en la que rectificar traspiés y un atisbo de un posible final. Pip, como nosotros, es imperfecto, por lo que tranquiliza saber que encuentra su camino entre la niebla, los peligros y las tristezas de crecer.

Toda esa imperfección se hace más tolerable cuando sabemos que es ficción o fijándola en un pasado lejano. Nuestros libros de historia están llenos de esas historias, algunas precisas, algunas apócrifas, pero todas ellas pretendían reforzar nuestra identidad de cultura basada en una tradición de salir adelante por cuenta propia, de invenciones nacidas de la necesidad y de la reaparición con mayúsculas. La repetida historia de la educación de Edison después de diez mil bombillas fallidas, por ejemplo, se ha convertido en una de las anécdotas más famosas de cómo el fracaso se convirtió en un éxito de la historia estadounidense. Se cita, correcta e incorrectamente, y se parafrasea a Edison en toda la Internet en relación con las lecciones de aquellas diez mil bombillas fallidas y el triunfo de aquella única bombilla que sí funcionó. Si buscas en Google «fracasos famosos» podrías pasarte el día leyendo resultados, desde los más trillados (Steve, Jobs, J. K. Rowling o Albert Einstein) hasta los más desconocidos (Alan Hinkes, S. A. Andrée, Akio Morita).

Repetimos sin cesar esos relatos de un fracaso porque sabemos que terminan bien. Puede que contengan giros inesperados y finales sorprendentes, pero antes de que empecemos a leer siquiera, podemos apostar sobre seguro a que conocemos el resultado. Contra todo pronóstico, la invención funcionará, el campeonato se ganará y los astronautas regresarán a la Tierra. No compartimos estas historias porque contengan un final sorprendente, sino porque nos recuerdan que nuestros propios errores tal vez merezcan la pena a fin de cuentas. Tenemos que saber que nuestro sufrimiento, nuestra humillación y nuestro dolor demostrarán tener un valor al final.

Si la imprevisibilidad de nuestro propio viaje es frustrante, el suspense que vivimos los padres viendo cómo se desarrollan las historias de nuestros hijos es de todo punto insoportable. Sus fallos nos resultan más intensos, inmediatos y traicioneros porque no sabemos cómo terminarán esas historias; más una tragedia shakesperiana que una simple anécdota.

Cuando mis hijos cometen errores que ponen en peligro posibles finales felices para sí mismos, siento como si se desplomara el mundo, y en esos momentos nada me gustaría más que ser capaz de ir al final de su historia y asegurarme de que tiene un final feliz. Lamentablemente, no funciona así. Los padres no tenemos acceso a *spoilers* y no podemos pasar los capítulos incómodos de la vida de nuestros pequeños para llegar al final feliz. Lo que es aún peor, no podemos saber siquiera si *habrá* un final feliz.

Lo que sí podemos hacer, sin embargo, es ser pacientes y confiar en ellos. Mientras observo su avance hacia sus correspondientes desenlaces y plantean objetivos que ni siquiera estoy cerca para presenciar, no tengo más remedio que centrarme en los detalles de su viaje. Están escribiendo sus propias historias, con sus propias voces, inventando episodios de interés ellos solos. La trama no es mía, y no puedo editarla para que sea perfecta. El autor Richard Russo escribió que «los grandes libros no son libros perfectos», y tiene razón. Para que mis hijos puedan llegar a convertirse en obras maestras, deben permitir que sus defectos permanezcan y ejerzan como parte esencial de su relato.

AGRADECIMIENTOS

E SCRIBIR PUEDE SER UN EMPEÑO solitario, pero la publicación de un libro es un esfuerzo colectivo. No hay manera de agradecer a todas y cada una de las personas que me ayudaron a transformar en un libro una idea que se me ocurrió una noche para una entrada en un blog.

A la mañana siguiente, entre la clase de inglés y la de latín, la entrada del blog se transformó en un artículo, y K. J. Dell'Antonia sugirió que intentara que me lo publicaran. Hacia la hora de la comida, la autora de *Pound Foolish*, Helaine Olen, me facilitaba el correo electrónico de Jennie Gritz en *The Atlantic*. Al final de aquel mismo día, Jennie había aceptado, editado y publicado el artículo «Por qué los padres tienen que dejar que sus hijos se equivoquen». Estas tres mujeres cambiaron la trayectoria de mi vida y por muchas veces que les dé las gracias, nunca será suficiente.

Cuesta encontrar un buen editor, pero yo he tenido la fortuna de trabajar con muchos: K. J. Dell'Antonia en *The New York Times*, Jennie Gritz, Eleanor Barkhorn Britton, Heather Horn, James Hamblin, Ashley Fetters, Julia Ryan y Emma Green en *The Atlantic*, Betty Smith en Vermont Public Radio, y Cassie Jones Morgan en William Morrow.

La editora que trabajó este libro en particular merece más de un párrafo de agradecimiento, pero, inevitablemente, me obligaría a omitir lo que según ella son sentimientos repetitivos e innecesarios. Así que, gracias, Gail Winston. Gracias. Eres una mujer sabia y maravillosa.

Cuando me convertí en escritora profesional, temía encontrarme con esas escritoras territoriales, taimadas y maliciosas de las que tanto había oído hablar. Parece que ya es hora de abandonar ese gastado estereotipo. Estas brillantes mujeres no han hecho otra cosa que darme generosa y amablemente su tiempo, citas, consejos y apoyo: Carol Blymire, Marilyn-Price Mitchell, Michele Borba, Katie Hurley, Andrea Nair, Betsy Lerner y sus escritoras de la asociación FTF, Jacoba Urist, Jennifer Hartstein, Christine Gross-Loh, Jennifer Senior, Ashley Merryman, Isabel Kallman, Lisa Belkin, Lisa Heffernan, Launa Schweizer, Naomi Shulman, Kimberly Williams, Jeanne Eschenberg Sager, Catherine Newman, Galit Breen, Aviva Rubin, Laura Vanderkam, Asha Dornfest, Blair Koenig, Amy Gutman, Alicia Ybarbo Zimmerman, Julie Cole, Nancy Rappaport, Jennifer Senior, Gretchen Rubin, Catherine Newman, Priscilla Gilman, Annie Murphy Paul, Kendall Hoyt, Holly Korbey, Avital Norman Nathman, Sarah Buttenwieser, Megan Rubiner Zinn, Melissa Atkins Wardy, Naomi Shulman, Sue Scheff, Elizabeth Green, Kay Wills Wyma, Ruth McKinney, Kristen Laine, Lisa Damour, Susan Cain, Joanne Wyckoff, Joanne Jacobs, y tantas otras. Prometo quedar horrorizada y avergonzada cuando me dé cuenta de los nombres que he omitido.

Y no, no me he olvidado de los chicos. Quiero transmitir mi enorme agradecimiento a Robert Pondiscio, mi primer editor sobre temas educativos. No podría haber contado con un mentor más capaz y sabio. Gracias también a A. J. Jacobs, Jim Collins, Tom Ryan, John Tierney, Mike Winerip, Paul Tough, Jay Mathews, Greg Toppo, Smoker Shulman, Jeff Valence, Michael Petrilli, K. C. Potts, Don Cannon, Zach Galvin, Dan Willingham, John Boger, Alexander Russo, Larry Ferlazzo, Jordan Shapiro, Matthew Levey, Nikhil Goyal, Ron Lieber y Scott Barry Kaufman.

Gracias a todos los padres, profesores y alumnos que han compartido sus historias conmigo. No podría haber escrito este libro sin ustedes.

A las damas del club Writerdinner: K. J. Dell'Antonia, Sarah Stewart Taylor, Sarah Pinneo, Jenny Bent y Sarina Bowen, gracias por escuchar mis miedos y reforzar mis esperanzas.

Gracias a los Lahey y los O'Hara, familia política y de sangre. No podría haberme unido por matrimonio a un elenco de personajes más cariñosos y dispuestos a brindarme su apoyo.

Gracias a mis alumnos del Programa de Identificación de Talento de Duke, de Rowland-Hall/St. Mark's School, Highland High School, Hanover High Schools, Crossroads Academy y Valley Vista. Han hecho de mí una mejor educadora, escritora, madre y ser humano.

Gracias al personal de Crossroads Academy por su apoyo cuando de repente e inesperadamente pasé de ser profesora a profesora/escritora.

Gracias a Victoria Pipas por ceder su verano para hacer un doloroso y tedioso trabajo administrativo cuando las exigencias de escribir este libro eclipsaron casi todo.

Gracias a mi agente, Laurie Abkemeier, por seguir respondiendo a mis correos electrónicos, leyendo mis consultas y compartiendo mi esperanza de que algún día, de alguna manera, tengamos la oportunidad de trabajar juntas.

Gracias a mis padres, que me permitieron tener autonomía, me animaron a convertirme en un ser competente y me recordaron que me querían, sin importarles como terminaran siendo mis calificaciones, mi nota final, mis puntuaciones más altas o mi salario.

Por último, gracias a mi marido, Tim Lahey, porque soy yo la afortunada en esta ecuación.

NOTAS

xv   **una tendencia que va en aumento desde hace décadas** «A Rising
Share of Young Adults Live in Their Parents' Home», 14 agosto 2013,
http://www.pewsocial trends.org/2013/08/01/a-rising-share-of-young-
adults-live-in-their-parents- home/.

xvii **sus padres trabajaban fuera de la casa** Judith Warner, *Perfect Madness:
Motherhood in the Age of Anxiety* (Nueva York: Penguin Books, 2006),
p. 138 [*Una auténtica locura: la maternidad en el siglo XXI* (Barcelona:
Península, 2006)].

xx   **«del mismo desencadenante biológico»** Wendy Grolnick y
Kathy Seal, *Pressured Parents and Stressed-Out Kids* (Amherst, NY:
Prometheus Books, 2008), p. 74.

5   **niños en su mayoría** Steven Mintz, *Huck's Raft: A History of
American Childhood* (Cambridge, MA: Harvard University Press,
2004), p. 15.

5   **«tan poco como ver una jarra rota»** Ibíd., p. 14.

5   **«confunden a los niños, pero no enseñan»** Paula S. Fass y Mary
Ann Mason, eds., *Childhood in America* (Nueva York: New York
University Press, 2000), p. 45.

5   **«su estatus y su derecho»** Ibíd., p. 47.

6   **«los endurecerá para el futuro»** Ibíd., p. 48.

6   **«prolongar la situación durante demasiado tiempo»** Mintz, *Huck's
Raft,* p. 52.

7   **un valor de individualidad añadido** Ibíd., p. 59.

8   **«útiles a inútiles»** Viviana Zelizer, *Pricing the Priceless Child* (Nueva York: Basic Books, 1985), p. 56.

9   **«lo sabe todo sobre los bebés»** Ann Hulbert, *Raising America: Experts, Parents, and a Century of Advice About Children* (Nueva York: Vintage Books, 2003), p. 70.

10 **«dotar de carácter psicológico la crianza de los hijos»** Mintz, *Huck's Raft*, p. 219.

13 **«durante la adolescencia»** Ibíd., p. 316.

13 **se multiplicó por seis** Ibíd., p. 313.

16 **«¿Cómo puedo saber si soy buena madre?»** «The Top 10 Concerns of New Parents», http://www.parenting.com/article/the-top-10-concerns-of-new-parents?page = 0,0.

26 **«un estado de apatía»** Edward Deci, *Why We Do What We Do: Understanding Self-Motivation* (Nueva York: Penguin 1996), p. 31.

26 **Perjudicial** Ibíd., p. 31.

27 **no se les dio a elegir** Ibíd., p. 33.

31 **«pero solo cuando se trata de cosas muy aburridas»** K. Murayama y C. Kuhbandner, «Money Enhances Memory Consolidation—But Only for Boring Material», *Cognition* 119, número 1 (abril 2011): pp. 120–24.

32 **«se quede corto de visión »** Anne Sobel, «How Failure in the Classroom Is More Instructive than Success», *Chronicle of Higher Education*, http://chronicle.com/article/How-Failure-in-the-Classroom/146377/.

37 **se pueden conseguir más cosas con el esfuerzo y el desarrollo personal** Carol Dweck, *Mindset: The New Psychology of Success* (Nueva York: Ballantine, 1978), pp. 6–7 [*La actitud del éxito* (Barcelona: Vergara/Grupo Zeta, 2007)].

37 **«perseveran ante los obstáculos»** Carol Dweck, *Self-Theories: Their Role in Motivation, Personality, and Development* (Nueva York: Psychology Press, 2000), p. 1.

39 **«dificultades beneficiosas»** Peter C. Brown, Henry L. Roediger III y Mark A. McDaniel, *Make It Stick: The Science of Successful Learning* (Cambridge, MA: Harvard University Press, 2014), p. 69.

40 **Como explican los autores** Ibíd.

48 **«sorprendentes»** Wendy S. Grolnick, *The Psychology of Parental Control: How Well-Meant Parenting Backfires* (Nueva York: Psychology Press, 2003), p. 16.

63 **«Solo se requiere esfuerzo»** Christine Gross-Loh, *Parenting Without Borders* (Nueva York: Avery, 2013), p. 106.

64 **«equivocadas apreciaciones sobre ellos»** William Damon, *Greater Expectations* (Nueva York: Free Press, 1995), p. 72.

66 **«diciéndoles, sencillamente, que eran listos»** Carol Dweck, *Mindset: The New Psychology of Success* (Nueva York: Ballantine Books, 2006), p. 73 [*La actitud del éxito* (Barcelona: Vergara/Grupo Zeta, 2007)].

78 **«falta de propósito»** L. L. Harlow, M. D. Newcomb y P. M. Bentler, «Depression, Self-derogation, Substance Abuse, and Suicide Ideation: Lack of Purpose in Life as a Meditational Factor», *Journal of Clinical Psychology* 42, número 1 (enero 1986): pp. 5–21.

95 **«tiempo improductivo»** Hara Estroff Marano, *A Nation of Wimps: The High Cost of Invasive Parenting* (Nueva York: Broadway Books, 2008), p. 257.

100 **desde el punto de vista emocional que conlleva la reconciliación** Patrick T. Davies, Robin L. Myers y E. Mark Cummings, «Responses of Children and Adolescents to Marital Conflict Scenarios as a Function of the Emotionality of Conflict Endings», *Merrill-Palmer Quarterly* 42, número 1 (1996).

111 **«y estás preocupado, podría ser aceptable que echaras un vistazo»** Loni Coombs, *«You're Perfect...» and Other Lies Parents Tell* (Los Angeles: Bird Street Books, 2012), pp. 157–58.

116 **«En algún momento del camino»** Louis M. Profeta, «Your Kid and My Kid Are Not Playing in the Pros», 7 abril 2014, http://www.dgiwire.com/your-kid-and-my-kid-are-not-playing-in-the-pros/.

118 **«equiparar el punto de vista y las necesidades de los otros con los propios»** Richard Weissbourd, *The Parents We Mean to Be* (Boston: Mariner Books, 2009), p. 146.

119 **«Volver a casa con mis padres»** Steve Henson, «What Makes a Nightmare Sports Parent», 15 febrero 2012, *http://www.thepost game.com /blog/more-family-fun /201202 / what-makes-nightmare-sports-parent*.

120 **«un puesto en la orquesta del colegio»** Wendy Grolnick y Kathy Seal, *Pressured Parents, Stressed-Out Kids* (Amherst, NY: Prometheus Books, 2008), p. 26.

120 **«se queden a nuestro lado y triunfen»** Ibíd., p. 27.

121 **«termina socavando la motivación intrínseca»** Daniel Pink, *Drive: The Surprising Truth About What Motivates Us* (Nueva York: Riverhead Books, 2009), p. 174 [*La sorprendente verdad sobre qué nos motiva* (Barcelona: Gestión, 2005)].

121 **despertó en ellas el instinto de sobreprotección** Grolnick, *Pressured Parents*, p. 99.

125 **«únicamente a más esfuerzo»** Michael Thompson, *The Pressured Child: Freeing Our Kids from Performance Overdrive and Helping Them Find Success in School and Life* (Nueva York: Ballantine Books, 2004), p. 106.

153 **«la carrera profesional o las relaciones sociales»** L. M. Padilla-Walker y L. J. Nelson, «Black Hawk Down?: Establishing Helicopter Parenting as a Distinct Construct from Other Forms of Parental Control during Emerging Adulthood», *Journal of Adolescence* 35 (2012): pp. 1177–90.

155 **«hasta que no alcanzamos la adolescencia»** David Bainbridge, *Teenagers: A Natural History* (Vancouver: Greystone Books, 2009), p. 132 [*Adolescentes: una historia natural* (Barcelona: Duomo, 2010)].

162 **«llevado de la mano desde que nacieron»** Debora L. Spar, *Wonder Women: Sex, Power, and the Quest for Perfection* (Nueva York: Farrar, Straus & Giroux, 2013), p. 164.

175 **los invitan a participar en el proceso** Joyce L. Epstein, *School, Family, and Community Partnerships: Preparing Educators and Improving Schools* (Filadelfia: Westview Press, 2011), pp. 39–40.

177 **«catorce años antes»** Ibíd., p. 174.

199 **«no ha variado en los últimos cincuenta años»** «Research Spotlight on Homework: NEA Reviews of the Research on Best Practices in Education», National Education Association, http://www.nea.org/tools/16938.htm.

200 **Menos causa estragos en la concentración, la memoria, el aprendizaje, la atención, la función ejecutiva y la conducta** «Cuánto tiempo necesitamos dormir?», Centros para el Control y

la Prevención de Enfermedades, http://www.cdc.gov/spanish/datos/
faltasueno/.

217 «**test de conocimientos**» Mary Lovett Smallwood, *An Historical
Study of Examinations and Grading Systems in Early American
Universities* (Cambridge, MA: Harvard University Press, 1935), p. 39.

217 «**examinador y la mente del que se examina**» Ibíd.

221 «**conseguir mejores resultados**», Deborah J. Stipek y Kathy Seal,
Motivated Minds: Raising Children to Love Learning (Nueva York:
Holt, 2001), p. 179.

227 «**salir del juego**» Ken Bain, *Lo que hacen los mejores profesores de
universidad (Valencia: Universitat de València, 2006)*, pp. 135–36.

233 «**los grandes libros no son libros perfectos**», Mary McDonagh
Murphy, ed., *Scout, Atticus & Boo: A Celebration of Fifty Years of To
Kill a Mockingbird* (Nueva York: Harper, 2010), pp. 170.

BIBLIOGRAFÍA

Adkins, Elaine K. *How to Deal with Parents Who Are Angry, Troubled, Afraid, or Just Plain Crazy.* Thousand Oaks: Corwin Press, 1998.

Alsop, Ronald. *The Trophy Kids Grow Up: How the Millennial Generation Is Shaking Up the Workplace.* San Francisco: Jossey-Bass, 2008.

Anderegg, David. *Worried All the Time: Overparenting in an Age of Anxiety and How to Stop It.* Nueva York: Free Press, 2003.

Apple, Rima D. *Perfect Motherhood Science and Childrearing in America.* New Brunswick: Rutgers University Press, 2006.

Ariely, Dan. *The (Honest) Truth About Dishonesty: How We Lie to Everyone—Especially Ourselves.* Nueva York: Harper Perennial, 2012.

Arnott, Alastair. *Positive Failure.* Cambridge: Cambridge Academic, 2013.

Bain, Ken. *Lo que hacen los mejores profesores de universidad.* Valencia: Universitat de València, 2006.

Bainbridge, David. *Teenagers: A Natural History.* Vancouver: Greystone Books, 2009 [*Adolescentes: una historia natural.* Barcelona: Duomo, 2010].

Barnes, Christie. *The Paranoid Parents Guide: Worry Less, Parent Better, and Raise a Resilient Child.* Deerfield Beach: Health Communications, 2010.

Bender, Yvonne. *The Tactful Teacher Effective Communication with Parents, Colleagues, and Administrators.* White River Junction: Nomad Press, 2005.

Berman, Robin E. *Permission to Parent: How to Raise Your Child with Love and Limits*. Nueva York: Harper Wave, 2014.

Bohlin, Karen E., Deborah Lynn Farmer, y Kevin Ryan. *Building Character in Schools Resource Guide*. San Francisco: Jossey-Bass, 2001.

Borba, Michele. *The Big Book of Parenting Solutions: 101 Answers to Your Everyday Challenges and Wildest Worries*. San Francisco, CA: Jossey-Bass, 2009.

Borba, Michele. *12 Simple Secrets Real Moms Know: Getting Back to Basics and Raising Happy Kids*. San Francisco: Jossey-Bass, 2006.

Brafman, Rom. *Succeeding When You're Supposed to Fail: The 6 Enduring Principles of High Achievement*. Nueva York: Three Rivers Press, 2011.

Brewer, Elizabeth. *Talking to Tweens: Getting It Right before It Gets Rocky with Your 8- to 12-year-old*. North American ed. Cambridge: Da Capo, 2005.

Brighton, Kenneth L. *Coming of Age: The Education and Development of Young Adolescents: A Resource for Educators and Parents*. Westerville: National Middle School Association, 2007.

Bronson, Po y Ashley Merryman. *NurtureShock: New Thinking about Children*. Nueva York: Twelve, 2009.

Bronson, Po, y Ashley Merryman. *Top Dog: The Science of Winning and Losing*. Nueva York: Twelve, 2013.

Brooks, Robert B. y Sam Goldstein. *Nurturing Resilience in Our Children: Answers to the Most Important Parenting Questions*. Chicago: Contemporary Books, 2003.

Brown, Dave F. y Trudy Knowles. *What Every Middle School Teacher Should Know*. 2.ª ed. Portsmouth: Heinemann, 2007.

Brown, Peter C., Henry L. Roediger III y Mark A. McDaniel. *Make It Stick: The Science of Successful Learning*. Cambridge: Harvard University Press, 2014.

Cairns, Warwick. *How to Live Dangerously: The Hazards of Helmets, the Benefits of Bacteria, and the Risks of Living Too Safe*. Nueva York: St. Martin's Griffin, 2009.

Campbell, Joseph. *The Hero with a Thousand Faces*. 2.ª ed. Princeton: Princeton University Press, 1972 [*El héroe de las mil caras: psicoanálisis del mito*. México, D.F.: Fondo de Cultura Económica, 2014].

Clark, Ron. *The Essential 55: An Award-winning Educator's Rules for Discovering the Successful Student in Every Child*. Nueva York: Hyperion, 2003.

Clark, Ron. *The Excellent 11: Qualities Teachers and Parents Use to Motivate, Inspire and Educate Children*. Nueva York: Hyperion, 2004.

Coburn, Karen Levin y Madge Lawrence Treeger. *Letting Go: A Parents' Guide to Understanding the College Years*. 4.ª ed. Nueva York: Quill, 2003.

Cohen, Harlan. *The Naked Roommate: For Parents Only*. Naperville: Source Books, 2012.

Coles, Robert. *The Moral Intelligence of Children*. Nueva York: Random House, 1997 [*La inteligencia moral del niño y del adolescente*. Barcelona: Kairós, 1998].

Coombs, Loni. *"You're Perfect—" and Other Lies Parents Tell: The Ugly Truth about Spoiling Your Kids*. Los Angeles: Bird Street Books, 2012.

Cooper-Kahn, Joyce y Laurie Dietzel. *Late, Lost, and Unprepared: A Parents' Guide to Helping Children with Executive Functioning*. Bethesda: Woodbine, 2008.

Csikszentmihalyi, Mihaly. *Flow: The Psychology of Optimal Experience*. Nueva York: Harper & Row, 1990.

Cushman, Kathleen, y Laura Rogers. *Fires in the Middle School Bathroom: Advice for Teachers from Middle Schoolers*. Nueva York: Nueva Press, 2008.

Cutler, William W. *Parents and Schools: The 150-year Struggle for Control in American Education*. Chicago: University of Chicago Press, 2000.

Damon, William. *Greater Expectations: Overcoming the Culture of Indulgence in America's Homes and Schools*. Nueva York: Free Press, 1995.

Deci, Edward L. *Why We Do What We Do: Understanding Self-Motivation*. Nueva York: Penguin Books, 1995.

Dewey, John. *Experience & Education*. Nueva York: Touchstone, 1938 [*Experiencia y educación*. Madrid: Biblioteca Nueva, 2004].

Duckworth, Eleanor Ruth. *«The Having of Wonderful Ideas» & Other Essays on Teaching & Learning*. Nueva York: Teachers College Press, 1987 [*Cuando surgen ideas maravillosas y otros ensayos sobre la enseñanza y el aprendizaje*. Barcelona: Gedisa, 2000].

Duhigg, Charles. *The Power of Habit: Why We Do What We Do in Life and Business*. Nueva York: Random House, 2012 [*El poder de los hábitos: por qué hacemos lo que hacemos en la vida y en la empresa*. Barcelona: Uranol, 2012].

Dunnewold, Ann y Sandi Kahn Shelton. *Even June Cleaver Would Forget the Juice Box: Cut Yourself Some Slack (and Still Raise Great Kids) in the Age of Extreme Parenting*. Deerfield Beach: Health Communications, 2007.

Dweck, Carol S. *Mindset: The New Psychology of Success*. Nueva York: Random House, 2006 [*La actitud del éxito*. Barcelona: Vergara/Grupo Zeta, 2007].

Dweck, Carol S. *Self-theories: Their Role in Motivation, Personality, and Development*. Filadelfia: Psychology Press, 1999.

Eagleman, David. *Incognito: The Secret Lives of the Brain*. Nueva York: Pantheon Books, 2011. Elkind, David. *The Hurried Child: Growing Up Too Fast Too Soon*. Reading, MA: Addison-Wesley Pub., 1981.

Epstein, Joyce Levy. *School, Family, and Community Partnerships Preparing Educators and Improving Schools*. 2.ª ed. Boulder: Westview Press, 2011.

Epstein, Robert. *The Case against Adolescence: Rediscovering the Adult in Every Teen*. Sanger: Quill Driver Books, 2007.

Esquith, Rafe. *Real Talk for Real Teachers: Advice for Teachers from Rookies to Veterans: «NoRetreat, No Surrender»*. Nueva York: Penguin Group, 2013.

Faber, Adele y Elaine Mazlish. *How to Talk So Kids Will Listen & Listen So Kids Will Talk*. Nueva York: Scribner, 1980. [*Cómo hablar para que sus hijos le eschuchen & escuchar para que sus hijos le hablen*. Barcelona: Medici, 2013].

Fass, Paula S. *Childhood in America*. Nueva York: New York University Press, 2000.

Fay, Jim y David Funk. *Teaching with Love & Logic: Taking Control of the Classroom*. Golden: Love and Logic Press, 1995.

Feldman, David B. y Lee Daniel Kravetz. *Supersurvivors: The Surprising Link between Suffering and Success*. Nueva York: HarperCollins, 2014.

Fried, Robert L. *The Passionate Learner: How Teachers and Parents Can Help Children Reclaim the Joy of Discovery*. Boston: Beacon Press, 2001.

Fried, Robert L. *The Passionate Teacher: A Practical Guide*. Boston: Beacon Press, 1995.

Friedman, Hilary Levey. *Playing to Win: Raising Kids in a Competitive Culture*. Berkeley: University of California Press, 2013.

Galinsky, Ellen. *Mind in the Making: The Seven Essential Life Skills Every Child Needs*. Nueva York: HarperStudio, 2010.

Gardner, Howard, Mihaly Csikszentmihalyi y William Damon. *Good Work: When Exellence and Ethics Meet*. Nueva York: Basic Books, 2001 [*Buen trabajo: cuando ética y excelencia convergen*. Barcelona: Paidós, 2002].

Gawande, Atul. *The Checklist Manifesto: How to Get Things Right*. Nueva York: Metropolitan Books, 2010 [*El efecto checklist: cómo una simple lista de comprobación reduce errores y salva vidas*. Barcleona: Antoni Bosch, 2011].

Gill, Tim. *No Fear: Growing Up in a Risk Averse Society*. Londres: Calouste Gulbenkian Foundation, 2007.

Ginsburg, Kenneth R., con Martha Moraghan Jablow. *Building Resilience in Children and Teens: Giving Kids Roots and Wings*. 2.ª ed. Elk Grove Village: American Academy of Pediatrics, 2011.

Ginsburg, Kenneth R., y Susan FitzGerald. *Letting Go with Love and Confidence: Raising Responsible, Resilient, Self-sufficient Teens in the 21st Century*. Nueva York: Avery, 2011.

Glenn, H. Stephen, y Jane Nelsen. *Raising Self-reliant Children in a Self-indulgent World: Seven Building Blocks for Developing Capable Young People*. Rocklin: Prima Publishing & Communications, 1988 [*Cómo criar niños seguros de sí mismos en un mundo desenfrenado: los mejores consejos para fomentar el desarrollo de jóvenes capaces*. México: Promexa, 1994].

Goldberg, Donna. *The Organized Student: Teaching Children the Skills for Success in School and Beyond*. Nueva York: Fireside, 2005.

Goleman, Daniel. *Focus: The Hidden Driver of Excellence*. Nueva York: HarperCollins, 2013. [*Focus: Desarrollar la atención para alcanzar la excelencia*. Barcelona: Kairos, 2014].

Gray, Peter. *Free to Learn: Why Unleashing the Instinct to Play Will Make Our Children Happier, More Self-reliant, and Better Students for Life*. Nueva York: Basic Books, 2013 [*Libres para aprender*. Barcelona: Ediciones Paidós, 2013].

Grolnick, Wendy S. *The Psychology of Parental Control: How Well-meant Parenting Backfires*. Mahwah, N.J.: L. Erlbaum Associates, 2003.

Grolnick, Wendy S., y Kathy Seal. *Pressured Parents, Stressed-out Kids: Dealing with Competition While Raising a Successful Child*. Amherst: Prometheus Books, 2008.

Gross-Loh, Christine. *Parenting without Borders: Surprising Lessons Parents around the World Can Teach Us*. Nueva York: Avery, 2013.

Harford, Tim. *Adapt: Why Success Always Starts with Failure*. Nueva York: Picador, 2011 [*Adáptate*. Madrid: Temas de hoy, 2011].

Hartley-Brewer, Elizabeth. *Talking to Tweens: Getting It Right before It Gets Rocky with Your 8- to 12-Year-Old*. Cambridge: Da Capo Press, 2005.

Hays, Sharon. *The Cultural Contradictions of Motherhood*. New Haven: Yale University Press, 1996 [*Las contradicciones culturales de la maternidad*. Barcelona: Paidós, 1998].

Hazard, Kris. *The Hazard of the Game: The Dangers of Over-Parenting in Sport and Life*. North Word Communication, 2012.

Heath, Ralph. *Celebrating Failure: The Power of Taking Risks, Making Mistakes, and Thinking Big*. Pompton Plains: Career Press, 2009.

Hodgkinson, Tom. *The Idle Parent: Why Laid-back Parents Raise Happier and Healthier Kids*. Nueva York: Tarcher Penguin, 2009.

Hoefle, Vicki. *Duct Tape Parenting: A Less Is More Approach to Raising Respectful, Responsible, and Resilient Kids*. Brookline: Bibliomotion, 2012. [*Cinta aislante para padres: menos es más en la educación de niños responsables, respetuosos y resilientes*. Barcelona: Alba, 2013].

Holt, John. *How Children Fail*. Nueva York: Da Capo Press, 1982.

Homayoun, Ana. *That Crumpled Paper Was Due Last Week: Helping Disorganized and Distracted Boys Succeed in School and Life*. Nueva York: Penguin Group, 2010.

Honoré, Carl. *Under Pressure: Rescuing Our Children from the Culture of Hyper-parenting*. Nueva York: HarperOne, 2008 [*Bajo presión*. Barcelona: RBD, 2010].

Hulbert, Ann. *Raising America: Experts, Parents, and a Century of Advice about Children*. Nueva York: Vintage, 2003.

Icard, Michelle. *Middle School Makeover: Improving the Way You and Your Child Experience the Middle School Years*. Brookline: Bibliomotion, 2014.

Kahn, Joyce y Laurie C. Dietzel. *Late, Lost and Unprepared: A Parents' Guide to Helping Children with Executive Functioning*. Bethesda: Woodbine House, 2008.

Kaufman, Scott Barry. *Ungifted: Intelligence Redefined: The Truth about Talent, Practice, Creativity, and the Many Paths to Greatness*. Nueva York: Basic Books, 2013.

Kilpatrick, Haley, y Whitney Joiner. *The Drama Years: Real Girls Talk about Surviving Middle School: Bullies, Brands, Body Image, and More*. Nueva York: Free Press, 2012.

Klee, Mary Beth. *Core Virtues: A Literature-based Program in Character Education, K– 6*. Redwood City: Link Institute, 2000.

Koenig, Blair. *STFU Parents: The Jaw-dropping, Self-indulgent, and Occasionally Rage-inducing World of Parent Overshare*. Nueva York: Perigree, 2013.

Kohn, Alfie. *Punished by Rewards: The Trouble with Gold Stars, Incentive Plans, A's, Praise, and Other Bribes*. Boston: Houghton Mifflin, 1993.

Kohn, Alfie. *What Does It Mean to Be Well Educated?* Boston: Beacon Press, 2004.

Lareau, Annette. *Unequal Childhoods: Class, Race, and Family Life*. 2.ª ed. Berkeley: University of California Press, 2011.

Lawrence-Lightfoot, Sarah. *The Essential Conversation: What Parents and Teachers Can Learn from Each Other*. Nueva York: Ballantine, 2003.

Lee, Ellie, Jennie Bristow, Charlotte Faircloth y Jan MacVarish. *Parenting Culture Studies*. Hampshire: Palgrave Macmillan, 2014.

Levine, Alanna. *Raising a Self-reliant Child: A Back-to-basics Parenting Plan from Birth to Age 6*. Berkeley: Ten Speed Press, 2013.

Levine, Madeline. *Teach Your Children Well: Parenting for Authentic Success*. Nueva York: Harper, 2012.

Levine, Madeline. *The Price of Privilege: How Parental Pressure and Material Advantage Are Creating a Generation of Disconnected and Unhappy Kids*. Nueva York: HarperCollins, 2006.

Levine, Mel. *A Mind at a Time: America's Top Learning Expert Shows How Every Child Can Succeed*. Nueva York: Simon and Schuster Paperbacks, 2002 [*El precio del privilegio: cómo la presión de los padres y las ventajas materiales están creando una generación de jóvenes desvinculados e infelices*. México, D.F.: Editorial Miguel Ángel Porrúa, 2008].

MacDonald, Betty Bard. *Mrs. Piggle-Wiggle*. Filadelfia: J. B. Lippincott Company, 1947.

Magary, Drew. *Someone Could Get Hurt: A Memoir of Twenty-first Century Parenthood*. Nueva York: Gotham Books, 2013.

Marano, Hara Estroff. *A Nation of Wimps: The High Cost of Invasive Parenting*. Nueva York: Broadway Books, 2008.

Mathews, Jay. *Work Hard. Be Nice: How Two Inspired Teachers Created the Most Promising Schools in America*. Chapel Hill, NC: Algonquin Books of Chapel Hill, 2009.

McArdle, Megan. *The Up Side of Down: Why Failing Well Is the Key to Success*. Nueva York: Viking, 2014.

McEwan, Elaine K. *How to Deal with Parents Who Are Angry, Troubled, Afraid, or Just Plain Crazy*. Thousand Oaks: Corwin Press, 2005.

Medina, John. *Brain Rules: 12 Principles for Surviving and Thriving at Work, Home, and School*. Seattle, WA: Pear Press, 2008 [*Los 12 principios del cerebro: una explicación sencilla de cómo funciona para obtener el máximo desempeño*. Bogotá: Norma, 2010].

Mintz, Steven. *Huck's Raft: A History of American Childhood*. Cambridge: Harvard University Press, 2004.

Mogel, Wendy. *The Blessing of a B Minus: Using Jewish Teachings to Raise Resilient Teenagers*. Nueva York: Scribner, 2010.

Mogel, Wendy. *The Blessing of a Skinned Knee: Using Jewish Teachings to Raise Self-reliant Children*. Nueva York: Scribner, 2001.

Nelson, Margaret K. *Parenting out of Control: Anxious Parents in Uncertain Times*. Nueva York: New York University Press, 2010.

Nichols, ML. *The Parent Backpack for Kindergarten through Grade 5*. Berkeley: 10 Speed Press, 2013.

Payne, Kim John y Lisa M. Ross. *Simplicity Parenting: Using the Extraordinary Power of Less to Raise Calmer, Happier, and More Secure Kids*. Nueva York: Ballantine Books, 2009.

Payne, Ruby K. *Working with Parents: Building Relationships for Student Success*. Highlands: Aha! Process, 2006.

Peskowitz, Miriam. *The Truth behind the Mommy Wars: Who Decides What Makes a Good Mother?* Emeryville: Seal Press, 2005.

Phelan, Thomas W. *Surviving Your Adolescents: How to Manage and Let Go of Your 13–18 Year Olds.* 3.ª ed. Glen Ellyn: ParentMagic / EBL, 2012.

Pincus, Donna. *Growing Up Brave: Expert Strategies for Helping Your Child Overcome Fear, Stress, and Anxiety.* Nueva York: Little, Brown and, 2012.

Pink, Daniel H. *Drive: The Surprising Truth about What Motivates Us.* Nueva York: Riverhead Books, 2009 [*La sorprendente verdad sobre qué nos motiva.* Barcelona: Gestión, 2005].

Quart, Alissa. *Hothouse Kids: The Dilemma of the Gifted Child.* Nueva York: Penguin Press, 2006.

Reichert, Michael y Richard A. Hawley. *Reaching Boys, Teaching Boys: Strategies That Work and Why.* San Francisco: Jossey-Bass, 2010.

Rosenfeld, Alvin A. y Nicole Wise. *The Over-scheduled Child: Avoiding the Hyper-parenting Trap.* Nueva York: St. Martin's Griffin, 2001.

Sarkett, John A. *Extraordinary Comebacks: 201 Inspiring Stories of Courage, Triumph, and Success.* Naperville: Source Books, 2007.

Savage, Marjorie. *You're on Your Own (but I'm Here If You Need Me): Mentoring Your Child during the College Years.* Nueva York: Fireside Book, 2003.

Schipani, Denise. *Mean Moms Rule: Why Doing the Hard Stuff Now Creates Good Kids Later.* Naperville: Source Books, 2012.

Schwartz, Natalie. *The Teacher Chronicles: Confronting the Demands of Students, Parents, Administrators and Society.* Millwood: Laurelton Media, 2008.

Senior, Jennifer. *All Joy and No Fun: The Paradox of Modern Parenthood.* Nueva York: Ecco, 2014.

Shumaker, Heather. *It's OK NOT to Share.* Londres: Penguin Books, 2012.

Siegel, Daniel J. *Brainstorm: The Power and Purpose of the Teenage Brain.* Nueva York: Penguin, 2013 [*Tormenta cerebral: el poder y el propósito del cerebro adolescente.* Barcelona: Alba, 2014].

Silverman, Scott, ed. *How to Survive Your Freshman Year.* 5.ª ed. Atlanta: Hundreds of Heads Books, 2013.

Skenazy, Lenore. *Free Range Kids: How to Raise Safe, Self-reliant Children (without Going Nuts with Worry)*. San Francisco: Jossey-Bass, 2010.

Smallwood, Mary Lovett. *An Historical Study of Examinations and Grading Systems in Early American Universities*. Cambridge: Harvard University Press, 1935.

Spar, Debora L. *Wonder Women: Sex, Power, and the Quest for Perfection*. Nueva York: Sarah Crichton Books, 2013.

Stearns, Peter N. *Anxious Parents: A History of Modern Childrearing in America*. Nueva York: Nueva York University Press, 2003.

Steinberg, Laurence. *Age of Opportunity: Lessons from the New Science of Adolescence*. Nueva York: Houghton Mifflin Harcourt, 2014.

Steinberg, Laurence D. y Ann Levine. *You and Your Adolescent: A Parent's Guide for Ages 10 to 25*. Nueva York: Harper & Row, 1990.

Stipek, Deborah J. y Kathy Seal. *Motivated Minds: Raising Children to Love Learning*. Nueva York: H. Holt, 2001.

Taylor, Jim. *Positive Pushing: How to Raise a Successful and Happy Child*. Nueva York: Hyperion, 2002.

Thompson, Michael. *Homesick and Happy: How Time Away from Parents Can Help a Child Grow*. Nueva York: Ballantine Books Trade Paperbacks, 2012.

Thompson, Michael, y Teresa Barker. *The Pressured Child: Helping Your Child Find Success in School and Life*. Nueva York: Ballantine Books, 2004.

Thompson, Michael, Lawrence J. Cohen, y Catherine O Grace. *Mom, They're Teasing Me: Helping Your Child Solve Social Problems*. Nueva York: Ballantine Books, 2002.

Thompson, Michael G. y Alison Fox Mazzola. *Understanding Independent School Parents: The Teacher's Guide to Successful Family-School Relationships*. Wise Teacher Press, 2012.

Tingley, Suzanne Capek. *How to Handle Difficult Parents: A Teacher's Survival Guide*. Fort Collins, CO: Cottonwood Press, 2006.

Tobias, Cynthia Ulrich. *I Hate School: How to Help Your Child Love Learning*. Grand Rapids: Zondervan, 2004.

Tough, Paul. *How Children Succeed: Grit, Curiosity, and the Hidden Power of Character*. Boston: Mariner Books, 2012 [*Cómo triunfan los niños: determinación, curiosidad y el poder del carácter*. Madrid: Palabra, 2015].

Tulgan, Bruce. *Not Everyone Gets a Trophy: How to Manage Generation Y*. San Francisco, CA: Jossey-Bass, 2009.

Twenge, Jean M. *Generation Me: Why Today's Young Americans Are More Confident, Assertive, Entitled—and More Miserable than Ever Before*. Nueva York: Free Press, 2006.

Twenge, Jean M. y W. Keith Campbell. *The Narcissism Epidemic: Living in the Age of Entitlement*. Nueva York: Free Press, 2009.

Ungar, Michael. *Too Safe for Their Own Good: How Risk and Responsibility Help Teens Thrive*. Crows Nest: Allen & Unwin, 2008.

Ungar, Michael. *The We Generation: Raising Socially Responsible Kids*. Cambridge, MA: Da Capo, 2009.

Vuko, Evelyn Porreca. *Teacher Says: 30 Foolproof Ways to Help Kids Thrive in School*. Nueva York: Perigee Books, 2004.

Wagner, Tony y Robert A. Compton. *Creating Innovators: The Making of Young People Who Will Change the World*. Nueva York: Scribner, 2012.

Walsh, David Allen y Nat Bennett. *Why Do They Act That Way? A Survival Guide to the Adolescent Brain for You and Your Teen*. Nueva York: Free Press, 2004.

Walsh, David Allen. *No: Why Kids—of All Ages—Need to Hear It and Ways Parents Can Say It*. Nueva York: Free Press, 2007 [*Saber decir no a los hijos: por qué los niños necesitan oírlo y cómo sus padres pueden decirlo*. Barcelona: Medici, 2008].

Warner, Judith. *Perfect Madness: Motherhood in the Age of Anxiety*. Nueva York: Riverhead Books, 2006 [*Una auténtica locura: la maternidad en el siglo XXI*. Barcelona: Península, 2006].

Weissbourd, Rick. *The Parents We Mean to Be: How Well-intentioned Adults Undermine Children's Moral and Emotional Development*. Boston: Houghton Mifflin Harcourt, 2009.

Wilde, Jerry. *An Educator's Guide to Difficult Parents*. Nueva York: Kroshka Books, 2000.

Willingham, Daniel T. *Why Don't Students like School ?: A Cognitive Scientist Answers Questions about How the Mind Works and What It Means for the Classroom*. San Francisco: Jossey-Bass, 2009.

Wiseman, Rosalind y Elizabeth Rapoport. *Queen Bee Moms & Kingpin Dads: Dealing with the Parents, Teachers, Coaches, and Counselors Who Can Make—or Break—Your Child's Future*. Nueva York: Crown Publishers, 2006.

Wood, Chip. *Yardsticks: Children in the Classroom, Ages 4–14: A Resource for Parents and Teachers*. ed. ampliada. Greenfield: Northeast Foundation for Children, 1997.

Wyma, Kay Wills. *Cleaning House: A Mom's 12-month Experiment to Rid Her Home of Youth Entitlement*. Colorado Springs: WaterBrook Press, 2012.

Zelizer, Viviana A. Rotman. *Pricing the Priceless Child: The Changing Social Value of Children*. Nueva York: Basic Books, 1985.

ÍNDICE